中国石油大学（华东）远程与继续教育系列教材

U0871648

推销理论与实务

THEORY AND PRACTICE OF SELLING

王爱玲　张　音　编著

中国石油大学出版社
CHINA UNIVERSITY OF PETROLEUM PRESS

图书在版编目(CIP)数据

推销理论与实务 / 王爱玲，张音编著 .—东营：
中国石油大学出版社，2016.5
ISBN 978-7-5636-5265-5

Ⅰ.①推… Ⅱ.①王… ②张… Ⅲ.①推销—远程教
育—教材 Ⅳ.①F713.3

中国版本图书馆 CIP 数据核字(2016)第 116953 号

书　　名：推销理论与实务
作　　者：王爱玲　张　音

责任编辑：隋　芳(电话 0532—86983568)
封面设计：悟本设计

出 版 者：中国石油大学出版社(山东 东营　邮编 257061)
网　　址：http://www.uppbook.com.cn
电子信箱：shiyoujiaoyu@126.com
印 刷 者：青岛炜瑞印务有限公司
发 行 者：中国石油大学出版社(电话 0532—86981531，86983437)
开　　本：185 mm × 260 mm　印张：13.25　字数：304 千字
版　　次：2016 年 5 月第 1 版第 1 次印刷
定　　价：27.00 元

总序

Foreword

从1955年创办函授夜大学至今，中国石油大学成人教育已经走过了从初创、逐步成熟到跨越式发展的60年历程。多年来，我校成人教育紧密结合社会经济发展需求，积极开拓新的服务领域，为石油石化企业培养、培训了20多万名本专科毕业生和管理与技术人才，他们中的大多数已经成为各自工作岗位的骨干和中坚力量。我校成人教育始终坚持“规范管理、质量第一”的办学宗旨，坚持“为石油石化企业和经济建设服务”的办学方向，赢得了良好的社会信誉。

自2001年1月教育部批准我校开展现代远程教育试点工作以来，我校以“创新教育观念”为先导，以“构建终身教育体系”为目标，整合函授夜大学教育、网络教育、继续教育资源，建立了新型的教学模式和管理模式，构建了基于卫星数字宽带和计算机宽带网络的现代远程教育教学体系和个性化的学习支持服务体系，有效地将学校优质教育资源辐射到全国各地，全力打造出中国石油大学现代远程教育的品牌。目前，办学领域已由创办初期的函授夜大学教育发展为今天的集函授夜大学教育、网络教育、继续教育、远程培训、国际合作教育于一体的，在国内具有领先水平、在国外具有一定影响的现代远程开放教育系统，成为学校高等教育体系的重要组成部分和石油石化行业最大的成人教育基地。

为适应现代远程教育发展的需要，学校于2001年9月正式启动了网络课程研制开发和推广应用项目，斥巨资实施“名师名课”教学资源精品战略工程，选拔优秀教师开发网络教学课件。随着流媒体课件、WEB课件到网络课程的不断充实与完善，建构了内容丰富、形式多样的网络教学资源超市，基于网络的教学环境初步形成，远程教育的能力有了显著提高，这些网上教学资源的建设与研发为我校远程教育的顺利发展起到了支撑和保障作用。相应地，作为教学资源建设的一个重要组成部分，与网络教学课件相配套的纸质教材建设就成为一项愈来愈重要的任务。根据学校远程与继续教育发展规划，在“十三五”期间，学校将重点加强教学资源建设工作，选聘石油石化行业和有关石油高校专家、学者参与系列教材的开发和编著工作，计划用5年的时间，组织出版所开设专业的远程与继续教育系列教材。系列教材将充分吸收科学技术发展和成人教育教学改革最新成果，体现现代教育思想和远程教育教学特点，具有先进性、科学性和远程教育教学的适用性，形成纸质教材、多媒体课件、网上教学资料互为补充的立体化课程学习包。

为了保证远程与继续教育系列教材编写出版进度和质量，学校专门成立了远程与继续教育系列教材编审委员会，对系列教材进行严格的审核把关，中国石油大学出版社也对系列教材的编辑出版给予了大力支持和积极配合。远程与继续教育系列教材的建设经过探索阶段，逐步形成了稳定的开发模式，并形成了教材与数字化教学资源一体化设计、内容上以应用为轴心和以能力为本位、形式上适应成人学生自主学习需要的鲜明特色。我们相信，在广大专家、学者们的共同努力下，一定能够创造出体现现代远程教育教学和学习特点的，体系新、水平高的远程与继续教育系列教材。

编委会

2015 年 7 月

前言

Preface

推销无处不在,每天每个人都要发生各种各样的推销和被推销的活动。因为世界上的每个人都要和其他人发生各种联系,产生各种交往,通过推销获得他人对自己思想、行为的认同和支持,以达成自己的目标。作为一种职业,推销有着与其他职业相同的方面——有其职业技能要求和技巧,同时它又有自身特殊的要求,即要求从事这一职业的人员不局限于运用推销技能,还要具备心理学、社会学、市场营销学、公共关系学等多学科的知识等。本书主要面向初入职场的推销人员,因为现代市场竞争环境越来越复杂,没有接受过专业训练的推销人员必然受到知识储备不足的限制,成功的推销人员必须理解现代推销的基本原则和框架;同时,由于每个人在工作和生活中都需要推销,因此本书也面向需要通过自我推销来获得就业机会以及想展示自己的思想和行为等的人士,希望能对他们有一定的借鉴作用。

在本书的编写过程中,我们强调理论性与实务性相结合,力图集理论讲授与实务练习于一体,力争在有限的时间内,使初学者在掌握推销基本理论的同时掌握推销活动的基本方法和技巧。本书最大的特色就在于"实用性"——注重推销人员的素质准备,尤其是心态、沟通技巧、能力与知识以及礼仪方面的准备。在篇章结构上,本书分4篇,共13章,对推销基本理论、原理、方法进行了深入、全面的阐述。

第一篇为推销基础理论篇。这部分共3章,介绍了现代推销的含义与方式、推销的一般流程、推销的原则,并对推销三角理论、推销方格理论和推销模式进行了比较详细的讲解。

第二篇为推销素质准备篇。这部分共2章,对推销人员如何建立一流的销售心态、如何建立自信、应该做好哪些知识与能力的准备进行了介绍,同时详细阐述了推销人员在推销沟通上应把握的技巧和注重的礼仪。

第三篇为推销流程篇。这部分共5章,完整地介绍了推销流程的各个环节,包括寻找与鉴别顾客、接近顾客、洽谈、处理顾客异议、成交及续后工作。在每一个阶段都有重点推销技巧的介绍。

第四篇为推销具体类型篇。这部分共3章,介绍了常见的推销模式——电话推销、网络推销、商场推销、会议推销等,每一种模式都有自己独特的推销技巧。

本书的编写分工如下:第一篇和第二篇由王爱玲编写,第三篇由王爱玲和张音合编,第四篇由张音编写,王爱玲负责全书的统稿。在本书编写过程中,李雷鸣教授、黄衪生教授对书稿的体系及部分内容提出了积极的建议,学生尹丽娟、张丹丹、郭靖、马芳丽、鞠晓桐、蒋金兴等对本书的编写提供了协助,在此对他们表示诚挚的谢意!本书在编写过程中参阅了国内外相关书籍及论文,除注明出处的以外,限于篇幅未能一一说明,在此谨向这些作者表示衷心的感谢!

编写高质量的图书是一项任重道远的工作,希望读者提出宝贵意见,以便我们不断丰富本书的内容,为社会奉献更好、更新的作品。

编著者

2016年5月

目录

Contents

第一篇

推销基础理论篇

第一章

现代推销概述

引 例

这是某公司创业之初发生的一个故事。为了选拔真正有才能的人，公司要求每位应聘者必须经过这样的测试：以赛马的方式推销100把奇妙聪明梳，并且把它们卖给特别指定的人群——和尚。这道立意奇特的难题、怪题，可谓别具一格，用心良苦。

几乎所有人都表示怀疑：把梳子卖给和尚？这怎么可能呢？搞错没有？许多人都打了退堂鼓，但还是有甲、乙、丙三个人勇敢地接受了挑战……一个星期的期限到了，三人回公司汇报各自的销售成果，甲先生只卖出1把，乙先生卖出10把，丙先生居然卖出了1 000把。同样的条件，为什么结果会有这么大的差异呢？公司请他们谈了各自的销售经过。

甲先生说，他跑了三座寺院，受到了无数次和尚的臭骂和追打，但仍然不屈不挠，终于感动了一个小和尚，买了1把梳子。

乙先生去了一座名山古寺，由于山高风大，把前来进香的善男信女的头发都吹乱了。乙先生找到住持说："蓬头垢面对佛是不敬的，最好在每座香案前放把木梳，供善男信女梳头。"住持认为有理，那座寺庙共有10座香案，于是买下10把梳子。

丙先生来到一座颇具盛名、香火极旺的深山宝刹，对方丈说："凡来进香者，都有一颗虔诚之心，宝刹应有回赠，保佑平安吉祥，鼓励其多行善事。我有一批梳子，您的书法超群，可刻上'积善梳'三字，然后作为赠品。"方丈听罢大喜，立刻买下1 000把梳子。

公司认为，三个应考者代表着营销工作中三种类型的人员。甲先生是一位执着型推销人员，有吃苦耐劳、锲而不舍的优点；乙先生具有善于观察事物和推理判断的能力，能够大胆设想，因势利导地实现销售；丙先生通过对目标人群的分析研究，大胆创意，有效策划，开发了一种新的市场需求。由于丙先生具有过人的智慧，公司决定聘请他为市场部主管。

更令人振奋的是，丙先生的"积善梳"一出，一传十，十传百，买下1 000把梳子的宝刹的朝拜者更多，香火更旺，方丈再次向丙先生订货。这样，丙先生不但一次卖出1 000把梳子，而且获得长期合作的客户，实现了营销工作的最优化和最大化。而对于公司而言，最大的收获并不是订货单，而是丙先生这位人才。

［问题］推销的本质是什么？

第一节　现代推销的含义与方式

现代推销是销售的重要组成部分。而销售工作是企业一切工作的重中之重，是企业经营管理活动的中心内容，是企业营销活动的重要组成部分。因此，推销工作的好坏决定着企业销售工作的好坏，决定着企业在市场竞争中的成败。

一、现代推销的含义

推销有广义与狭义之分。广义的推销是指人们采用说服的手段与别人沟通，并劝说别人接受自己的产品、服务、观点、思想等的行为。因此，现实生活中人人都是推销员：推销人员向顾客推销产品或服务；领导向下属和员工推销其主张、观念、思想；教师、家长向学生推销知识、观念、思想；孩子向父母或老师推销其愿望与要求；大学生就业时进行自我推销，等等。总之，凡是采用说服的手段与别人进行沟通并劝说别人接受的行为都是推销。狭义的推销是指促销组合中的人员推销，即由推销人员直接与顾客接触、交谈，介绍商品，进行说服，促使其采取购买行为的活动。

广义的推销与狭义的推销在理论和技巧上有很多相似之处，可以相互借鉴。本书主要讨论的是狭义的推销。

案例 1-1

一名顾客走进一家大型商店的体育用品部，与离他最近的销售人员发生了以下对话。

销售人员：你好，需要点什么？

顾客：我想看看报纸广告上说的定价为 120 元的网球拍。

销售人员：在这边。（把顾客引至网球用品展示区，并陪顾客挑选。）

顾客：这套好像太轻。

销售人员：的确这样，这套是铝合金的。

顾客：带不带包呢？

销售人员：不，包要另买。

顾客：谢谢你了，我还要再考虑一下。

［问题］你对这名销售人员的评价如何？如果是你在销售，你将如何与顾客交谈？

二、现代推销与市场营销的关系

市场营销的实质是满足市场需求或引导市场需求。市场营销的工作是有章可循的，这种有章可循体现了市场营销的科学性。一般来说，它首先必须从市场分析入手，进行市场调研、市场预测，研究市场营销环境、消费者需求和消费者行为，然后进行市场细分、目标市场选择、市场定位，接下来才是产品的研制和生产。产品研制出来之后要进行试销，并在此基础上制定和实施营销组合策略。而产品到达顾客手中之后，企业的营销工作并未结束，还需要为顾客提供各种售后服务，并跟踪顾客的满意情况。总体来说，市场营销工作主要包括评估市场导向和顾客价值、选择价值、提供价值、传递价值和传播价值。

推销的含义是伴随着市场营销观念的发展而变化的。因此，现代推销是以满足或引导市场（顾客）的需求为中心，以向目标市场宣传和介绍产品、说服顾客购买为手段，向顾客提供其真正需要的满意产品的一种销售行为。

从企业营销活动内容看，推销不等于销售，销售也不等于营销。销售、推销是在产品生产出来之后的营销活动，而企业营销工作在产品生产出来之前就已经开始了。

现代推销属于现代市场营销的一个重要组成部分，是销售的主要手段之一，是在现代市场营销理论指导下所从事的具体销售活动。市场营销与现代推销的关系是整体与部分、战略与手段的关系。现代推销的核心理论仍然是需求，发现并满足或引导市场（顾客）的需求是现代推销的宗旨。

案例 1-2　孩之宝公司的销售铺垫

美国孩之宝公司为了在中国市场上推销“孩之宝”变形金刚，在中国进行了一年多的市场调查，然后得出结论：变形金刚这种玩具虽然价格高，但中国的独生子女令父母舍得投资，这种玩具在中国的大城市会有广阔的市场。孩之宝公司先将《变形金刚》系列动画片无偿地送给广州、上海、北京等大城市的电视台播放，动画片变成了不花钱的广告系列片，一集、两集……《变形金刚》的内容充满工业社会的智慧、热情、幻想，给孩子们带来了启迪和乐趣，在众多孩子的脑海中打下了深深的烙印。随后，变形金刚从荧屏上“下来了”。孩之宝公司将变形金刚投放中国市场，孩子们简直像着了魔一样扑向商场和摊贩。从“金刚之役”中不难看到，孩之宝公司售前细致的市场调查、巧妙的电视片宣传为其产品的销售铺垫起一条平坦大道，起到事半功倍的效果。

三、现代推销的应用范围

是不是所有企业的产品都需要人员推销？是不是企业必须通过人员推销来达到销售目的？如果不是，那么什么情况下有必要采用人员推销呢？

对生产资料商品来说，大多可以采用人员推销的方式进行销售，如各种交通运输工具、大型机械设备、原材料、建筑装饰材料、现代办公设备等。这些商品单位价值高，销售对象比较明确、集中，或者一次成交的数量大，或者产品技术性强，需要特殊的销售服务等。

对生活资料商品来说，一般在下述情况下才需要人员进行推销：

第一，企业在顾客当中的信誉亟待树立。通过推销，一方面可以使顾客享受到良好的服务，改变顾客对企业原有的认识；另一方面可以直接听取顾客的意见，了解顾客对企业不满意的原因。

第二，产品的单位价值高，销售额大，相对费用水平较低，如住房、汽车、热水器、电脑、高档家具等。

第三，产品的技术性较强，需要安装、调试、示范等，如空调、太阳能热水器等。

第四，产品的销售对象比较集中，销售渠道比较短，如集团性采购。

第五，企业销售不畅、积压较多，或企业已转产，对其原库存产品进行的推销。

无论是生产资料还是生活资料，制造商在借助中间商建立营销网络时，对中间商的推销是至关重要的。通过推销，制造商可以调动中间商的积极性，充分地利用其销售网络、地理优势、市场优势和丰富的商业经验，激发其多进货、勤进货、快销售，推动自己产品的销售。

四、传统推销观念与现代推销观念的区别

推销观念是指导推销人员从事推销活动的观点、态度和思维方法，其核心是如何对待顾客。推销观念是推销理论的基础，是推销活动的出发点。

（一）传统推销观念

传统推销观念以企业和产品为中心，认为产品是“被推出去的”，而不是“被买去的”，“顾客不会主动地购买商品，而是被动地接受商品”。因此，传统推销仅关注说服、诱导顾客的方法与技巧，而不考虑顾客是否真正需要，甚至不惜牺牲顾客利益采用高压手段来满足自己的利益，夸大产品的“好处”，诱骗顾客购买。至于顾客是否需要、顾客购买后感觉如何，推销人员全然不顾。总之，只要把顾客的钱装进了自己的口袋，就一切“OK”了。

（二）现代推销观念

现代推销观念是在现代市场营销观念的影响下形成的。现代推销观念从以企业为中心转变为以顾客为中心，认为“顾客的需求是推销的前提”“有需求才有推销”。满足或引导顾客的需求是推销的宗旨。推销活动就是要发现顾客需求，满足或引导其需求。在推销过程中，顾客不再是被动的，而是处于主动状态，推销工作要充分调动顾客的积极性才能完成。而调动顾客的积极性就要研究顾客的需求，研究顾客的心理，做到有的放矢。

“顾客是上帝”，推销人员是“上帝”的朋友、商业伙伴。推销的着眼点应是从双方互惠互利的角度建立长期、持久的关系。推销人员要成为顾客的顾问、合作者和为顾客解决问题的人。推销的结果应该是“双赢”——既满足了顾客的需求，让顾客满意；又使推销

人员顺利地推销了产品，取得了合理的利润。

注：本书之后的部分都将现代推销简称为推销。

案例 1-3

去市场买青椒，你会问："老板，青椒辣不辣？"

通常会得到四种答案：

第一种：辣。

第二种：不辣。

第三种：你想要辣的还是不辣的？

第四种：这一堆是辣的，那一堆是不辣的，随便要。

［启示］第一种答案的结果可能是，碰巧购买者这两天上火，这桩买卖就黄了；第二种答案的结果可能是，凑巧购买者这两天想开开胃口，这次生意没有达成；第三种答案的结果可能是，本想以销售技巧进行二选一反问，结果遇见较真的顾客，成功率是50%；第四种答案的结果无疑是最佳的，这个答复不言而喻，成功率是100%。

这是个很简单的销售案例，回答都很简单，很多人会选第一个答案，当然，假如购买者就是想要辣的，从这个角度来说倒也不是什么很差的答案。但是不管怎么样，多站在顾客的立场来回答他们的问题是绝对不会错的。"青椒辣不辣"，回答"辣"和"不辣"都只能满足一种顾客的需求；而回答"你想要辣的还是不辣的"虽然已经考虑到两者的需要，但终归还是把问题丢给了顾客；"这一堆是辣的，那一堆是不辣的，随便要"体现了现代推销的思想。

五、现代推销的方式

推销方式是推销人员向顾客传递企业及推销品的有关信息，帮助和说服顾客产生购买欲望、形成购买行为的各种活动形式。随着推销活动的发展，推销方式也在不断创新。常见的推销方式有：

（1）上门推销。即推销人员走出去，主动到目标顾客的单位或家庭进行推销。该方式主动性强、效果明显，但花费较大。

（2）营业推销。即推销人员在固定的营业场所设置柜台进行推销，如商场推销。该方式店铺固定，容易取得顾客信任，花费人力较少，但缺少上门推销积极主动的特点。

（3）会议推销。即推销人员在订货会、展览会、交易会等各种商品购销会议场所进行推销。该方式聚集了众多供应商、中间商、用户和消费者，有助于在短时间内进行大量洽谈活动，省时省钱，但容易受参会者人数、范围的限制。

（4）电话推销。即利用电话这种现代通信工具向目标顾客进行推销。该方式省时、推销范围广，但不能单独用于复杂的推销。

（5）信函推销。即通过名片、书信、便笺、订单及商品目录等书面形式与顾客进行联络推销。该方式费用相对较低，但必须与其他方式并用才能突显效果。

（6）网络推销。网络推销是指在网络经济时代背景下，企业或者推销人员借助计算机、手机和数字交互式媒体的功能来实现推销目标的一种营销模式。该方式花费较低，是一种快速发展的全新方式。

本书第四篇将重点讲解电话推销、网络推销、会议推销和商场推销。

六、推销的作用

（一）对于企业而言，推销发挥着重要作用

1. 促进产品销售

推销是销售的重要手段，有效的推销给企业带来的最直接好处就是促进产品的销售。推销人员可协助企业建立产品销售渠道，同时运用其说服能力将有关产品的知识和信息告知顾客。

2. 发现有利的市场机会

在推销过程中，推销人员与推销对象之间的双向沟通可以帮助企业及时地了解需求信息、商品信息、竞争信息等市场信息，寻找和识别有吸引力的顾客和新的需求，从而有利于企业发现有利的市场机会，寻找新的发展空间。

3. 提高企业的竞争能力

推销不只在产品销售领域为企业带来直接的利益，在推销过程中通过推销人员的创造性劳动，企业还能获得顾客在产品设计、市场开发、分销渠道、促销方式以及销售服务等方面的具体意见和建议，可以促使企业改善经营管理，更有效、更有针对性地适应市场变化的要求，从而提高企业的应变能力和竞争能力。

4. 树立企业的良好形象

通过推销人员良好的推销，企业的优质产品送到了顾客的手中，在企业与顾客之间架起了沟通的桥梁，为企业树立了良好的产品形象、人员形象、企业形象。因此，不要认为只有处于困境中的企业才需要推销，效益好的企业同样需要推销。

（二）对于社会而言，推销的积极作用也是不容忽视的

有效的推销不仅满足了顾客的需求，还在一定程度上影响和引导消费需求，创造出新的消费需求，为生产的发展提供新的动力。推销人员在实际推销活动中起到了引导购买、引导消费、示范消费以及“传递生活标准”的作用。

（三）对于个人而言，推销是发挥个人潜能的最好职业之一

推销工作总是面对新人、新事、新问题，是一项极具挑战性的工作，也是发挥个人聪明才智的最好职业之一。

推销是磨炼人的意志与情操的最好方式之一。推销人员所遇到的困难、被拒绝与失败的比例在所有工作中可以说是最高的，推销工作最能锻炼人的意志。

第二节 推销的一般流程

企业在面对新顾客或者推销新产品时，一般都要经历一个完整的推销流程。完整的推销流程包括以下五个阶段。

一、寻找顾客与鉴别顾客资格

寻找顾客是指寻找有可能成为潜在和现实购买者的顾客。寻找顾客应该运用市场营销的原理结合要推销的具体产品进行深入分析，明确 6W1H——该产品的需求对象是谁（who）？人们为什么购买（why）？潜在顾客在哪里（where）？他们何时购买（when）？谁参与购买（which one）？影响顾客购买决策的因素有哪些（what）？如何购买（how）？

顾客资格鉴别是指对潜在顾客的购买资格进行审查，以确定潜在顾客成为准顾客的可能性。顾客审查的内容主要包括购买需求、支付能力、决策资格和信用等几个方面。

二、接近顾客

接近顾客包括访问准备、约见和正式接近。

访问准备是指为直接推销活动做好必要的准备工作，具体包括：了解自己的顾客，做到心中有数；熟悉所推销的产品；了解竞争者及其产品。此外，推销人员还应准备好笔记本、名片、合同等必备物品，以便于洽谈和及时成交。

约见是推销人员征求顾客同意接见洽谈的过程。当推销人员做好必要的准备和安排后，即可约见顾客。约见能否成功是推销成功与否的一个先决条件。

正式接近顾客应讲究时间、地点、方式、方法和策略，做到在恰当的时间、恰当的地点引起恰当的对象对自己的兴趣和关注。

三、推销洽谈

推销洽谈是推销过程的一个重要环节，是推销人员运用各种方式、方法、手段与策略，说服顾客购买的过程，也是推销人员向顾客传递信息并进行双向沟通的过程。

四、顾客异议处理

顾客异议是推销过程中必然发生的正常现象，它是成交的障碍，也是成交的前奏与信号。优秀的推销人员能有效地处理顾客的异议，并与顾客建立良好的关系。处理顾客异议的能力是检验推销人员推销水平的一个重要指标。

五、成交及续后工作

达成交易是推销的目的，是推销活动中最重要的部分。达成交易是指顾客接受推销人员的建议，做出购买行为。只有成功达成交易，才是真正成功的推销。在推销活动中，推销人员要正确处理顾客异议，并不失时机地说服顾客做出购买决策，促成成交。

当然，成交不是推销追求的唯一目标。推销人员应在成交的同时与顾客建立友谊和感情，为下一次的成交打下坚实的基础。所以，从某种程度上来说，“成交不是推销的结束，而是下一次推销的开始”。

从整体产品的角度来看，售后服务是产品的一部分，产品的价格已经包含了售后服务。所以，成交以后安装调试、退换、维修、培训等续后工作就是企业应尽的义务。跟踪服务的好坏反映了企业经营管理的水平和信誉程度，好的售后服务容易打动顾客的心，提高顾客的满意度和忠诚度，提高企业的竞争能力和可持续发展的能力。

第三节 推销的原则

在推销过程中，推销人员必须坚持以顾客为中心，并遵循以下五项原则。

一、满足或引导顾客需求的原则

人们购买产品并不只是想拥有实体形态的产品本身，而是为了满足某种需求与欲望。因此，推销人员不应该单纯地向顾客推销产品，而应借助所推销的产品，想方设法唤起并刺激顾客的需求与欲望。顾客对产品的需求不仅在于产品本身的使用价值，更在于产品给顾客带来的效用和情感的满足，即顾客购买产品所获得的让渡价值最大。因此，推销人员必须认真了解顾客的需求，并向顾客推销合适的产品。

案例 1-4

坐火车的人似乎都有这样一个共识，那就是火车上的食物价格很高，而且不好吃，卫生可能也不那么让人放心。比如同样的饮料，市场上每瓶卖 3 元，到了火车上要卖 5 元。火车是一个封闭的市场，在这个封闭的市场中，消费者的购买大多是被迫的。尤其是在过去常见的硬座车厢，很多人宁愿在大热天一桶一桶地泡自己带上来的方便面，也不愿购买餐车提供的餐饮。

某服务人员推着手推车经过，喊了句：“该吃饭了啊……”他在叫卖鸡腿、猪脚和豆腐串。过了一会儿，他又从车厢另一端推着手推车过来了。这次他没有叫卖，而是时不时地和乘客说话，说的是相同的话：“刚才的鸡腿味道怎么样？猪脚味道怎么样？”被问到的乘客纷纷点头说不错。这时候有些乘客开始主动购买鸡腿和猪脚。大约过了半个小时，他又出现了，还是那句话：“该吃饭了啊……”然后说：“又一锅猪脚、鸡腿熟了哦！现在优惠，5 块的鸡腿只卖 4 块，6 块的猪脚也只卖 4 块了。4 块钱不仅可以吃好，而且可以吃饱，比外面的还要便宜了。”

［问题］分析服务人员的沟通方式是否妥当？为什么？

二、互利共赢的原则

互利共赢的原则是指在推销过程中，推销人员要以交易能为双方都带来较大的利益为出发点，而不能从事伤害一方或给一方带来损失的推销活动。顾客之所以购买某种产品，就在于交易后其获得的利益大于或至少等于其所付出的代价。因此，推销人员在推销活动中要设法满足企业和顾客双方所追逐的利益，实现"双赢"。

互利共赢的原则是培养长久客户之计，是顾客不断购买的基础和条件，也是取得顾客口碑传播效果的基础和条件。要成为受顾客欢迎、被期待的推销人员，就必须设法满足顾客的利益要求。

推销人员在把握互利共赢的原则时，切不可仅仅理解为对顾客让利或赠奖的利诱。实际上，顾客的需求是多方面的，有时价格因素可能还不是最主要的方面，而品牌形象、服务态度和质量才是顾客所看重的。推销人员在努力实现互利共赢时，必须善于抓住顾客的核心利益，并与顾客加强沟通。

在进行利益判断时，一个优秀的推销人员不仅要看到当前的推销利益，而且要看到长远的推销利益；不仅要看到直接的推销利益，还要看到间接的推销利益。推销人员要多因素综合评价利益均衡点，不能以某一次交易的成功与否来判断推销的利益，要坚持用能给顾客带来的利益引导顾客成交。充分展示产品或服务能给顾客带来的利益，是引导顾客购买的重要途径。

案例 1-5

一次，某健康食品公司的一位销售员路过一家公司的广告部，看到房间的一角有几个垃圾袋，里面装满了健康食品公司的赠券。销售员询问时，有人告诉他这些赠券是一项促销活动的一部分，但现在该促销活动已结束，因此这些赠券将被销毁。

销售员有了一个主意，他要回了这些赠券，并把这些赠券拿到某超市采购部经理的办公室，告诉他们赠券是对健康食品公司产品满意的顾客返回来的。采购经理被这么多返回的赠券所打动，决定采购该健康食品公司的产品。

[问题] 对于这位销售员的做法，你如何评判？

三、诚信的原则

孔子曰："人无信不立。"诚信是人的一种基本道德。在市场经济条件下，任何企业和推销人员要想取得顾客的信任，必须以诚信为本。诚信是市场经济条件下企业开展经营活动的前提，没有诚信，企业就不可能获得持续的发展。诚信原则要求推销人员以诚待客，关心顾客，关心他们的事业和生活，并信守各项交易条款，按时、按质、按量兑现自己的承诺。诚信原则还要求推销人员的说辞必须有理有据、真实可信。销售洽谈不是唱赞美诗，不要肆意夸大产品的优点，应该实事求是地介绍产品的特点。

案例 1-6

公司服务部门的人员与你有着良好的关系，他们经常把所维修的快要到期的设备所有者的信息告诉你。每在他们的帮助下完成一次销售，你就分一部分佣金给他们。两天前，你接到一个客户的电话，说公司的服务人员告知他的设备已无法维修，需要进行更换。可当你去检查他的设备时，却发现还能维修并可继续使用一段时间，但是你的顾客并不知道这些情况，并准备购买新的。

［问题］这时你该怎么办？

四、说服诱导的原则

说服诱导的原则是指推销人员将自己的意见通过各种方式传递给顾客，主动引导推销过程朝推销人员预期的方向发展。

说服与诱导是现代推销的基本手段。在现代市场经济条件下，推销人员与顾客是两个平等的交易主体，推销人员既不能强迫顾客购买推销品，也不能靠乞求获得订单，更不应以欺骗的手段达成交易。因此，每一位推销人员都要努力提高说服与诱导的能力。

掌握和运用以理说服、引导消费的原则要避免与顾客进行任何争论，更不能逼迫顾客做出购买决定。倾力推销者认为，一个最理想的推销人员必须能够冲破一切销售阻力，征服买主，成功地向任何人推销产品。在训练时，推销经理就是让推销人员掌握这种倾力推销法，冲破各种形式的销售障碍，甚至采取最极端的做法，不择手段地进行推销；或者，推销人员必须向顾客乞求，央求顾客发慈悲，有的甚至以苦肉计博得顾客的同情来促进销售。崇尚倾力推销的推销人员认为，只要能把产品卖出去就可以了，至于怎么卖出去的就无关紧要了。这种观点是极其错误的，随着顾客消费理性的逐步提高，消费者利益日益得到国家法律的保护，强力推销只会增加顾客对推销人员的反感，不利于推销。即使销售出去了，如果产品真的不好，顾客也会向推销人员提出索赔要求。

鉴于此，推销人员的说服诱导必须符合商业道德，这有助于增强顾客对推销人员的信任。一位正派的推销人员必须在遵守职业道德的前提下，运用对顾客负责的推销方法，坚持用诚实的态度因势利导，说服顾客自愿购买推销的产品。

案例 1-7

某医院要扩充设备，准备购置一台世界一流的 CT 仪器。一大群推销员团团围住负责审查 CT 仪器的 L 博士，炫耀自己的产品有多好，是世界一流的。唯有 W 公司的推销员声称自己的仪器虽属世界最好的产品，但仍不够完美，正在努力改进，希望 L 博士能前往公司提出改进意见，并届时派人专程来接。

L 博士感到十分惊讶，同时更感到荣幸，因为从来没有一个仪器制造商征求过他的意见。这使他觉得自己身价倍增，尽管日程已经排得满满的，但还是爽快地赴约了。他愈是研究，愈是发现 W 公司的 CT 仪器确实很好。

“我感觉并没有人在向我推销那部仪器，买下那部仪器是出于我自己的意愿。由于它的质量绝佳，所以我买下了它。”L博士事后这样说。

[问题] L博士为什么会买下W公司的CT仪器？该案例给你的启示是什么？

五、正当竞争的原则

在与顾客洽谈时，最好不要谈论竞争对手的情况，更不能诋毁竞争对手。我们反对不正当竞争，主张尊重对手。不得不谈论对手时，推销人员要持客观、公正的态度，以营造一种良好的洽谈气氛。企业与对手竞争得越激烈，就越应该集中精力搞好自己的推销工作。尽管在洽谈中不应谈论竞争对手的情况，推销人员也应该清楚地了解对手及其产品和推销方法等。只有了解了对手在做什么、怎么做，推销人员才能更好地制定推销策略和计划。

在推销过程中，推销人员只有遵守上述原则，才能顺利开展推销工作，企业和顾客的关系才能稳步发展，推销人员才能获得个人持续的发展和成功。

练习题

一、思考题

1. 推销的应用前提是什么？
2. 试分析推销与市场营销的区别。
3. 推销的流程包含哪些环节？
4. 学习推销对个人的发展有什么意义？

二、案例分析题

约翰逊就要结束他的市场学专业的大学学习了。他的父亲是底特律一家大型二手车行的老板，很想让自己的儿子帮助他管理好生意。约翰逊面临选择：帮助父亲料理生意，或是走一条属于自己的路——去为某家大型制药企业做推销员。他的父亲在经营方面已相当成功，而且他认为如果有儿子的帮忙，生意一定会锦上添花。约翰逊找来几位朋友，想听听他们对这件事的看法。有的说：“二手车推销员不值一提，他们不过是一些只会施展高压手腕的骗子。”还有的说：“去说服别人购买他们并不需要的那些旧货吗？”约翰逊听了这些话后感到很烦恼。请你帮助他分析一下：

(1) 现代推销学的知识对于二手车的推销是否具有指导意义？

(2) 你是否同意约翰逊的朋友对推销员的描述？

(3) 约翰逊应该如何做才能使自己所学的推销学知识应用于二手车的销售工作中？

三、实训题

1. 试着找一位推销人员，向他进行如下的询问：

(1) 你认为你的主要任务是什么？

（2）你是如何看待你现在的顾客及潜在顾客的？

（3）你推销的是什么产品？你对所推销产品的各个方面都非常了解吗？

（4）你是本着什么样的态度去从事推销这项工作的？

（5）如何当好一名称职的推销人员？怎样塑造自己的良好形象？

2. 努力寻找机会，参加一次实际的推销活动。

第二章

推销三角理论与方格理论

引 例

推销人员:这件衣服对您再合适不过了。您穿蓝色的看上去很高贵,而且这种式样也正是您这种工作所需要的。

顾客:(犹豫地)不错,是一件好衣服。

推销人员:当然了,您马上买下它就更好了。

顾客:噢,也许,我不知道。

推销人员:您不知道什么?它是无与伦比的。

顾客:我希望你不要给我这么大的压力。我喜欢这件衣服,而且我不知道我是否应当买别的颜色的衣服,我已经有一套蓝色的了。

推销人员:照照镜子,难道您不认为这衣服您可以承受得了,而且三天之内您可以不必付款。

顾客:我还不确定,这得花很多钱。

推销人员:好的,但当您再回来时或许这种衣服已经没有货了。

[问题] 推销人员的做法有哪些不当之处?

第一节 推销三角理论

推销三角理论阐述的是构成推销活动的三个要素,即推销人员、推销的产品或服务、推销人员所在的企业三者之间的关系。它是推销人员奠定推销心理基础、发挥推销积极性、提高推销技术的基础理论。

一、推销三角理论的含义

推销人员、推销的产品或服务、推销人员所在的企业这三个因素构成了推销人员在推销活动中赖以与顾客打交道的三个支柱，所以称为“推销三角理论”。推销三角理论又称吉姆(GEM)公式，即产品(goods)、企业 (enterprise)、推销人员(man/myself)三角公式，它要求推销人员在推销活动中必须做到三个相信：① 相信自己所推销的产品或服务；② 相信自己所代表的企业；③ 相信自己的推销能力。该理论认为推销人员只有做到三个相信，才能充分发挥自己的推销才能，运用各种推销策略和技巧，取得好的推销业绩。这就好比三角形的三条边，合起来就构成了稳定的三角结构(图 2-1)。推销人员只有对此三要素坚信不疑，才能使推销活动顺利进行，不致使顾客产生任何怀疑和不信任，由此使推销获得成功。对自身所代表的公司缺乏信任是非常危险的，对所推销的产品缺乏信心是十分有害的，而缺乏自信心则是最致命的。

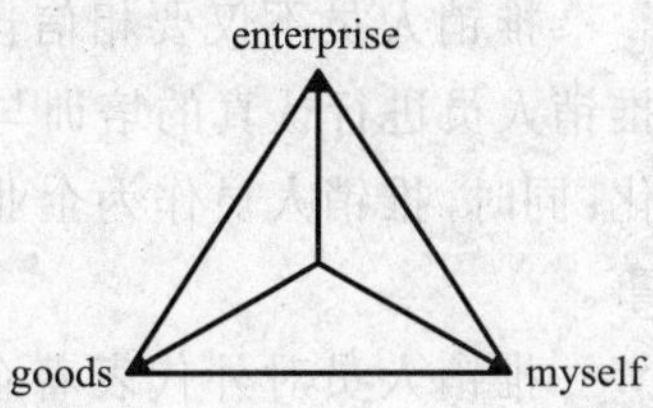

图 2-1 吉姆(GEM)公式

二、推销人员对所推销产品的信任

产品是推销人员赖以推销的客体，它为顾客提供价值，给顾客带来需求上的满足。因此，推销人员要对自己所推销的产品充分信任。推销人员应该相信自己的产品，即自己真心地相信所推销的产品能够给顾客带来利益。作为推销人员，对产品充满自信，认为顾客购买产品是幸运，不购买产品则是损失，这样才能打动顾客；反之，如果推销人员对自己推销的产品都不感兴趣，不愿购买，那又如何能激发顾客购买产品的热情呢？总之，推销人员应当相信自己所推销的产品是符合顾客需求的好产品，把公司产品的特点和优点充分展现在顾客面前，以便于顾客选择。

企业应加强对推销人员关于产品知识方面的培训，使推销人员充分了解自己所要推销的产品。首先，企业要在事实的基础上向推销人员进行解释，用各种方法向推销人员说明所推销产品的特点与优点，并且根据不断补充和更新的资料，将自身产品与同类竞争产品加以比较，使推销人员清楚地知道所推销产品的竞争优势，从而对产品的价值有一个全面的认识。其次，企业应要求推销人员深入了解所推销产品的市场最新信息，了解产品已成功地打入了哪些地区和市场、市场占有率如何。掌握了这些有关产品的市场信息后，推销人员就可以在推销洽谈中增强信心，也有利于说服顾客。最后，推销人员在推销前应当亲自试用一下自己所推销的产品或者了解顾客对产品的使用体验，将自己的体会与顾客交流更能打动顾客。

推销人员对自己产品的信任要求推销人员对产品三个层次的概念都必须十分熟悉：一是产品的性价比，即产品的使用价值能给顾客带来的效用和利益，这是满足顾客的核心层次；二是产品的形式，如产品的质量、形状、外观、颜色、商标、包装、容积等；三是产品的附加值，主要是指产品的售后服务，如送货上门、安装、维修、退货等。除此之外，还要对竞争对手的产品和替代品有清晰的了解，从而对自己所推销产品的效用、质量、价格等建立起自信。做到了上述这些，在向顾客做推销介绍时，才能根据顾客的不同需求有目的地做出主动热情、有理有据的阐述，更加主动有效地处理顾客的各种异议。

当然，推销人员对自己所推销的产品不能盲目自信，更不能无根无据地自信。自信应源于对产品的充分了解，源于对产品知识、功能效用以及与其他产品相比的特点、优势和合理使用方法的了解。

三、推销人员对所在企业的信任

推销人员不仅要相信自己的企业，还应该忠诚于自己的企业。企业应当有计划地对推销人员进行认真的培训与指导，使推销人员了解企业的声誉、历史、规模、发展和企业文化；同时，推销人员作为企业的员工，应该以自己的行动为企业争光，不做有损企业形象的事。

推销人员对外代表着企业，其言行举止都会令顾客产生对其所代表企业的看法和印象。推销人员的工作态度、服务质量和推销业绩直接影响着企业的经济效益、社会效益与发展前景。因此，只有使推销人员充分相信自己所代表的企业，才会使其具备从事推销工作应有的向心力、荣誉感和责任感，才会具备主人翁的工作热情并在推销事业中发挥创造精神。连自己企业都不相信的推销人员是不可能长期对企业和顾客有所作为的。推销人员对企业的信任包括相信企业经营行为的合法性、合理性，相信企业管理阶层的决策、管理能力，相信企业的改革和发展前景。当然，要使推销人员相信这些，企业也要不断加强自身的建设，树立公关形象，提高企业管理水平。

四、推销人员对自身的信任

推销人员的自信心是完成推销任务、实现自己宏伟抱负的前提。大量事实证明了一个简单而又明确的公式：成功 = 自信心 + 勤奋。

自信心就是确信自己所追求的目标是正确的，并坚信自己有力量与能力去实现所追求的目标。自信心的建立不是天生的，更不会随心而得。自信心与人的成功概率成正比，它是一个人取得成功的重要心理素质。自信心在个人成长和事业成就中具有显著的作用，自信心越强，越能够不畏失败、不怕挫折、不懈进取；自信心越强，越能够产生强大的精神动力和进取激情，排除一切障碍去实现自己的目标。

人的自信心取决于两方面的因素，即客观的成功与主观的自我评价。客观的成功是指各种外显的，以事实为基础的成就、业绩等，如考上大学、找到理想工作、在工作岗位上获得丰硕成果等；主观的自我评价是指相对内隐的，以个人感受为基础的，对自我进行评判、估量的心理活动。

那么，如何培养自己的自信心呢？

（1）相信自己会成功，不要总觉得自己会失败。不要怀疑自己的能力，也不要害怕失败，一次失败不代表总是失败，成功总是在不断的实践中获得的。成功的信念会激发你想出迈向成功的计划，失败的想法则正好相反。

（2）不时地提醒自己，自己比想象中的要好。每天清晨醒来时，在心里默念几遍："我相信自己，我能够做好我想要做的事情。"成功的人不是超人，成功也不需要特别的才智，成功并不神秘，也并非全靠运气。成功的人是那些有自信、相信自己一定会成功的普通人。千万不要自贬身价。

（3）发自内心地表达自己的意见、情感和情绪，多表现自我也可让人变得自信。有的人喜欢表现，这并不是什么坏事。自我表现是人的一种本能和天性，往往能够满足人的虚荣心理，同时也能给人以更多的信心。只要这种表现没有伤害到别人，就是值得鼓励的。

（4）实事求是地确立目标。目标定得过高，不利于自信心的培养；目标定得过低，容易自我放松、得过且过。推销人员只有把目标纳入自己人生追求的坐标，通过不懈的努力和追求，才能取得事业的成功。

（5）要正确地评价自己。正确地评价自己，才能了解自己的优点和缺点，从而发扬优点、改正缺点。不要使自己的定位脱离自身的实际情况，抬高或贬低自己都不可取。认识到自己的缺点，才有可能不断地学习和改进，不断提高自己的能力和本领，切忌说大话、办空事。

（6）自信在于充分准备。心里没底，当然难以积聚信心。对于“准备”，应该包括对情况的了解、知识的积累、信息的收集以及必要的计划和物质上的支持。自信需要不断地实践，并从实践中获得积极的反馈。要多行动，不要只是想象，只要去做，你就会越来越自信。

推销人员对自身的信任，包括相信自己所从事的推销事业是崇高、伟大的，相信自己从事推销事业的智慧和能力，相信自己充满前途的美好明天。推销人员既要相信自己是合适的推销人选，完全有能力把自己的公司或产品介绍给顾客；又要相信公司对自己是充满信心的，可以放心大胆地开展推销工作。推销人员的事业总是沿着从无到有、从小到大、从缺乏经验到经验丰富的方向发展。自信是开启成功大门的金钥匙，试想一个对自己都没有信心的推销人员，又如何能在陌生的顾客面前自如地介绍商品、洽谈成交？遇到几次失败或挫折就气馁，就失去信心，是不可能干好推销工作的。可见，自信是推销成功的法宝，自信给推销带来激情、魅力和成功的机会。

推销人员对自己缺乏信心的表现主要有三个：第一，认为自己天生就不是干推销的料；第二，害怕自己被顾客拒绝，很没面子；第三，担心从事推销工作会做“蚀本生意”，因为有些推销事业是要付出一定成本的。

在人的客观水平相对稳定、有限的情况下，建立合理的自我评价方式——准确认识自我，是提高自信心的重要途径。推销人员建立合理的自我评价方式包括以下途径：首先，全面真实地认识自己的实力，树立自信心。应注意区分哪些是自己的优势，哪些方面自己不如别人。在不如别人的方面，经过自己的努力可以改变的，就应尽最大努力改变；无论自己如何努力也无法改变的，就坦然接受。其次，客观地看待他人的长处、优点，正确看待自己。一个人不论能力有多强，总不可能事事都走在别人前面；而有些人在某一方面可能有卓越的表现，其他人即使全力以赴也不一定能超过他们。只有承认这一点，才能客观评价自己和他人，在认识到自己在某些方面与别人存在差距的情况下，仍能保持自信。最后，注意吸取和学习他人的优点，不断提高自己各方面的修养。在与他人的交往中，无论是水平比自己高的，还是不如自己的，都可以吸取一些有益的东西来提高自己、丰富自己。

事实上，成功的推销人员没有谁是一帆风顺的。日本“推销之神”原一平，身高不足

1.5 米，许多人都认为他不是推销的“料”，但他却依靠自己的勇气和自信心成功地向世人证明了自己的实力和推销的能力，在被一位顾客拒绝了 71 次之后，硬是凭着自己的自信心和耐力打动了顾客。美国推销大师乔•吉拉德曾欠债 6 万美元，但凭着自己顽强的拼搏精神和自信，在逆境中求生存和发展，终于成为美国的汽车推销大王。我国香港的李嘉诚也是从推销员开始做起，最后一步一步地成为香港首富。这样的例子还有很多，只要推销人员对自己有信心，再加上自己的努力，成功便不再遥远。

第二节　推销方格理论

商品推销是一种面对面的双向沟通，有时推销人员与顾客对推销和购买会产生不同的认识，对彼此的关系也会有不同的看法，这将直接影响到推销的效果。推销方格理论可以帮助推销人员更清楚地认识自己的推销心态，看到自己推销工作中所存在的问题；同时，还有助于推销人员更深入地了解自己的推销对象（顾客），掌握顾客的心理活动规律。推销人员只有深刻地认识自己和推销对象的心态，才能准确地把握推销工作的分寸，恰当地处理与顾客之间的关系，争取推销工作的主动权，提高推销效率。

一、推销方格的由来

推销人员在进行推销工作时，有两个明确的目标：一是千方百计地说服顾客，完成商品推销任务；二是竭力迎合顾客心理的偏好，以求建立良好的人际关系。每个推销人员对待这两个目标的态度与关心程度均有所不同。美国管理学家、得克萨斯大学教授罗伯特•R•布莱克（Robert R. Blake）和简•S•蒙顿（Jane S. Moton）在 1964 年出版的《管理方格》一书中提出了“管理方格”（management squares）理论。1970 年，布莱克和蒙顿又提出了一种新的推销理论，即“推销方格”（sale squares）理论。该理论建立在行为科学的基础之上，根据推销人员在推销过程中对买卖成败及与顾客沟通的重视程度之间的差别，将推销人员对待顾客与销售活动的心态划分为不同类型。这种划分表现在平面直角坐标系中，即形成了推销方格理论。推销方格显示了推销人员对顾客与销售关心程度的不同所形成的不同的心理状态。

二、推销方格理论分析

用图形将推销人员对上述两个目标的关心程度及形成的态度表现出来，即推销方格（图 2-2）。在图 2-2 中，横坐标表示推销人员对销售任务的关心程度，纵坐标表示推销人员对顾客的关心程度。两个坐标值都从 1 逐渐等值增大到 9，坐标值越大，表示关心的程度越高。方格中的各个交点，分别代表各种推销人员不同的推销心态。图中着重标明了具有代表性的五种基本心态，具体如下：

（1）事不关己型。如图 2-2 中的（1，1）所示，表明推销人员既不关心自己推销任务的完成情况，也不关心顾客的需求是否被满足。这类推销人员具体表现为：没有明确的工作

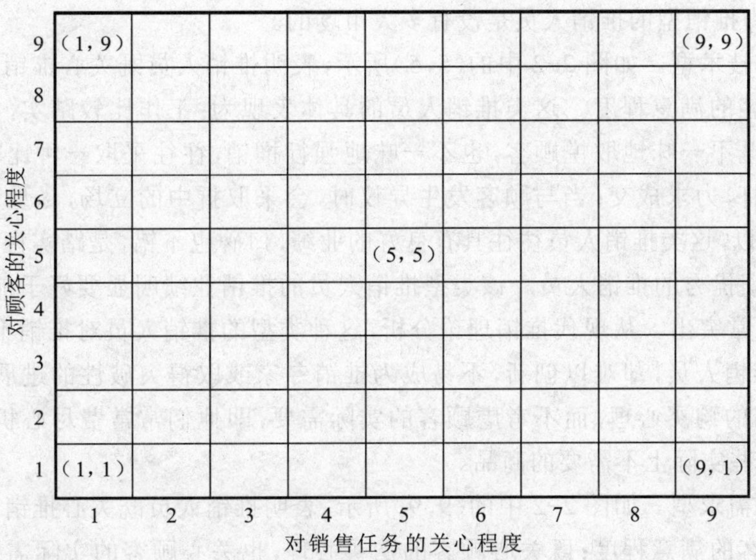

图 2-2　推销方格图

目标，缺乏责任心和工作的成就感，对顾客的需要视而不见，对企业的推销工作也毫不在意，抱有“混日子”的态度。具有这种心态的推销人员不是合格的推销员，其推销成效也最差，他们抱着“要买就买，不买拉倒”的无所谓心态，毫无事业心。产生这种心态的原因主要有两个：一是推销人员主观上不努力，缺乏上进心；二是公司施加的工作压力不够，缺少有效的激励和奖惩措施，管理制度不健全。

(2) 顾客导向型。如图 2-2 中的(1,9)所示，表明推销人员只知道关心顾客，而不关心推销任务的完成情况，这是一种较为极端的心态。他们忽视了推销活动是由商品交换与人际沟通两方面内容结合而成的事实，单纯重视并强调人际关系，对顾客以诚相待，可能成为顾客的良好参谋甚至朋友。这类推销人员具体表现为：处处顺从顾客，把建立和保持良好的人际关系作为自己推销工作的首要目标，不考虑或极少考虑企业的推销工作。因此，他们坚持宁可做不成生意也绝不得罪顾客的原则，忽视推销技巧，不关心或羞于谈起货币与商品的交换。这种极端的心态不是良好的推销心态，不易取得成功。该类型的推销人员只是一位人际关系专家，而不是一个成功的推销专家。产生这种心态的原因是：一是不想在公司干了，希望从顾客那儿获取好处；二是性格软弱，心肠太好。

(3) 强力推销型。如图 2-2 中的(9,1)所示，表明推销人员只知道关心推销结果，而不关心顾客的实际需要和购买心理。这种类型与顾客导向型恰好相反，持这种心态的推销人员只关心推销任务与买卖本身，却忽视商品交换背后的人际关系沟通，从而走向重买卖、轻人情的另一个极端。为了达到推销的目的，甚至可以败坏职业道德，不择手段地推销商品，很少了解顾客的需求、分析顾客的心理，这种心态也是不可取的。这种类型的推销人员将给顾客造成很大的心理压力，甚至引起顾客的反感，破坏了他们所代表的企业及所推销产品的声誉、形象，最终损害企业的长远利益。他们认为，只要推销技术好、口才好，就一定能把产品推销出去。这种推销观念是不正确的，事实上，在竞争日益激烈的买方市场条件下,强力推销型的推销人员是没有多大市场的。

(4) 推销技术型。如图 2-2 中的(5,5)所示,表明推销人员既关心推销业绩的完成程度,又关心顾客的满意程度。这类推销人员的具体表现为:工作比较踏实,能够认清眼前的推销环境,既不一味地取悦顾客,也不一味地强行推销,往往采取一种比较可行的推销战术,稳扎稳打,力求成交;当与顾客发生异议时,会采取折中的立场,尽量避免出现不愉快的情况。所以,这类推销人员往往具有良好的业绩,口碑也不错,是踏实肯干、经验丰富、老练成熟、成绩优秀的推销人员。该类型推销人员的推销业绩明显要好于前三类,个别人的推销业绩非常突出。从现代推销理论分析,这种类型的推销人员对推销不求甚解,可能成为成功的推销人员,却难以创新,不易成为推销专家或取得突破性的进展,因为他们往往只注意顾客的购买心理,而不考虑顾客的实际需要,即他们常常费尽心机,却说服某些顾客购买了一些实际上不需要的商品。

(5) 满足需求型。如图 2-2 中的(9,9)所示,表明推销人员既关心推销业绩的完成程度,也关心顾客的满意程度;既关心顾客的购买心理,也关心顾客的实际需要。这类推销人员的具体表现为:在工作中积极主动,但又不强加于人,善于研究和掌握顾客的购买心理,发现顾客的真实需求,然后展开有针对性的推销,帮助顾客解决实际问题,同时也完成自己的推销任务。该类型的推销人员是最理想的推销专家,他们不忘自己的推销职责,也不忘顾客的实际需要,他们真正认识到推销工作的实际意义。有了正确的推销观,便能建立和培养良好的推销心态。这种心态是理想的推销心态,持有这种心态的推销人员将投入全力研究推销技巧,关心推销效果,重视并最大限度地解决顾客的困难。推销人员注意开拓顾客的潜在需求和满足顾客的需要,在两者的结合上保持良好的人际关系,使商品交换关系与人际关系有机地融为一体。所以,满足需求型的推销人员是积极奋发、热情而负责的推销人员,是现代推销学所定义的最佳推销员。

如何才能成为满足需求型的最佳推销员呢?满足需求型推销人员首先应该具备合格推销员必需的基本素质,如树立现代推销新观念、具备较强的敬业精神和时间观念、拥有坚忍不拔的毅力、遵守职业道德等。其次,要做到以下两点:

(1) 树立以顾客为中心的思想,真诚为顾客服务。有的推销人员把“为顾客服务”挂在嘴边,却从未落到实处。顾客购买产品不仅是为了获得物质上和功能上的满足,很多时候,一句贴心话、一个微笑、一个很小的关怀行为都能使顾客下决心购买该企业的产品。当然,这不仅需要推销人员树立真诚为顾客服务的意识,建设以顾客为导向的企业文化更是十分必要的。我们很难想象,纯粹意义上的物质推销、功能推销在未来的竞争中还有多少生存空间。情感推销、文化推销必将成为未来推销的主要理念。

(2) 具有出色的沟通和说服能力,努力使企业和顾客达到双赢。要具有出色的沟通和说服能力,推销人员必须具备坚定的自信心和成功的欲望。人类已进入以知识经济和全球经济为基本特征的 21 世纪,这意味着竞争时代必然向竞合时代转型和迈进,双赢、共赢和多赢是这个时代的主题。生活在这个时代的推销人员必须认清这一形势,通过沟通和交流手段,在顾客和企业之间架起一座桥梁,穿针引线,使顾客和企业达到双赢。

案例 2-1

在某百货店里，实习生小李正在接待一位顾客。这是一位来自农村的大娘，她想买一个暖水瓶胆。小李连续给她看了三个暖水瓶胆她都摇头，小李有些奇怪，就问："大娘，这三个都有什么问题吗？"大娘说："三个都坏了。"小李很惊讶："不会的，这可是新进的货呀！""每只瓶胆都有几个黑斑，不明显有毛病吗？"大娘一边用手指点上面的斑点，一边无奈地摇头。小李这才恍然大悟，笑着解释说："大娘，这不是什么黑斑，这是三块石棉。因为瓶胆是双层玻璃构造，中间是真空的，为了防止瓶胆内壁承受压力过大而破碎，需要将内壁承受的压力分散一部分到外壁上，所以用三块石棉连接内外壁，这样瓶胆就不易破碎了。"大娘听了后疑惑地笑笑，最后还是摇摇头走了。小李的师傅老刘得知此事后说道："如果是我的话，我只要说'大娘，相信我吧，这绝不是坏的'，大娘肯定会买。你知道为什么吗？"这回轮到小李摇头了。刘师傅说："第一，我在这儿多年了，周围的老百姓都认识我，他们相信我；第二，我不会说他们听不懂的话。"

[问题] 在这个案例中，实习生小李属于推销方格理论中哪种类型的推销人员，为什么？

第三节　顾客方格理论

推销的成败不仅取决于推销人员的态度，而且受顾客态度的影响。推销人员不仅要认识自己的推销心理，努力培养良好的推销心态，还要善于观察顾客的购买心理，针对每个顾客的特点采取相应的推销策略，因人而异地开展推销活动。

一、顾客方格理论分析

按照建立推销方格的方法，同样可以建立顾客方格(customer squares)。顾客对待推销活动的看法分为两个主要方面：一是顾客对购买活动本身的看法；二是顾客对推销人员的看法。当一位顾客从事实际购买行为的时候，他心里至少有两个明确的目标：一是希望通过自己的努力获得有利的购买条件，较好地完成购买任务；另一个就是与推销人员建立较好的人际关系，为日后的长期合作奠定基础。每位顾客对这两个具体目标的关心程度都有所不同，将其表现在方格图上就称为顾客方格(图 2-3)。在图 2-3 中，横坐标表示顾客对购买的关心程度，纵坐标表示顾客对推销人员的关心程度，两个坐标值都依次从低到高划分为 9 个等级，划分出 81 种顾客心态类型。不同位置的方格代表着顾客不同的购买心理状态，数值越大，表示顾客关心的程度越高。

布莱克与蒙顿认为，在推销活动中顾客的心态类型有许多种，其中具有代表性的心态有五种，具体如下：

(1) 漠不关心型。如图 2-3 中(1,1)所示，漠不关心型的顾客既不关心购买行为及其

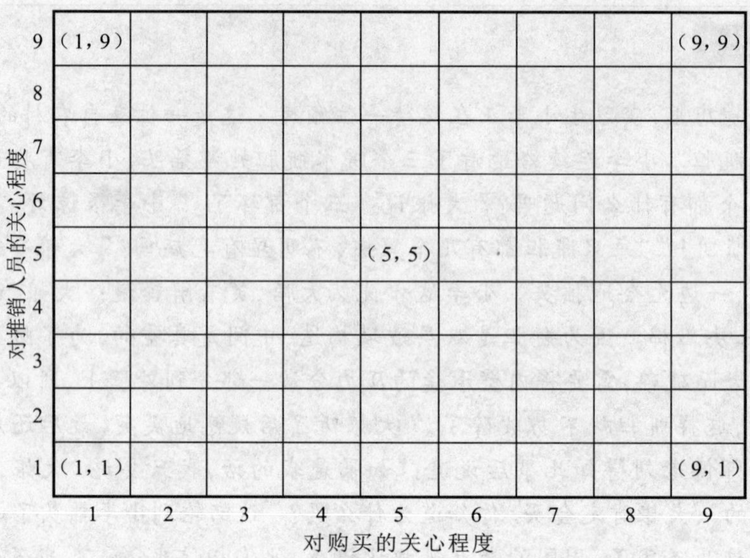

图 2-3　顾客方格图

结果，也不关心推销人员。具体表现为：他们是受人之命，自己没有购买决策权，认为购买决策与己无关，自己只是照章办事而已；或害怕承担责任，把购买决策推给其他人员，自己只愿意做些询问价格、了解情况的事务性工作。持有这种心态的顾客对待购买工作既不敢负责，又不热心，他们把购买行为本身看成是应付差事，把购买活动看成一件麻烦事，能推就推，不仅尽量避免做出购买决策，而且对待推销人员也是采取尽量躲避或是敷衍了事的态度，把他们看作找麻烦的人。

（2）软心肠型。如图 2-3 中(1,9)所示，软心肠型的顾客只同情与关心推销人员，而对于自己的购买行为与目的则不太关心。具体表现为：极容易被推销人员说服，一般不会拒绝推销人员，尤其是当推销人员热情、周到地介绍产品，与顾客的人际关系处理得较好时，很容易被推销人员所感动而接受推销人员提出的购买建议。持有这种购买心态的顾客不能有效地处理人情与交易两者间的关系，他们更注重推销人员对他们的态度，往往表现为感情重于理智；他们对于推销气氛十分敏感，对推销产品本身则考虑不多。产生这种心理的原因，可能是该类型顾客同情推销人员的工作或该类型顾客的个性心理特征使然。面对这样的顾客，如果推销人员多讲讲推销的辛苦，往往容易达成交易。

（3）防卫型。如图 2-3 中(9,1)所示，防卫型的顾客对其购买行为十分关心，而对推销人员存有戒心，甚至抱有敌对的态度。具体表现为：他们对购买过程中的每一个决策都采取小心谨慎、斤斤计较的态度，总想多占点便宜，对推销人员则十分冷淡，认为推销人员都是一些不诚实的人，本能地采取防卫的态度。持有这种购买心态主要是由于传统的偏见或是有过购买不良商品的经历所致。

（4）干练型。如图 2-3 中(5,5)所示，干练型的顾客既关心自己的购买行为，也关心与推销人员的人际关系。具体表现为：在购买过程中比较冷静，常常根据自己的知识和他人的经验来选择商品；他们所做出的每一个购买决策都要经过全面的分析和客观的判断；

他们愿意听取推销人员的意见，但又倾向于自主做出购买决策。持有这种购买心态的顾客一般都比较自信，甚至具有较强的虚荣心，他们购买的东西也不一定是自己急需的，而目的可能是抬高自己的身价。

（5）寻求答案型。如图 2-3 中(9,9)所示，寻求答案型的顾客既高度关心自己的购买行为，又高度关心与推销人员的人际关系。具体表现为：他们往往很了解自己的需求，也很了解市场行情；他们乐意与推销人员接触，以便寻找到更好地满足自己需求的途径与解决自己问题的方法。持有这种购买心态的顾客通常有较高的购买技术，他们的购买行为非常理智，根据自己的实际需要来决定是否购买。在现实生活中，他们属于成熟型的消费者。

二、推销方格与顾客方格的结合

在实际的推销过程中，任何一种心态的推销人员都可能接触到各种不同态度的顾客，而推销工作的效果既取决于推销人员的心理状态，也与顾客的购买心态密切相关。根据对实际推销业绩的考察，布莱克与蒙顿总结出推销方格与顾客方格的搭配关系表(表 2-1)。

表 2-1　推销方格与顾客方格搭配关系表

推销类型＼顾客类型	(1,1)	(1,9)	(5,5)	(9,1)	(9,9)
(9,9)	+	+	+	+	+
(9,1)	0	+	+	0	0
(5,5)	0	+	+	−	0
(1,9)	−	+	0	−	0
(1,1)	−	−	−	−	−

表 2-1 是一个简单的搭配，反映了推销方格与顾客方格之间的内在联系和大致规律。表中“+”表示推销取得成功的概率高，“-”表示推销失败的概率高，“0”表示推销成功与失败的概率几乎相等。

从表 2-1 中可以看出，拥有(9,9)型心态的推销人员无论遇到什么类型的顾客，都有争取推销成功的可能性，该类型的推销人员无疑是理想的推销专家，但并不是说只有这种心态的推销人员才能取得有效的推销成果。在某些特定的场合，拥有其他各种心态的推销人员也可能取得成功，原因在于推销方格里有各种各样的推销人员，而顾客方格里也有各种各样的顾客。一位(1,9)型的推销人员固然算不上优秀的推销人员，但当他遇到的是一位(1,9)型顾客时，由于一个对顾客特别热心，另一个对推销人员又特别关照，因此可以取得圆满的推销成果。而(1,1)型心态的推销人员对任何心态类型的顾客推销成功的可能性都很小。可见，正确把握推销心态与购买心态之间的关系是十分重要的，只要二者能实现有效的协调，多数推销人员都会取得成功。

从现代推销学的角度来看推销方格，推销人员的推销心态越趋向(9,9)型，其推销能力就越强，推销成绩也就越佳。人对事物的态度与行为倾向性是在后天环境中逐渐形成的，因此推销人员应从理论上认识到树立正确推销态度的重要性，加强自身修养，认真学习推销理论和知识技巧，用高度的事业心与责任感来对待自己的工作和顾客，使自己的推销心态向优良的心态过渡，从而取得推销的成功。

➢ 练习题 ➣

一、思考题

1. 什么是推销方格与顾客方格？按照方格理论，推销人员推销的心理态度和顾客购买的心理态度分别有哪些类型？

2. 推销方格与顾客方格如何结合？

3. 推销人员应该如何合理地自我评价？

二、案例分析题

王明推销一种中等价格水平的计算机。从外表上看，他仪表堂堂，使人感到诚实可信。同时，他对所销售的产品了如指掌，并且在使用方面也有着丰富的经验，而且善于抓住顾客的心理、赢得顾客的欢心，潜在顾客对他的话总是心悦诚服。有一天，他为推销这种计算机专门拜访了一家委托公司的会计监督，他说："我想向你们介绍一下我们生产的新型计算机，而且一点也不夸张。"而后，他便十分内行地讲述了计算机在技术方面的各种优点，会计监督好像也很相信他的话。但事与愿违，这次和往常一样，并没有达成交易。试分析讨论其中的原因，考虑一下采取什么办法才能达到成交目的。

三、实训题

根据推销方格理论和顾客方格理论，结合自身实际，分析自己作为推销员和作为顾客时分别属于哪种类型。

第三章

推销模式

引例

(汽车)推销员:您喜欢哪一种颜色?

顾客:蓝色。

推销员:您需要一顶太阳篷吗?我们有些轿车就配有这种太阳篷。尤其在夏天,轿车还是有必要配备太阳篷的,对吗?

顾客:您说得对,但太阳篷太贵了。

推销员:要不了多少钱。

顾客:是吗?

推销员:是的。另外各种型号的汽车都装有雾灯,因为当您在秋天、冬天或者在春天比较寒冷的日子里行车的时候,雾灯是必不可少的。

顾客:我认为配备雾灯是不必要的,它只会抬高汽车价格。另外,在天气不好的情况下,我肯定不会经常开车外出的(否定的回答)。

推销员:把座位往后推到这个位置,您坐在里面感觉舒服吗?坐在这个座位上开车感到很方便吧?

顾客:还可以。不过我想座位还是稍高一点好。

推销员:把座位稍高一点很容易。您看还有哪些需要改进的?

……

[问题]该推销给你的启示有哪些?

所谓推销模式,就是根据推销活动的特点及针对顾客在购买活动各阶段的心理演变采取的策略而总结出的程序化的标准推销形式。顾客对推销接受的心理过程为成功的推销提供了客观的依据。在长期的推销实践中,一些著名的推销大师总结出许多成功的推销程序与步骤,本章将详细地介绍推销的埃达(AIDA)模式和费比(FABE)模式。应该指出的是，由于推销活动的复杂性、市场环境的多变性，推销人员不应被标准化程序所束缚，而应从掌握推销活动的规律入手，灵活运用推销模式，只有这样才能起到提高推销效率的作用。

第一节　埃达模式

在现实生活中，人们每天会接触到大量的商品信息。商品信息能否有效地引起消费者的注意，是决定推销能否成功的重要前提。运用埃达模式开展推销，推销人员的第一步都是要引起目标顾客对推销的注意，在推销人员和目标顾客相互不熟时更是如此。只有当顾客注意到了推销人员提供的商品信息时，其推销活动才可以进行下去，否则这种推销活动即告失败。

一、埃达模式的含义

埃达模式是海因兹·M·戈德曼在《推销技巧——怎样赢得顾客》一书中总结出来的。埃达模式中推销活动的四个步骤分别为：引起顾客的注意(attention)、唤起顾客的兴趣(interest)、激起顾客的购买欲望(desire)、促成顾客的购买行为(action)。因为注意、兴趣、欲望和购买行为四个英文单词的第一个字母分别是A，I，D，A，故称为推销的埃达(AIDA)模式。

埃达模式中的注意、兴趣、欲望和购买行为被人们认为是推销成功的四大法则，其具体内容可以概括为：一个成功的推销人员必须把顾客的注意力吸引或者转移到所推销的产品上，使顾客对所推销的产品产生兴趣，这样顾客的购买欲望就随之产生，而后再促成顾客做出购买行为。尽管推销的内容复杂多样，但推销人员都可以用这四个步骤划分推销过程，并引导自己的推销活动。

由于市场环境是千变万化的，推销活动也随之复杂多变，所以埃达模式推销的四个步骤的完成时间不可能整齐划一，推销人员应根据自身的工作技巧和所推销的产品性质安排四个步骤的时间，时间可长可短；四个步骤的先后次序也不必固定，可根据具体情况适当调整，可重复某一步骤，也可以省略某一步骤。无论如何，达成交易的可能性总是存在的，这也是奉行这一模式的终极目标。每一个推销人员都应该根据埃达模式检查自己的销售洽谈内容，并向自己提出以下四个问题：① 我的销售洽谈是否能立即引起顾客的注意？② 我的销售洽谈能否使顾客感兴趣？③ 我的销售洽谈能否使顾客意识到他需要我所推销的产品，从而促使顾客产生购买的欲望？④ 我的销售洽谈能否使顾客最终采取购买行为？

二、埃达模式的具体内容与运用

(一)引起顾客的注意

注意是人们的心理活动对一定客体的指向和集中，以保证对客观事物获得清晰的反映。顾客的注意分无意注意和有意注意两种。当推销人员进入目标顾客所在的现场时，目标顾客有可能会像对其他介入者一样对推销人员产生无意注意。而推销的原则要求推销人员一定要尽力强化刺激，引起顾客的有意注意。因而，这里所说的引起顾客的注意主要是指引起顾客的有意注意，使顾客把注意力从其他事务转移到推销上来。推销人员在上门推销生活用品和办公用品时，尤其是与推销对象不熟悉时，开展推销活动的第一步就是要引起目标顾客对推销的注意。引起顾客注意要求推销人员以诚恳的态度、引人入胜的语言或具有特色的商品，使顾客关注推销人员及其所推销的商品，为下一步的推销活动奠定基础。如果顾客注意到了推销人员提供的商品信息，则说明该推销活动有可能进行下去；反之，说明这次推销已告失败。

由于受到场所、时间和空间的限制，推销人员必须在极短时间内，有时甚至是一瞬间，用最有效的手段引起顾客的注意。以下是引起顾客注意的几种主要方法：

1. 形象吸引法

（1）仪表形象吸引法。推销人员的身材是吸引顾客注意的一个重要因素，如高大魁梧、矮小精干和漂亮匀称都能引起人们的注意。推销人员的衣着服饰是吸引顾客的另一个重要因素。推销人员无论是统一着装（如穿西装、企业工装等），还是迎合顾客的偏好或突出个性，都要以整洁、合身、精神为原则。对特殊环境与特殊顾客，还可刻意设计一种特殊的形象，以吸引顾客的注意。

（2）神态形象吸引法。主要是通过面部表情与眼神的变化吸引顾客。面部表情应以坦诚的、憨厚的微笑为佳，眼神以充满信心与神采为好。眼睛不能半睁半闭，不能睡眼蒙眬，更不能斜眼瞄人。现代推销学强调上门推销的销售人员在进入房间后，应立即以有神的目光环视房间里所有的人，与每个抬头或转头注视自己的人交流眼神，然后把目光停留在一位或两位目标顾客的脸上，切忌转动太快或漫无目的地乱看。

2. 语言口才吸引法

这是推销人员所使用的最基本的方法。通常，顾客在听第一句话的时候注意力往往是集中的，听完第一句话，很多顾客就会立刻决定是继续谈下去还是尽快把推销者打发走。在面对面的推销工作中，说好第一句话尤为重要，为此，推销人员应在事先做好充分准备。吸引顾客的注意力主要有以下几种方法：

（1）出奇言。用不同于别人的语言给顾客以新奇感，使其集中注意力，即讲出与别人不一样、与自己以前讲的不一样的语言。

（2）谈奇事。以目标顾客尚不可能了解的新奇有趣的事情作为开场白，引起顾客的好奇心。例如，“各位都知道有托儿所，但各位是否知道现在有托老所”这个开头，可让顾客怀着好奇心接受老年公寓这一新颖的养老方式的介绍。

（3）提需要。推销开始以后的第一句话就指出顾客的主要需求，使其对推销产生关注。例如，教育保险的推销人员这样开始推销：“您的孩子在读初中，即将进入高中、大学等非义务教育阶段深造。您一定想为他的教育经费做一些准备……”

（4）讲利益。人们都很关心与自己利益相关的事情，推销人员应该抓住这一点，针对某些顾客，介绍产品给顾客带来的利益，以此来提高顾客的注意力。例如，一位参加面试的小伙子几次想见老总都没有机会，但就在最后一次，他的一句“难道您愿意放弃能为您公司带来高额利润的金点子吗”一下子吸引了这位老总的注意力，当然也给这个小伙子带来了难得的机会。

（5）奇特问题吸引法。即通过提出一个令顾客感到奇怪的问题而吸引顾客的注意力。例如，一个在百货公司柜台观察了很久的推销人员见到公司经理就问：“你们有中学生服装专柜吗？”公司经理肯定会觉得奇怪——没听说哪里开设中学生服装专柜的。如果他是一个精明的生意人，就立即会想到，十几年前出生高峰期的孩子现在该是中学生了，那么设立一个中学生专柜也许有笔大生意可做。推销人员把刚才观察到的一群中学生因买不到合适的衣服而走掉的事跟经理说了，于是经理不仅会对推销人员感兴趣，而且可能会与其讨论有关订货事宜，推销结果是可想而知的。

3. 动作吸引法

推销人员的动作潇洒利落，彬彬有礼，举手投足得体，有气质、风度，都可以使人在视觉上产生美好的第一印象，从而引起顾客的注意。例如，一位微型电脑的推销人员走到一个开票、制单、取款的办公桌前，见开票员有些手忙脚乱，于是把小巧的微型电脑放在柜台角上，在开票员开票时熟练地操作微型电脑，在开票员尚未开好票之前，推销人员已把电脑打印出来的票据递到了开票员的面前，单据字迹清晰秀丽、数据准确无误，开票员会顿时兴趣大增，而推销人员的沉默与微笑胜过千言万语。

4. 产品吸引法

即利用产品的新颖、美观、奇特及艺术化的包装或产品的特殊功能、一目了然的优势吸引顾客。

除了以上几种方法以外，还有很多方法可以引起顾客的注意。推销人员应根据时间、地点、销售对象的不同采用灵活多样的方法。

（二）唤起顾客的兴趣

一次推销活动如果已引起了顾客的注意，就说明完成了推销的第一步，在此基础上，推销人员就可以开始第二个步骤，设法使顾客对推销品产生好感和兴趣。唤起顾客兴趣的关键在于使其清楚地意识到他们在接受推销品后可以得到何种利益。

兴趣是人的个性心理特征之一，是对某个客观事物有意识地积极接近的意向，是深入探索带有特殊认识倾向性的心理活动。人对于自己感兴趣的事物总是自觉不自觉地心驰神往，表现为认识过程中注意力倾向集中于该事物的特点。一般而言，唤起顾客兴趣的基本方法是针对不同顾客的不同需求、不同动机，分别采取不同的方法。这些方法归纳起来有两大类，即示范类和情感类。

1. 示范类

示范类是指通过产品功能、性质、特点的展示，以及使用效果的示范、表演等，顾客可以看到购买产品后所能获得的好处和利益。通过示范，顾客可以亲眼见到甚至亲身体验到产品的优势与作用，从而唤起顾客的强烈兴趣。另外，示范可以起到加深和强化认识与记忆的作用。有人对此做过实验，结果是：听见的事，3 小时后只有 10% 的人能记住；而见到的事，3 小时后仍有 70%的人能记住。可见，示范比任何讲演与说明更能唤起顾客的注意和记忆，更能在顾客心目中留下深刻的印象，确实是“百闻不如一见”。

如果条件允许的话，推销任何产品都要向顾客进行示范，向顾客介绍怎样使用所推销的产品，让顾客了解产品有哪些实际功能和特点。

示范的方法主要有展示法、表演法、道具示范法、实地参观法四种。

（1）展示法。即把产品的实体展现在顾客面前，以实体显示产品应有的特点。展示法要求如下：

① 坚持实体展示。凡是可以随身携带的产品，推销人员应不怕麻烦与辛苦，坚持随身携带，以便随时随地让顾客看到真实的产品。

② 展示品应坚持完美无缺。供展示的产品，不仅要求在质量、内在性能等方面保持原有水准，而且在外观上，如包装装饰、商标附件，也应该保持完美无瑕。因为外观的质量不好往往会让顾客联想到产品的内在质量也不好，只有内在和外在质量都有保证的产品才可以唤起顾客浓厚的兴趣。

③ 展示应能突出产品的关键部位和特点。受环境条件的限制，推销人员有时不可能面面俱到地向顾客介绍产品的全部内容，因此，推销人员在展示产品前必须明确什么是产品的关键部位与特殊功能，所推销产品与竞争产品的主要差别、优势是什么，以便在展示时能用准确的语言和展示方法让顾客了解产品。产品展示的重点应是顾客的主要需求与迫切期待的内容，如果公司有令推销成功的惯用促销语言，在展示时别忘了突出地向顾客介绍。

④ 展示应由浅入深。展示前，推销人员应反复准备与排练，先向顾客展示产品的哪个部位或特点，后向顾客介绍产品的哪个性能或作用，都应事先安排好。配合展示而进行的讲解更应做到语言生动、引人入胜。展示顺序应是先易后难、由浅入深，不可一开始就向不太内行的顾客介绍深奥的专业知识。从顾客的认知心理出发，逐步引导顾客认识产品，可使对推销产品持冷漠态度的人逐渐对产品产生兴趣。

（2）表演法。表演与展示不同，表演是借助事先准备好的背景材料与舞台道具，以戏剧性的情节和台词向顾客示范产品功能。任何人都有好奇与追踪的心理，都想知道不了解的事物。如果推销人员能像剧作家一样编写推销故事与台词，像演员一样在吸引顾客注意力的基础上逐步强化和维持顾客了解产品的兴趣，那么推销就成为一种通过表演达到说服顾客目的的艺术。表演法推销应注意的问题：

① 事先做好计划，明确表演目的与所突出的重点。不应把表演时间拖得过长，也不可把表演内容安排得过多，更不要把推销表演得太戏剧化。

② 表演动作要熟练。推销前，推销人员要反复排练、精益求精，动作要干净利落、准确无误，拖泥带水以及太夸张的动作都会带来消极影响。因推销动作不熟练而影响表演时，顾客也许会认为是产品质量的问题，从而影响推销。

③ 表演要轻松自然。表演中，推销人员如果神态紧张或者小心翼翼，会使顾客认为产品质量经不起考验，容易出问题；而推销人员在表演过程中如果动作幅度太大，也会损害企业及推销人员的形象。例如，某家具推销人员为了证明家具质量可靠而用脚踢家具，使

家具发出很大响声与震动。虽然人们看到家具仍完好无损，相信家具是耐用的，但企业的形象、推销人员的风度却受到损害，顾客会认为这个企业与推销人员是低水平的，是粗俗的。相反，优美、准确的动作将使推销人员富有魅力，会使顾客联想到优秀的产品和优秀的企业。

（3）道具示范法。即用图画、图片、模型、相片等作为道具，将一些不便携带的产品向顾客介绍并唤起顾客兴趣的方法。一些事先印刷好的促销小册子、产品目录、广告宣传材料、产品使用说明书以及纸和笔，都可以用作道具。

（4）实地参观法。即推销人员把顾客请到产品生产或经营的现场，通过让顾客实地观察了解来唤起顾客兴趣的方法。运用参观法应注意的问题有：一是参观前要做好准备，让顾客看什么、怎么看、哪里重点看、哪里详细介绍等都要做好计划，有的参观事先要与生产部门和员工协商好，争取他们的合作；二是参观时间不可太长，紧凑安排各个参观环节。

2. 情感类

这类方法主张在引起顾客注意后，从情感沟通开始进行推销活动。推销人员先在情感上稳住顾客，使顾客在情感上接近推销人员，继而对推销人员产生兴趣，然后再遵照爱屋及乌的情感变化规律引导顾客对所推销的产品产生兴趣。这种方法的使用者认为，兴趣本身就是一种情感，是一种积极的情感。推销过程实质上是一个顾客情感的变化过程，推销人员应从情感角度引导顾客。在推销活动开始时，顾客往往会处于一种消极的情感中。例如，顾客会因为有防备心理而对推销人员态度冷漠；因成见、偏见以及交易中的有利条件而对推销人员有歧视心理；因厌烦而产生反感，等等。这些情感的存在，使顾客不仅不会对推销的产品有兴趣，甚至会拒推销人员于千里之外。推销人员只有改变顾客的消极情感，唤起顾客的积极情感，才能促使顾客态度的转变。运用情感沟通唤起顾客兴趣的方法如下：

（1）诚恳地讲真话。要使顾客在推销活动一开始就对推销人员产生好感，推销人员必须在外表与神态上给顾客一种诚实的感觉，但这种好感是表面的、短暂的。要使顾客在内心情感上与推销人员沟通，关键是要使顾客真正感受到推销人员的坦诚和真实。对这一点的要求包括与顾客坦诚相见、平等协商，绝不隐瞒产品的缺点与不足，甚至主动地公开承认不足。

（2）投其所好，晓之以理。人的情感、兴趣、爱好是相通的，如果推销人员在推销前或推销刚开始的阶段已经了解到顾客的爱好与感兴趣的话题，则可以先投其所好，在情感与爱好上与之沟通，“先做朋友，后做生意”。推销人员可以在谈话中沟通情感，先顺情说好话，再用“但是”做转折，及时把顾客的积极情绪引导到对产品的兴趣上。

（3）为顾客着想，通情达理。这种方法主张推销人员在推销过程中处处为顾客的利益考虑，关心顾客的困难，体谅顾客的处境，使顾客在情感上受到触动而唤起顾客的兴趣。在运用这个方法进行推销时，应把顾客的需要与利益放在第一位，站在顾客的立场上说话。

（4）为顾客当购买参谋。这种方法认为，顾客由于种种原因，在购买决策上会有一定的困难，推销人员为了在情感上使顾客产生兴趣，应在不令顾客为难的前提下，帮顾客出主意、想办法、当参谋，对顾客想到的与没有想到的困难及疑虑给予解决，顾客是会产生兴趣的。

（5）学会聆听，尊重顾客。这种方法认为，如果在推销活动开始时用很少的语言向顾客说明所推销的物品，再以虚心聆听的姿态来表达对顾客的尊重，就可以使顾客获得情感上的满足，而且在聆听中推销人员可以获取大量对推销大有裨益的有用情报。运用这种办法时最主要的是聆听的姿态。

（6）主随客便，全力接近。这种方法认为，在推销过程中，顾客才是主人，处于主导地位，而推销人员必须为顾客服务，推销活动也应以顾客的意志为转移。

（7）制造气氛，协调气氛。这种方法认为，人的情感的形成和变化既与原来的主导心境有关，也跟所处的环境及气氛有关。所以，推销人员可以通过改变环境气氛而与顾客在情感上进行沟通。

（三）激起顾客的购买欲望

激起顾客的购买欲望是指推销人员通过推销活动的进行，激起顾客对某个具体推销内容的兴趣后，努力使顾客的心理活动产生不平衡，使其产生对推销内容的积极肯定的心理定式与强烈拥有的愿望，从而产生购买欲望的过程。激起顾客的购买欲望是埃达模式的第三个步骤与法则，也是推销过程的一个关键阶段。购买欲望是指人们在需要和感兴趣的基础上所产生的购买冲动。如果顾客已经明确表示信服推销人员的示范，但仍未采取购买行动，其原因就在于顾客的购买欲望尚未被激起。兴趣和欲望毕竟不是一回事。此时，重要的是要使顾客相信，他想购买的产品正是他所需要的。这样，通过推销人员的努力，顾客对产品产生了兴趣，如果兴趣能够同他的需要联系起来，就会激发其购买欲望，形成购买动机。

激起顾客购买欲望的方法有：

1. 建立与检查顾客对推销的信任

现代推销学强调推销的第一步就是建立顾客对推销人员和所推销产品的信任。此时，应在建立信任与引起兴趣的基础上，检查顾客对推销态度的转变程度，检查顾客对推销的信任是否达到了有购买欲望的程度。态度的转变是连续的，而信任程度是可以检查的，其方法有：

（1）在示范并吸引顾客对推销的兴趣后，应及时检查顾客对所推销产品的认识程度，如询问顾客是否有不明白、不理解的地方，是否有需要进一步示范及说明的地方等。有的话，推销人员应立即进行再示范、再说明，直至顾客表示明白并形成整体良好的印象为止。

（2）针对顾客的担忧与疑虑进行反复解释。应通过聆听及询问，了解顾客在听了介绍及看了示范后，对推销还有什么疑虑。尤其要先了解顾客在主要购买动机方面的疑虑，再进行重点介绍与示范。若发现顾客对推销人员有不信任与疑虑，则更要有针对性地证实推销的诚意与真实性。

2. 强化情绪

有时，顾客在对产品产生兴趣后仍然不买，或者提出一些不能成立的理由，这说明顾客缺乏购买欲望不是因为对产品无兴趣或不了解，而是由于情感上仍不能全部接受推销。

如果顾客有对立情绪，那么推销人员无论怎样介绍产品也不可能激起顾客的购买欲望。因此，推销人员在检查出顾客的情感上仍有消极成分时，不应急于介绍产品，而应再一次对顾客的问题、困难、处境等表示同情与理解。这时需要重新建立顾客信任，重新让顾客理解推销人员愿意为顾客服务的愿望。建立信任、沟通情感的方法，第一是诚恳，第二还是诚恳。

3. 多方诱导顾客的购买欲望

人们在考虑是否购买及支付货币时，总是多方权衡利弊得失。只有当意识到拥有产品的众多利益时，顾客才可能产生强烈的购买欲望。因此，推销人员应多方面举例，详述获得产品的好处。

4. 充分说理

诱导是在情感上激发顾客的购买欲望，而充分说理是用理智去唤起顾客的购买欲望。充分说理就是摆事实、讲道理，为顾客提供充足的购买理由。充分说理的方法有：

（1）提供充分的证据。在洽谈中，推销人员应将准备好的证据提供给顾客。这些证据包括权威组织部门的鉴定、验证文件，技术与职能部门提供的资料、数据、认可证书，权威人士的批示、意见等，购买者与使用者的验证文件、鉴定文件、心得体会、来信来函等，有关部门颁发的证书、奖状、奖章等，知名人士的言论及签字，各种统计资料、图表、订货单据等，各种大众传播媒体的宣传、报道与评论，等等。推销人员在提供证据的同时，应详加解释，说明证据的重要性、权威性。

（2）尽说利益。把顾客可能得到的利益一一摆出来，并记录在案，使顾客对购买产品后可能得到的利益具体化、现实化。在尽说利益的过程中，应仔细观察顾客，了解哪些利益能令顾客更动心，并应进一步具体化，使顾客对购买后的利益有更深入的了解和认识。

（四）促成顾客的购买行为

埃达模式的最后一个步骤是促使顾客实施购买行为，这是全部推销过程与推销努力的目的所在，是对前面三个推销阶段的总结与收获。它要求推销人员运用成交技巧来促使顾客采取购买行动。一般情况下，顾客即使对产品产生兴趣并有意购买，也会处于犹豫不决的状态。这时，推销人员不应放任自流，而应不失时机地促使顾客进行关于购买的实质性思考，进一步说服顾客，帮助顾客强化购买意识，促使顾客进行实际购买。促成顾客的购买行为是在完成前三个推销阶段后的最后冲刺，在这个阶段，或者让顾客实际购买，或者虽然没有成交，但洽谈暂时圆满结束。如果暂时没有成交，推销人员应做到：分析顾客不能做出购买决定的原因，并针对这些原因做好说服工作；将样品送给顾客试用；重申顾客购买产品将得到的利益。

这个时候需要准确识别顾客成交的信号。简单地说，此时就是顾客成交的意愿表现的阶段。顾客的成交信号是多种多样且因人而异的，推销人员需要细心识别，根据顾客的成交信号实施不同的成交策略，达到成交的目的。成交信号与成交策略将在第十章进行介绍。

第二节 费比模式

一、费比模式的含义及特点

(一)费比模式的含义

费比是英文FABE的中文译音,而FABE则是英文单词feature,advantage,benefit和evidence的首字母。FABE表达了费比模式的四个步骤:将产品的特征详细介绍给顾客;充分分析产品的优点;尽述产品给顾客带来的利益;以证据说服顾客购买。

(二)费比模式的特点

事先把产品的特征、优点及带给顾客的利益等列出来,使顾客更好地了解有关内容,节省顾客产生疑问的时间,减少顾客异议的内容。此模式深受推销人员的喜爱。

二、费比模式的内容

(一)将产品的特征详细介绍给顾客

这一步骤要求推销人员见到顾客后以准确的语言向顾客介绍产品特征。产品特征方面的内容有产品的性能、构造、作用、使用建议、方便程度、耐久性、经济性、外观优点及价格等。推销人员应该善于观察、发现和总结这些特征,并将这些特征详细地介绍给顾客。如果是新产品,则应更详细地介绍;如果产品在用料或加工工艺方面有所改进的话,亦应介绍清楚。若上述内容多且难记,推销人员应事先将其打印成广告式的宣传材料或卡片,以便在向顾客介绍时将材料或卡片交给顾客。制作好广告宣传材料或卡片是费比模式的重要特色。

(二)充分分析产品的优点

产品不同的特征对应着不同的特性,这些特性有可能是优点,也可能是缺点。在推销中,推销人员要学会找出由产品特征所带来的优点,并把这些优点详细介绍给顾客。通常,这些优点是根据产品与其他同类产品的比较得出来的。如果是新产品,务必说明该产品开发的背景、目的、必要性,以及设计时的主导思想、相对于老产品的差别优势等。当面对的是具有专业知识的顾客时,应以专业术语进行介绍,用词力求精确、简练。

(三)尽述产品给顾客带来的利益

第三个步骤是费比模式最重要的步骤。推销人员应在了解顾客需求的基础上,把产品能给顾客带来的利益尽量多地列举出来。顾客不只是对产品的特征和优点感兴趣,更关心产品能给自己带来哪些利益或好处。通常,利益是由产品的优点产生的。推销人员不仅要介绍产品外表的、实体的利益,更要介绍产品给顾客带来的内在的、实质的利益,既包括经济利益、社会利益,也包括工作利益和社交利益等。

(四)以证据说服顾客购买

推销人员在推销过程中能否使顾客相信自己的话,依赖推销人员说话的证据。因此,推销人员应以真实的数字、案例、实物等证据打消顾客的各种异议与顾虑，促成顾客购买，切忌使用“最合算”“最耐用”等容易引起顾客反感而欠说服力的词语。

费比模式相比其他模式有一个明显的特色，即事先把产品的特征、优点及带给顾客的利益等列出来，印在纸上或写在卡片上，这样就能使顾客更好地了解有关的内容，减少产生疑问与异议的时间。正是由于费比模式具有这一特色，所以受到了推销人员的大力推崇。为了尽可能地发挥费比模式这一特色的效果，推销人员应事先准备好各种推销用语，包括刺激顾客购买欲望的销售用语，说明企业文化、企业经营理念的语言，并将各种行之有效的推销用语印在纸上、牢记在心，达到随时能脱口而出的熟练程度。

案例 3-1

一位冰箱推销员是这样介绍他所销售的冰箱的：“你好，这款冰箱最大的特点是省电，它每天的用电才 0.35 度（千瓦时，下同），也就是说 3 天才用 1 度电。以前的冰箱每天用电都在 1 度以上，质量差一点可能每天耗电达到 2 度，现在的冰箱耗电设计一般是 1 度左右。你一比较就可以知道一天可以为你省多少钱。假如 0.8 元 1 度电，一天可以省 0.5 元，一个月省 15 元，就相当于省出你的手机月租费了。这款冰箱为什么那么省电呢？（拿出说明书）你看它的输入功率是 70 瓦，就相当于一个电灯的功率。这款冰箱用了最好的压缩机、最好的制冷剂、最优化的省电设计，所以它的输入功率小，所以它省电。这款冰箱销量非常好，你可以看看我们的销售记录。假如合适的话，我就帮你试一台机。”

[问题] 推销员使用了什么推销模式？如何体现的？

➢ 练习题 ➣

一、思考题

1. 埃达模式和费比模式的区别是什么？
2. 运用埃达模式和费比模式推销自我。
3. 费比模式的主要特点是什么？
4. 埃达模式和费比模式中的哪一种针对有明确需求的顾客？其流程是怎样设计的？

二、案例分析题

东南亚某国的斯塔丽公司独家代理法国品牌莱沙蒂的美发用品，包括洗发香波、护发素、定型水、亮发摩丝、特效发乳等。但斯塔丽公司并没有将该品牌美发用品推销给各大百货公司的化妆品柜台，也没有推销给超市，而是把目标市场定位为理发店。斯塔丽公司的推销信条是：一定要使本公司推销的美发用品受到理发店的欢迎和好评。斯塔丽公司的推销人员不断进出各大小理发店，就莱沙蒂美发用品的优点与特点进行说明，于是相当数量的理发店开始使用这一产品。而一旦理发店确定使用这一品牌的美发用品，进入理发店的顾客也就随之成为这种美发用品的消费者。同时，由于这种美发用品是理发师所选用的，无形之中使莱沙蒂这一品牌有了特殊的吸引力，消费者感到这种美发用品比起其他在商店能够随便买到的同类用品更具魅力，进而对这一品牌产生了好感，从而大大提高了品牌知名度。

斯塔丽公司通过独特的市场定位取得了很大的成功。尽管成效显著，但斯塔丽公司所经销的莱沙蒂美发用品从不随意通过那些一般的渠道销售，仍然只通过理发店在为顾客进行理发的同时顺带销售，让亲身体验过的消费者去吸引更多的消费者。

试分析该案例的可取之处。

三、实训题

假如要你推销一种电热水袋，其特点是：① 加热快，只需 3～5 分钟即可；② 安全可靠，有特制充电接口，不会伤到人；③ 承压性好，不会发生破损；④ 无须换水，方便省事。你如何通过推销让顾客感兴趣？

第二篇

推销素质准备篇

第四章

推销人员的自我准备

引　例

有一个人在沙漠中行走，没有水喝，几乎要渴死了。他迈着蹒跚的步履，来到了一间木屋前。在那里他发现了一个唧筒，他奋力汲水，可一滴水也没有从井里抽上来。突然，他看到旁边有一个塞着软木塞的水罐，上面写着一行字："我的朋友，你必须先替唧筒装水。"这时他有些犹豫，是直接喝了水罐里的水解渴，还是用这些水去做引水呢？水能汲上来吗？万一不能，怎么办？最后，他还是按照纸条上的意思，给唧筒装上水，然后奋力汲水，水果然源源不断地涌了出来，想喝多少就有多少。

[问题] 从案例中你得到什么启示？

第一节　推销人员的心态准备

推销是份艰难、富有挑战性的工作，但同时也有许多优点：一是自由；二是收入弹性比较大；三是要面对不同的挑战，挑战越大，进步越快；四是可以全面培养自己的各种能力；五是很有趣。而这所有的一切都是建立在一流的销售心态的基础上，心态决定一切。

案例 4-1

马明接到一位客户的电话，得知由于工人操作失误，该客户所购机器上的近千个零部件被毁，所以急需该机器的相应零部件。但不巧的是，公司的有关零部件正好缺货。为了给客户留下好印象，马明告知客户已经无货，但他会尽力帮忙。三个小时后，马明打电话给客户说一切都已办好，他打了差不多 20 个电话，终于从别处借来了零件。

[问题] 马明这样做对吗？为什么？

一、心态的重要性

心态就是信念，相信自己，相信自己的能力。事实证明，只有先让自己相信才能让别人相信。推销这个行业，失败者和成功者之间唯一的差别就是心态不同。失败者的心态是我从来都不行，现在不行，将来也不行；而成功者的心态则是我过去行，现在行，将来也行。心理学家说："你越认为自己重要，你就越重要；你越尊重自己，你的人际关系也就越好；你越喜欢自己，你的人生就越出色。你是你生命中最重要的人物，你一定要认为自己是个非常重要的人物。"有什么样的信念就会有什么样的结果，相信自己行，自己才有可能真正行。人的情感95%来自于与自己心灵的对话，要不断地向自己的脑海内输入正面的词汇。推销人员可以每天对着镜子对自己说："我喜欢我自己，我热爱我自己。"

二、建立一流的心态

一个拥有一流心态的人，必定是一个对成功有着强烈渴望的人。要建立一流的销售心态，就要做到以下几点：

（一）拥有自信心

每天起床早一点，做几次深呼吸，给自己鼓气，在心中不断强化"自己一定行，没有自己办不到的事"的信念，多想自己所拥有的优点。不要对自己失去信心，即使真的没有成功，也不要失望，因为这也在情理之中。关于如何建立自信，我们已经在第二章中讲过，这里就不再赘述了。

（二）拥有积极乐观的心态

国外有位销售大师曾经说过："如果你与客户打交道时没有一种积极的心态，在客户面前你就会变成一个木头人。"积极的心态能够创造执着、热情和成功。推销人员想拥有财富、事业、幸福和成功，就必须拥有一颗积极乐观的心。积极乐观的心态既可使自己的心灵年轻活跃起来，使自己更有行动力，更有创造力，同时也可把这种情绪传递给顾客，让顾客的情绪也积极乐观起来，让顾客的生活更有品位。那么，如何让自己拥有一个积极乐观的心态呢？有下面几种途径：

（1）多与积极乐观的人交往。

（2）多读一些成功励志的书或是听一场激励演讲。

（3）把注意力放在正面、有趣的事情上，不让失望、不安袭向心头。

（4）多做运动。

（三）付出和感恩的心态

推销人员应心甘情愿地为顾客提供一些与销售无关的服务，为了顾客的利益，勇于牺牲自己的利益。凡事感恩，感谢顾客在自己身上花时间，感谢顾客购买自己的产品。感恩的心态是一个人正直可靠的品质证明。

案例 4-2

王惠去一家美食店就餐，找到位置坐下来之后却不知道该吃些什么。

这时，一位年轻女孩走过来说："小姐，我可以帮您做什么吗？"

"我想您可能喜欢吃我们的鸡肉沙拉，这是现做的，我们用水果加薄荷、奶酪制成，您要不要尝一口看看？"

随后，她舀了一汤匙沙拉请王惠试吃，她站在旁边，静静地看着王惠，甜甜地笑着。

王惠对她说："沙拉做得真可口。"

"喔！太好了，我就知道您会喜欢。小姐，您是位有品位的人，能为您服务我很高兴。"

其实，王惠真正喜欢的不是沙拉，而是年轻女孩的服务态度。

［问题］该案例给你的启示是什么？

（四）坚毅的性格，不怕困难，不怕被顾客拒绝

推销从来就不是件容易的事情，推销充满艰辛、无奈和拒绝。无法面对困难，就很难成长为一位真正的推销人员。推销是从被拒绝、从顾客说"不"开始的，推销人员要不断地面对顾客的拒绝，甚至是羞辱。处理顾客的拒绝是一个方面，但更重要的是面对拒绝时的态度。推销人员要把拒绝当作是一个机会，一个成功过程中不可或缺的部分。面对种种困难、拒绝，推销人员可能会产生很大的压力，但面对压力时，要能自我调适，心中有一个永不放弃的信念，相信每一次失败只是为了获得更大的成功，知道生活是前进两步、后退一步的过程。

（五）成功者愿意做别人不愿意做的事情

成功的人不是因为所有的事情都比别人好很多，而只是在某一方面比别人优秀一点点，而这一点点又是非常关键的。人到了某一极限，增加一点点都有可能承受不起。成功者愿意做别人不愿意做的事情，包括三个方面：任何细小的事情，别人不屑去做的事情；任何别人做不到的事情；别人能做，但没有自己做得好的事情。

见微知著，一些细小的事情代表的意义可能会很大，正因为是小事，自己去做了，就更证明自己的心态跟别人不一样。孔子说："视其所以，观其所由。"一个人的行为和语言是自己思想最好的说明者，行为是一个人心境的反映。有时，推销人员的一个小动作对于自己可能没有意义，但对于顾客却意义重大，因为顾客始终在一旁观察推销人员的一举一动。顾客可以见微知著，往往会借由这些观感做出是否购买的决定。

案例 4-3

一位推销人员去农场推销收割机，到达农场后才知道前面已有 10 多个推销员向农场主推销过了，但农场主一直没买。来到农场后他无意中看见花圃里有一棵杂草，便俯身去把杂草拔掉了，这一小小的动作被农场主看见了。当他见到农场主正准备介绍他的收割机时，那位农场主连忙说："不用介绍了，你的收割机我要了。"

这位推销员大感诧异，说："农场主先生，我的产品你看都没看就决定购买了？"

那位农场主说："第一，你的行为告诉我你是一个诚实、有责任感、心态良好的人，值得信赖；第二，我确实也需要一台收割机。"

[启示] 心态决定一切。

第二节　推销人员的知识与能力准备

推销人员自身业务知识的广度和深度在很大程度上决定着其推销能力，也影响着顾客对推销人员的印象。现代推销理念对推销人员的综合素质提出了更高的要求——顾问型销售人员，即推销人员不仅掌握基本的业务知识，还能够根据基本的业务知识向顾客提出非常深入的、有见地的意见或看法。

一、推销人员的知识准备

推销人员首先要掌握必要的业务知识，并对相关知识进行深入分析，对顾客提出有价值的建议。推销人员应该掌握的业务知识主要包括以下几方面：

（一）企业知识

1. 企业的历史

推销人员应掌握企业的创建情况、发展历程、经营的指导思想和方针目标、企业发展壮大的背景知识、发展过程中的名人逸事等。掌握这些有关企业的历史知识可以使推销人员在与顾客交谈时显得知识渊博，能够让顾客更加详细全面地了解推销人员所在企业的状况，使顾客对推销人员所在的企业形成良好的印象。推销人员能够熟练且自豪地讲出企业的发展历史，可以给顾客留下热爱企业的印象，有利于树立推销人员在顾客心中的形象。另外，推销人员向顾客介绍企业的历史，可以增强其对自身工作的自豪感和归属感，提高推销时的信心。

2. 企业规模的大小

推销人员要熟悉企业规模的大小。顾客一般会认为规模大的公司比较可信，规模大的公司在销售过程中也比较占优势。企业规模的大小可以通过下列指标反映：市场占有率，原材料的运用情况，日/年产量，公司雇员人数，工厂、办公室的规模及数量，工资总额。

3. 企业的财务状况

推销人员要了解企业的资产和负债状况、产品交易的付款政策等。

4. 企业的领导与组织机构

推销人员应了解企业领导层的职务、姓名、行业地位、名声、经营理念等，对那些与销售有关的部门和人员也应非常熟悉。

5. 企业的规章制度和政策

推销人员要熟悉企业的赊销规定、价格政策、服务措施等各项规章制度和政策。

案例 4-4

在销售中王强发现，当他提供特殊折扣作为刺激时，交易更容易达成。因此，王强的许多顾客希望得到更多折扣并压低价格，从而使折扣额变得越来越大。可喜的是，王强的公司给了销售人员很大范围的折扣权力。

最近，王强去了一家薪水更高的公司做同样的工作，他仍用原来的折扣方法吸引顾客。很快，王强被叫进经理室，被告知其折扣太高了，并得知本公司销售员要全价完成80%的任务。

[问题] 王强知道他必须停止折扣刺激，但又不知如何去做，制订计划帮一下他吧。

（二）产品知识

要想成功地打动顾客，再出色的口才也不及性能优越的产品。一名合格的推销人员对企业生产的尤其是自己负责推销的产品和服务应该非常熟悉。产品知识主要包括：

1. 产品的基本特征

（1）产品的物理属性。产品的物理属性包括硬性特征和软性特征。硬性特征是指产品的大小、重量、容量、长度、构造、原料、式样、颜色、速度、改良之处及专利技术等相关信息；软性特征是指产品的设计风格、色彩、流行性等。

（2）产品的生产流程。了解产品的生产工艺流程、所用材料、质量控制方法等。

（3）产品的性能指标。了解产品的性能指标，如温度极限、功率、电流、使用寿命等。同时，应掌握一些产品的使用、维修方面的基本技术和知识。

（4）产品的交易条件。包括产品的价格和付款方式、运输方式、保证年限、维修条件和购买程序等。

（5）产品的使用知识。包括产品的使用方法、操作方法、使用时的注意事项等。

2. 产品的使用价值

推销人员应该对产品的整体进行深入了解，分析产品带给顾客的最核心利益是什么，表现核心利益的最优形式以及顾客最关注的延伸产品又在哪里。只有这样才能在推销的过程中抓住顾客的心理，进行有针对性的推销。构成产品使用价值的主要因素包括：

（1）品牌。品牌是影响顾客购买决策的重要因素。推销人员需了解在众多的产品品牌中，自己所销售的产品的品牌形象及市场占有率是否处于有利的地位。同时，了解品牌的知识不但对说服顾客有帮助，而且有利于培养推销人员对该品牌的归属感和荣誉感，增强其销售的信心。

（2）性价比。通过产品说明书的性能参数确定产品的性能。性价比是顾客确定投入的重要依据。

（3）服务。服务不仅是售后服务，还包括整个销售过程中推销人员给顾客带来的信心和方便。

（4）产品的优点。优点即产品在功效上表现出的特点。

（5）产品的特殊利益。特殊利益是指产品能满足顾客本身特殊的要求，如每天和国外总部联系，利用传真机可以加快速度，并有利于节约国际电话费。

3.产品的竞争差异

顾客经常会在不同品牌之间进行比较，并提出疑问，因此推销人员必须了解竞争产品的相关知识。

（1）品种。主要竞争产品的卖点是什么？质量、价格、性能及特点如何？与本公司产品相比其优点和缺点是什么？推出的新品是什么？

（2）促销方式。竞争产品的促销形式是什么？哪些方面对本公司的产品有影响？

（3）销售人员。竞争产品的销售人员着装、外形、销售技巧怎么样？哪些值得自己学习，哪些应该避免？

（4）客户。竞争产品的顾客数量有多少，层次怎么样？他们为什么选择购买竞争产品？

4.产品的诉求点

推销人员要有效地说服顾客，除了具备完备的产品知识外，还需要明确重点说明方向——找到产品的诉求点，即能够带给顾客的“利益点”。

（1）找出产品的卖点及独特卖点。卖点即顾客购买你的产品的理由；独特卖点是顾客为什么要买你的产品而不买竞争产品的原因。我国台湾著名营销专家余世维曾经代理过“捷豹”牌汽车，在开始销售之前，余先生就明确应该给自己代理的汽车找到区别于其他竞争品牌的吸引顾客的卖点，最终他了解到英国王室戴安娜王妃的座驾就是“捷豹”牌，但不是同一款式。于是，余先生想办法找到了戴安娜王妃乘坐“捷豹”牌汽车的照片，并翻印了很多张。他要求推销人员在向顾客推销“捷豹”牌汽车的时候，一定要提到戴安娜王妃的座驾也是“捷豹”牌，并赠送一张照片给顾客，结果他代理的10辆“捷豹”牌汽车很快销售一空。

（2）找出产品的优点与缺点，并制定相应的沟通对策。推销人员要找出产品的优点作为推介重点；找出缺点，则考虑如何将缺点转化为优点或给顾客一个合理的解释。对于顾客提出的产品缺点，有的推销人员采取坚决不承认的态度，以狡辩的方式应对，很容易引起顾客的反感。任何产品都不可能是完美的，顾客并不苛求产品没有缺点，大多数追求的是合理的性价比，所以对于顾客提出的产品的缺点，推销人员应该真诚接受，这种坦诚的态度往往会赢得顾客的尊重和好感。

（三）推销专业知识

与推销工作相关的学科知识涉及面很广，实际的推销工作并不要求推销人员对这些学科知识有很深的理解，但对一些基本知识要有所了解。这些学科知识包括市场营销学、消费者行为学、商品信息学、经济学、金融学、经济法、企业管理、公共关系、广告学以及国家的法律、法规等，尤其要懂得市场知识，掌握市场调查、市场预测、商务谈判和客户心理等方面的知识。

推销专业知识除了通过理论学习获得以外，还有社会阅历方面的积累，如待人接物、为人处世方面的一些经验，这是推销必备的社会知识基础。另外，推销专业知识是需要专业的培训或者在实践过程中摸索和积累的，如目标顾客定位、潜在顾客信息寻找和筛选、目标顾客接近、推销业务洽谈、有效讨价还价、顾客异议处理、业务交易促成、电话推销、网络推销、推销售后服务、推销过程管理、大客户管理、应收账款控制、客户关系管理、销售团队建设等，都需要相关的专业知识及技能训练。

（四）客户知识

销售大师库内特•冯内古特（Kurt Vonnegut）曾深刻地指出："你所看到的人，都是人们表现出来的人。"换个角度，就是你所看到的客户都是你所感觉的客户，而不是真实的客户。

例如，有一位颇为成功的推销小姐，她不但善解人意，而且观察能力很强，能准确地从对方的沉默中感觉到对方的思想状况与内在意图。当别人问她是怎样了解对方沉默不语时的思想时，她回答道："只要你留心观察，就会发现对方虽然沉默不语，但是从他的神态和表情变化中能够发现他内心思想感情的变化。比如，在正常情况下，客户坐着的时候总是脚尖着地的，而且静止不动。但一到心情紧张的时候，对方的脚尖就会不由自主地抬高。因此，单凭对方脚尖，我就可以判断他的内心世界是平静的还是紧张的。又比如，在正常状态下，吸烟的人熄灭的烟蒂大都保留一定的长度，而在特殊情况下留下的烟蒂可能很长。所以，如果你发现对方手中的烟蒂还很长就已经熄灭了，你就要有所准备，因为对方可能打算告辞了。"

那么，如何利用对冰山一角的观察（这是我们唯一可以获得的客观之物）探测出客户真实的需求与态度呢？正确探测出这些真实的需求和态度，推销人员才能采取正确的对策并建立和谐的人际关系。

案例 4-5

老张是名会计，他走进一家商店准备购买三台计算机以满足会计工作的需要。他向销售人员小李说明了想要的计算机的性能、购买计算机的目的以及想要的软件，还说他刚逛完另一家店，那儿计算机都卖得很便宜，并且举出了一种符合他要求的计算机与其价格。

小李立即明白本店的计算机价格无法与另一家的相比，因为另一家店不提供任何其他方面的服务，所以成本很低，能以最低价出售计算机。而本店帮助顾客安装新购置的计算机、安装软件、培训使用和维修人员，并在出现问题时负责解决，所以产品价格比另一家店要高出 15%。

[问题] 请帮助小李制订同老张的洽谈方案，使老张明白为什么要在这里购买计算机。

1. 个体客户分析

(1) 基本个性需求。

心理学家认为,人大部分的行为是为了满足其个性需求。通过大量的研究,学者们总结出人的六种基本个性需求:权利、成就、认同、秩序、合作、安全。人们的行为都是源于内在对这六种基本个性需求的追求。基本个性需求导致了人们在行为和态度上出现了很多的特点。个性认知模型首先帮助专业销售人员培养通过客户的行为和语言(这是专业销售人员可以直接观察到的客观表现)对不同人际风格客户的识别能力,并在此基础之上根据不同人际风格客户的心理需求采取适宜的行为和语言,以形成与客户人际关系的和谐,应掌握不同人际风格客户的基本个性需求以及在此基础之上的行为特点(图 4-1)。

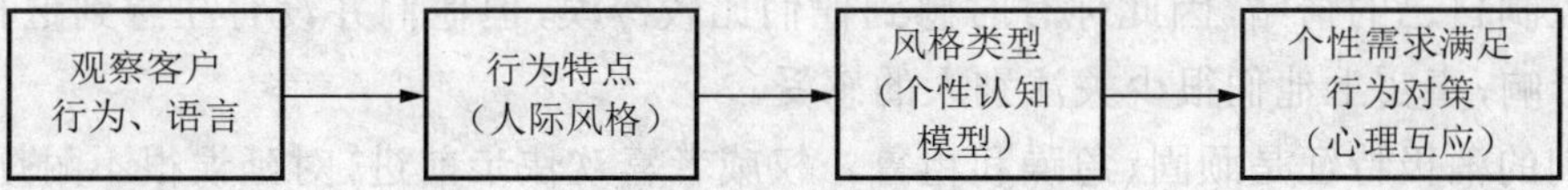

图 4-1 顾客行为分析

(2) 个性认知模型。

个性认知模型是指不同人际风格客户由于个性需求不同,从而表现出在对他人控制力和对自己控制力上的不同强弱水平(图 4-2)。每个人在对不同强弱的自制力和控制力的追求之中形成了不同的人际风格和日常工作中的不同行为和语言特点。控制他人的力量即控制力,也称支配力,代表一个人希望运用权威来控制或支配别人的力量。这并不是说此人目前具有这样的权力,而是一种由其精神或个性的本质衍生形成的并且自然地向他人展现的力量。控制自己的力量即自制力,表示自我约束的力量或程度,也说明一个人是否很正经或正式,或者不拘小节。自制力强,则对自己情绪控制力强;自制力弱,则表现得比较情绪化。控制力强,则喜欢告知别人;控制力弱,则倾向于询问。

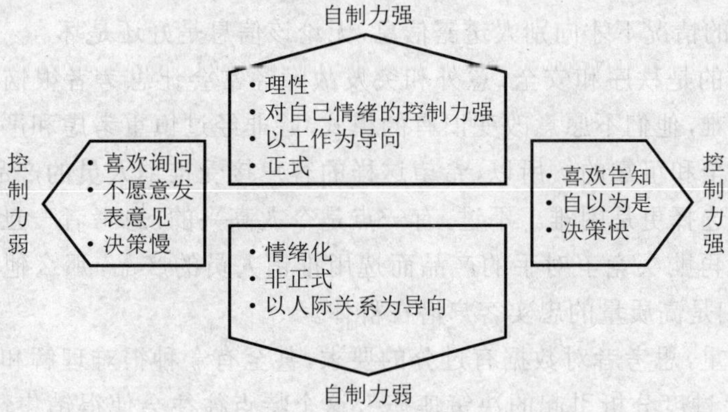

图 4-2 个性认知模型

(3) 人际风格类型。

根据个性认知模型中支配力和自制力的表现强弱,心理学家将客户划分为四种不同的人际风格类型。

① 权威者(驾驭型)。权威者是指支配力和自制力都强的客户。这一类型客户对他人的支配力非常强,他们尤其希望通过精神上的权威达到对他人的影响。由于支配力非常强,权威者对他人支配、影响自己的任何企图和行为都会感到非常厌恶。因为他们的支配力受到了轻视,他们的权威被冒犯,这是权威者最不愿意看到的,他们的座右铭是“领导,跟随,或滚开”。

由于对自己能力的自信以及对他人的控制欲望,权威者喜欢告知别人如何去做。他们对于自己的目标以及手头工作的全身心关注使他们显得有点孤僻、冷酷。同时权威者对自己的约束力非常强,他们有自己的主见,以工作为中心。在工作场景下与权威者拉家常是一件非常愚蠢的行为,他们往往非常正式,在行为举止、语言等方面都很明显。他们能很好地控制自己的情绪,因此你有时感到他们比较冷漠,但他们并没有注意到这种冷漠对别人的影响,事实上他们很少关注别人的感受。

他们的消极特征是顽固、急躁和粗鲁。权威者喜欢快步前进,对延误很不耐烦。

② 思考者(分析型)。思考者是指支配力弱,但自制力强的客户。这一类型客户关注细节、分析性强,是系统性的问题解决者。

思考者对他人的支配力非常弱,他们并不想影响和控制别人,控制好自己是思考者最为关心的。思考者不喜欢感情冲动和缺乏理性,他们通过努力控制自己的行动和情感来尽一切可能地避免出现尴尬。强大的自制力使得思考者有自己的主见,与权威者不同的是,他们常常把自己的主见和观点存于内心,而不像权威者那样希望自己的观点被别人所实施。由于缺乏对他人的控制与影响的企图,思考者往往言辞不多,询问是他们的天分。所以,对于思考者,推销人员在交往中要小心,他们可能知道了事实真相或某些信息,但并不告诉推销人员,当他们向推销人员询问一件事情时,仅仅是做一个求证而不是想知道整个情况。

思考者不愿意与别人分享自己的信息,他们并不想证明自己的能力和控制力,一般只在别人需要知道的情况下才向别人透露信息,无论该信息是好还是坏。

思考者追求的是秩序和安全,意外和突发故障经常会让思考者很恼火。他们对新事物的接受非常困难,他们不愿意改变旧有的模式,除非经过慎重考虑和严密思考证明这个新事物是绝对安全和可靠的。所以,希望这样的客户接受推销人员的产品是非常困难的,改变他们以前的选择更是困难。不过,有一点是令人高兴的,思考者一旦接受了某推销人员的产品或者不再购买竞争对手的产品而选用推销人员的产品,那么他的这种决定很难被别人改变,他们是高质量的忠实客户潜在群体。

由于过于慎重,思考者对数据有过分的要求,甚至有一种很难理解和接受的数据和证据癖好,会造成“过度分析引起的决策瘫痪”,这个特点往往会使得销售环节的时间延长,也给自己带来了很多的额外工作。

③ 合作者(亲切型)。合作者是指支配力和自制力都弱的客户。这一类型客户对待拜访他们的销售人员态度非常友好,由于对他人没有控制需求,所以他们喜欢聆听而不是告知。合作者是天生的良好倾听者,但他们的倾听更主要的是表示出他们的和蔼和对推销人员的尊重。

对安全和合作的追求使得合作者在决策之前需要全面了解事情的真相。但他们与思考者不同，思考者对推销人员提供的信息有很强的分析和判断力，而合作者则不是，因此他们往往决策很慢，也不喜欢改变。思考者的决策慢是由于慎重和严谨，而合作者则是优柔寡断。

合作者的自制力不强，因此表现得不正式。在工作场合，推销人员可以感到非常轻松而不必太拘谨。没有主见、不正式、以人际关系为主、随和是合作者自制力弱的典型表现。

④ 外向者（表达型）。外向者是指支配力强，但自制力弱的客户。这一类型客户的控制力强，因此喜欢告知别人。推销人员会发现周围有一些客户特别喜欢说话，有时在推销人员刚刚说了一句之后，他们就显得迫不及待。他们总以为自己十分聪明和富有能力，但与权威者所不同的是，权威者的自信是建立在理性思考（自制力强）的基础上，因此他们虽然比较独断，但经常是正确的，而外向者的自信是建立在感性的基础上（自制力弱），所以他们做出的判断通常并不十分正确。

较之于游戏的输赢，他们更关心自己在游戏中的表现。外向者最大的恐惧就是当众的羞辱或是在别人眼里显得可有可无、毫无魅力、失败以及不被接受。

外向者的自制力比较弱，加上比较强的控制力，他们往往显得比较冲动和鲁莽。他们的决策非常快，因为他们没有耐心仔细去分析一件事情，决策之后又常常会后悔，理性的回归使得他们常常会改变自己的判断和决策。他们往往显得精力充沛，思维发散，注意力往往不集中，比较容易受到诱惑。

案例 4-6

很多人认为推销人员一定要能说会道，香港首富李嘉诚却不这样认为。在做推销工作时，他不喜欢高谈阔论，但非常关注市场和顾客使用某类商品的情况。他把香港划分成很多区域，把每一区域的居民生活情况和市场情况都记录下来，这样就知道什么产品该到什么地方去推销。短短一年以后，李嘉诚推销商品的数量就超过了很多老的推销员。

［问题］能说会道就能做好推销工作吗？

2. 组织客户分析

对于组织客户，推销人员应了解谁是产品的目标客户、规模有多大、组织结构是怎样的、关键决策人物有哪些，同时还需要知道目标客户的需要是什么，客户的购买习惯、购买动机等情况。其中，抓住组织客户的关键决策人物制订有重点的推销计划是推销成功的关键。推销人员要对组织客户的关键人物进行个性认知确定，并采取相应的沟通策略。

案例 4-7

某推销人员第一次拜访某钢铁制品公司的宋女士，但他对宋女士和公司都不十分了解，因此有意比约定时间早到了40分钟，以便看看在销售访问前还有什么可以收集的信息。会客室中还有一名推销人员，他们的业务并不冲突，15分钟以后，他将与宋女士会谈。

［问题］该推销人员将如何与宋女士的秘书打交道并向他提什么样的问题？推销人员想要看哪方面的资料？推销人员是否会问同屋的那名推销人员一些问题？

二、推销人员的能力准备

（一）逆商

逆商来自英文adversity quotient（简称AQ），即逆境商数，一般被译为挫折商或逆境商，是指人们面对逆境时的反应方式，即面对挫折、摆脱困境和超越困难的能力。1997年，加拿大培训咨询专家保罗•斯托茨博士出版《挫折商：将障碍变成机会》一书，第一次正式提出挫折商的概念，用以测试人们将不利局面转化为有利条件的能力。2000年，他又出版了《工作中的挫折商》，这两本书都成为探讨挫折商对人们影响的重要著作。推销人员尤其是推销新手面对的客户各种各样，遇到的困难、挫折、拒绝、失败格外多，因此应该具备较高的逆商。

研究显示，AQ高的人手术后康复快，销售业绩也远远超过AQ低的人，在公司中升迁的速度也快得多。高AQ可以帮助推销人员取得一流的成绩、生产力、创造力，可以保持健康、有活力和愉快的心情。高AQ是可以培养的，并且最好是从小培养，所以许多教育机构都在提倡挫折教育。

在逆商的测验中，一般考察以下四个关键因素——控制（control）、归属（ownership）、延伸（reach）和忍耐（endurance），简称CORE。

1. 控制

控制感是指人们对周围环境的信念控制能力。面对逆境或挫折时，控制感弱的人只会逆来顺受，听天由命；控制感强的人则会凭借一己之力能动地改变所处环境，相信人定胜天。

控制感弱的人经常说“我无能为力，我能力不及”，控制感强的人则会说“虽然很难，但这算什么，一定有办法”。

2. 归属

归属是指逆境发生的起因和愿意承担责任、改善后果的情况。逆境的起因大致可以分成两类：第一类属内因，如疏忽、无能、未尽全力等，往往表现为过度自责、意志消沉、自怨自艾、自暴自弃；第二类属外因，如合作伙伴配合不利、时机尚未成熟或者外界不可抗力。因内因陷入逆境的人会说“都是我的错，我注定要失败”，因外因陷入逆境的人会说“都是因为时机不成熟，事前怎么就没想到会发生这样的情况呢”。高逆商者往往能够清楚地认识到使自己陷入逆境的起因，并甘愿承担一切责任，能够及时地采取有效行动，痛定思痛，在跌倒处再次爬起。

3. 延伸

延伸是对问题影响范围的评估。高逆商者能够将逆境所产生的负面影响限制在一定范围，不至扩大到其他层面。身陷学习中的逆境，就仅限于此，而不会影响自己的工作和家庭生活；与家人吵架，就仅限于此，而不会因此失去家庭；对事争执，就仅限于此，而不致对人也有看法。越能够把握逆境的影响范围，就越可以把挫折视为特定事件，越觉得自己有能力处理，不致惊慌失措。

4. 忍耐

忍耐是指认识到问题的持久性以及对个人的影响会持续多久。逆境所带来的负面影响既有影响范围问题，又有影响时间问题。逆商低的人往往认为逆境将长时间持续，而事实便会真的如他们所想。

面对逆境，选择放弃也就是选择了失败。逆境并不陌生，我们的生活总是在不断地遭遇和克服无穷无尽的逆境中度过的。所以，应该充分认识到，许多人成功和进步并不是因为他们所经历的逆境少，而是恰恰相反，实际上，许多成功者正是在逆境、困难的磨炼中成长起来的。优秀的推销人员也是如此。

（二）志商

1997 年，北京师范大学心理学教授许燕在《21 世纪》上发表文章《21 世纪家庭教育主业：志商、情商、智商》，这是国内文献中出现的最早有关“志商”的论述。

许燕教授认为，“志商”就是意志智商（will intelligence quotient，简称 WQ），指一个人的意志品质水平，包括坚韧性、目的性、果断性、自制力等方面。如在学习和工作中具有不怕苦和累的顽强拼搏精神，就是高志商。

“志不强者智不达，言不信者行不果”“勤能补拙是良训，一分辛劳一分才”，这些都说明一个道理：志商对一个人的成功具有重要的影响。人生是小志小成，大志大成。许多人一生平淡，不是因为没有才干，而是缺乏志向和清晰的发展目标。在销售界尤其如此，要成就出色的事业，就要有远大的志向，推销人员必须通过强大的意志品质来获取一定的成功。美国心理学者特尔曼从 1921 年开始对 1 528 名智力超常的儿童进行大规模的追踪研究，前后长达 50 年时间。这些儿童的智商都在 140 分以上，他们成年后的成才情况如何呢？特尔曼对 800 名男性中成就最大的 20%和成就最小的 20%进行比较，发现这两组人的差别主要在他们的人格品质上，特别是意志品质的差异。成就大的一组人在谨慎、进取心、自信心、不屈不挠、坚持性等意志品质上明显高于成就小的一组人。

（三）德商

德商（moral intelligence quotient，简称 MQ）指一个人的道德人格品质，它是美国学者道格·莱尼克和弗雷德·基尔在他们 2005 年出版的《德商：提高业绩，加强领导》一书中提出的。他们把“德商”定义为“一种精神、智力上的能力，决定我们如何将人类普遍适用的一些原则（正直、责任感、同情心和宽恕）运用到我们个人的价值观、目标和行动中去”。德商的内容包括体贴、尊重、容忍、宽容、诚实、负责、平和、忠心、礼貌、幽默等一切美德。对于推销人员来说，德商也是其成功的重要基础。

提高德商可以主要从以下七个方面入手：

第一，同情。同情是一个人感受别人情感的唯一途径，它是人类相互理解的基础。应主动地帮助自己的伙伴，帮助那些遇到困难的人们，真诚热情地对待别人。

第二，正直。正直是一个人内在的强烈需求，它能帮助我们妥善地处理人际关系中的纠葛，明辨是非。正直使得我们一旦偏离了道德的轨道就会忐忑不安，正直使我们面对诱惑也能坚决抵制，增强我们抵御那些与善行背道而驰的力量。

第三，节制。节制使得我们面对自己的欲望时能够三思而后行，约束自己的冲动，从而使得我们有正确的行动。节制的人可以避免因为匆忙做出选择而导致危险的后果，形成独立思考和行动的能力。

第四，尊重。尊重是所有美德中最基础的，它使得我们在生活中了解到别人的感受、为别人着想，并让我们真正做到“己所不欲，勿施于人”。一个尊重别人的人很少用暴力、辱骂、仇恨去对待别人。当尊重融入我们生命的时候，我们能更好地感受、体味人际关系的奥妙，在更加尊重别人的基础上尊重自己。

第五，和善。和善使得我们日常生活中充满涵养，拥有和善品德的人能够更多地考虑别人的感受，体味别人的生活，关心别人的疾苦。这些人通常还很谦虚，不认为别人比自己低一等、差一个级别，不会看不起别人。这个社会上，能够取得成功的必定是那些懂得和气待人的人。和善的人不骄傲，不自卑。

第六，宽容。宽容的人在对待与自己不同观点、不同见解的人时，有耐心去思考这些差异的来源，而不是简单地认为别人错了。宽容的品德使得人类在面对与自己不同种族、不同性别、不同信仰、不同文化、不同宗教、不同能力的同类时，能够去伪存真、发现共同点、保留差异性，而不会要求所有人都一样。

第七，公正。公正使得我们在人际关系中光明正大、不偏不倚地对待别人，因此我们会按规则办事，轮流分享，并在做出判断之前听取各方面的意见。公正的人尤其具有同情心，从而增强了我们的美德，保护那些遭受不公平待遇的人。世界是公正的，那些公正对待别人的人，才会被别人公正地对待。

（四）智商

智商，即智力商数（intelligence quotient，简称 IQ），由法国人比奈提出，是人们认识客观事物并运用知识解决实际问题的能力。智商对推销人员的成功是非常重要的，主要包括以下七种能力：

第一，观察力，是指大脑对事物的观察能力。比如推销人员通过观察发现客户等，在观察过程中对其表情、声音、动作等有一个认识。

第二，注意力，是指人的心理活动指向和集中于某种事物的能力。比如推销人员能长时间全神贯注地与顾客沟通交流等，而对其他无关活动等的兴趣大大降低，这就是注意力强的体现。

第三，记忆力，是识记、保持、再认识和重现客观事物所反映的内容和经验的能力。比如推销人员能做到记住客户的姓名、爱好以及交往的过往事件等。

第四，思维力，是人脑对客观事物间接的、概括的反映能力。比如当推销人员在观察顾客及周边环境之后，可以把不同的顾客、事件、经验分类归纳，不同的类型都能通过思维进行概括。

第五，想象力，是人在已有形象的基础上在头脑中创造出新形象的能力。比如推销人员通过与客户的交往，能预想到未来出现的各种有利或不利的情况，提前做出反应。想象一般是在掌握一定的知识和经验的基础上完成的。

第六，分析判断力，是指人对事物进行剖析、分辨、单独进行观察和研究的能力。分析判断力较强的推销人员往往有着独到的成就和见解，达到常人所难以企及的境界。

第七，应变力，是指人在外界事物发生改变时所做出的反应，可能是本能的，也可能是经过大量思考后所做出的决策。

（五）情商

情商（emotional quotient，简称 EQ）由美国心理学家约翰•梅耶（新罕布什尔大学）和彼得•萨洛维（耶鲁大学）于 1990 年首先提出，但当时并没有引起全球范围内的关注。直至 1995 年，《纽约时报》的科学记者丹尼尔•戈尔曼出版了《情商：为什么情商比智商更重要》一书，才引起全球性的 EQ 研究与讨论，因此丹尼尔•戈尔曼被誉为“情商之父”。情商通常是指情绪商数，主要是指人在情绪、情感、意志、耐受挫折等方面的品质。

从最简单的层次定义，情商是理解他人及与他人相处的能力。情商不像智力水平那样可用测验分数较准确地表示出来，它只能根据个人的综合表现进行判断。心理学家们认为，情商高的人具有如下特点：社交能力强，外向而愉快，不易陷入恐惧或伤感；对事业较投入；为人正直，富于同情心；情感生活较丰富但不逾矩，无论是独处还是与许多人在一起时都能怡然自得。推销人员的工作主要是和顾客打交道，因此优秀的推销人员必须具备一定的情商。戈尔曼和其他研究者认为，这种能力是由五种特征构成的：一是认识自身的情绪，因为只有认识自己，才能成为自己生活的主宰；二是能妥善管理自己的情绪，即能调控自己；三是自我激励，它能够使人走出生命中的低潮，重新出发；四是认知他人的情绪，这是与他人正常交往、实现顺利沟通的基础；五是人际关系的管理，即领导和管理能力。

案例 4-8

凡取人之术，苟不得圣人、君子而与之，与其得小人，不若得愚人。何则？君子挟才以为善，小人挟才以为恶。挟才以为善者，善无不至矣；挟才以为恶者，恶亦无不至矣。愚者虽欲为不善，智不能周，力不能胜，譬如乳狗搏人，人得而制之。小人智足以遂其奸，勇足以决其暴，是虎而翼者也，其为害岂不多哉？

才德全尽谓之圣人，才德全失谓之愚人；德胜才谓之君子，才胜德谓之小人。

——司马光《资治通鉴》

[问题] 这五种能力哪种最重要？

案例 4-9

有个小男孩脾气很坏，动不动就发脾气，令家里人伤透了脑筋。一天，父亲给了他一大包钉子和一只铁锤，要求他每发一次脾气就用铁锤在后院的栅栏上钉一颗钉子，直到自己满意为止。

第一天，小男孩就在栅栏上钉了30多颗钉子。但随着时间的推移，小男孩在栅栏上钉的钉子越来越少，他发现控制自己的脾气要比往栅栏上钉钉子更容易些。

一段时间之后，小男孩变得不爱发脾气了。于是父亲就建议他："如果你能坚持一整天不发脾气，就从栅栏上拔下一颗钉子。"又过了一段时间，小男孩终于把栅栏上所有的钉子都拔掉了。

这时候，父亲拉着儿子的手来到栅栏边，对他说："儿子，你做得很好。可是，你看看那些钉子在栅栏上留下的小孔，栅栏再也不会是原来的样子了。当你向别人发脾气时，你的言语就像这些钉子孔一样在人们的心灵中留下疤痕。这样做就好比用刀子刺向别人的身体，然后再拔出来，无论你说多少次'对不起'，那伤口都会永远存在。"

［问题］情绪控制对推销有什么意义？

练习题

一、思考题

1. 推销人员不自信的原因有哪些？
2. 推销人员如何建立一流的销售心态？
3. 推销人员应该具备哪些知识？
4. 推销人员应该具备哪些能力？

二、案例分析题

1. 王强在一家百货店的男装部工作，他刚刚向两位顾客卖出了单价6 000元的进口西服。第一套西服卖给了李先生，他自己有一家公司，年收入达50万元；第二套卖给了孙先生，他大学毕业不久，为一家会计公司工作，年收入将近6万元。

这两位顾客在购买动机方面的共同特点是什么？王强对两位顾客的销售陈述应有什么不同？

2. 小李是一名推销员，他赶了很远的路提前30分钟到达与客户周先生约定的地点。这次约会是小李费了很大的劲才安排好的，是与周先生的第一次会面。在向周先生的秘书进行自我介绍时，小李被告知由于经理会的缘故约会被延迟了1小时，在1个小时之内小李将无事可做。

现在是上午10点，下午1点小李与其他客户还有一次约会，而那个约会小李还没有准备好。要赶赴下一个约会地点至少要花30分钟的时间。周先生公司的会客室中有大量的公司介绍和雇员名单,小李估计与周先生的会面要持续1个小时左右。

小李该怎么办?

3. 很多年以前,在路易十四统治时期,法国有四位贵族被控犯下一项重罪。虽然他们在审判中竭力辩解自己是无辜的,但仍然被判有罪,将押上断头台执行死刑。

这四位贵族——一位是思考者,一位是权威者,一位是合作者,还有一位是外向者——都跪在了待刑的位置上。路易十四一声令下,刽子手抡起斧子,砍断绳索,铡刀迅速朝着四位贵族的脖子落下。就在刀即将落在他们脖子的一刹那,四把刀一起停住了。在路易十四看来,这意味着上天的暗示——这四个人确实是清白的,正如他们自己在法庭上所辩白的一样。因此,这位统治者宣布:他们自由了。

当他们获得自由时,每一位贵族都用自己独特的方式表达他们的感情——其方式根源于各自的人际风格类型。试描述各种人际风格的表现行为。

三、实训题

应聘推销人员岗位时应做好哪些自我推销的准备工作?

第五章

推销沟通技巧与礼仪

引 例

2002年12月,我们去拜访某市最大的食品添加剂经销商,在谈起双方合作历程时,经销商兴致勃勃地给我们讲起A公司推销员拜访他的故事。A公司是我们公司在国内最大的竞争对手,他们的产品质量上乘,进入食品添加剂行业已有五年,销售业绩不错。

经销商说:"那是2001年12月的一天,我的秘书打电话告诉我A公司的推销员约见我。我曾经听客户讲他们的产品质量不错,但一直没时间和他们联系,既然他们主动上门,我就告诉秘书让他下午2:00到我的办公室来。"

"2:10我听见有人敲门,就说请进。门开了,进来一个人,穿一套旧的皱皱巴巴的浅色西装,他走到我的办公桌前说自己是A公司的销售员。"

"我继续打量着他。羊毛衫,打一条领带,领带飘在羊毛衫的外面,有些脏,好像有油污。黑色皮鞋,没有擦,看得见灰土。"

"有好大一会儿,我都在打量他,心里在开小差,脑中一片空白。我听不清他在说什么,只隐约看见他的嘴巴在动,还不停地放些资料在我面前。"

"他介绍完了,没有说话,安静了。我一下子回过神来,我马上对他说把资料放在这里,我看一看,你回去吧!"

听到这里,我们都笑了。经销商继续说:"就这样我把他打发走了。在我思考的那段时间里,我的心里没有接受他,本能地想拒绝,我当时就想我不能与A公司合作。后来,2002年初,你们的张经理来找我,一看,与他们天壤之别,精明能干,有礼有节,是干实事的,我们就合作了。"

[问题]分析A公司推销员失败的原因。

第一节　推销沟通技巧

沟通是人类与生俱来的一种生存本领，似乎每个人天生就会沟通。然而，现实生活中，人与人在沟通方面差别很大，有的人喜欢沟通，有的人不喜欢沟通，有的人善于沟通，有的人不善于沟通。事实证明，沟通是人际交往的一种基本技能，沟通态度是否积极、沟通能力是否出色对一个人的成功与否起着重要的作用，对于以人际交往为基础的推销工作而言更是如此。推销沟通应重点把握以下内容：

一、善于倾听

一位外国学者说："成功的捷径就是把你的耳朵而不是舌头借给所有的人。"做一个好的聆听者是成功沟通者的重要特质之一。与顾客的沟通是一个双向的、互动的过程。在整个销售沟通过程中，顾客并不只是被动地接受劝说和聆听介绍，他们也要表达自己的意见和要求，也需要得到沟通的另一方——推销人员的认真倾听。管理学专家汤姆·彼得斯和南希·奥斯汀在他们合著的《追求完美》一书中谈到了有效倾听的重要性。他们认为，有效的倾听至少可以使推销人员直接从顾客口中获得重要信息，而不必通过其他中间环节，这样就可以尽可能地免去事实在输送过程中被扭曲的风险。同时，有效的倾听还可以使被倾听者产生被关注、被尊重的感觉，他们会因此而更加积极地投入到整个沟通过程当中。

案例 5-1

乔·吉拉德向一位客户销售汽车，交易过程十分顺利。当客户正要掏钱付款时，另一位推销员跟吉拉德谈起前一天的篮球赛，吉拉德一边跟同伴津津有味地说笑，一边伸手去接车款，不料客户却突然掉头而走，连车也不买了。乔·吉拉德苦思冥想了一天，不明白客户为什么对已经挑选好的汽车突然放弃了。夜里11点，他终于忍不住给客户打了一个电话，询问客户突然改变主意的理由。客户不高兴地在电话中告诉他："今天下午付款时，我同您谈到了我们的小儿子，他刚考上密歇根大学，是我们家的骄傲，可是您一点儿也没有听见，只顾跟您的同伴谈篮球赛。"吉拉德明白了，这次生意失败的根本原因是自己没有认真倾听客户讲话。

［问题］怎样看待最成功推销员的失败经历？

有效倾听的技巧包括以下几方面：

（一）遵守倾听礼仪

在倾听过程中，推销人员要尽可能地保持一定的礼仪，这样既显得自己有涵养、有素质，又表达了你对顾客的尊重。通常在倾听过程中需要讲究的礼仪如下：保持视线接触，不东张西望；身体前倾，表情自然；耐心听顾客把话讲完；真正做到全神贯注；不要只做样子而心思分散；点头微笑，表示对顾客的意见感兴趣；重点问题用笔记录下来；插话时请求顾客允许，使用礼貌用语。

（二）集中精力，专心真诚地倾听

这是有效倾听的基础，也是实现良好沟通的关键。要想做到这一点，推销人员在与顾客沟通之前应做好多方面的准备，如身体准备、心理准备、态度准备以及情绪准备等。疲惫的身体、无精打采的神态以及消极的情绪等都可能使倾听归于失败。

（三）不随意打断顾客谈话

随意打断顾客谈话会打击顾客说话的热情和积极性，如果顾客当时的情绪不佳，而你又打断了他的谈话，那无疑是火上浇油。所以，当顾客的谈话热情高涨时，推销人员可以给予必要的、简单的回应，如“噢”“对”“是吗”“好的”等，除此之外最好不要随意插话或接话，更不要不顾顾客喜好另起话题。例如：

“等一下，我们公司的产品绝对比您提到的那种产品好得多……”

“您说的这个问题我以前也遇到过，只不过我当时……”

（四）谨慎反驳顾客观点

顾客在谈话过程中表达的某些观点可能有失偏颇，也可能不符合你的口味，但是要记住：顾客永远都是上帝，他们很少愿意推销人员直接批评或反驳他们的观点。如果实在难以对顾客的观点做出积极反应，则可以采取提问等方式改变顾客谈话的重点，引导顾客谈论更能促进销售的话题。例如：

“既然您如此厌恶保险，那您是如何安排孩子们今后的教育问题的？”

“您很诚恳，我特别想知道您认为什么样的理财服务才能令您满意？”

（五）及时总结和归纳顾客的观点

在与顾客沟通的过程中，推销人员要适时归纳总结顾客的观点，这样做，一方面可以向顾客传达自己一直在认真倾听的信息；另一方面，也有助于保证自己没有误解或歪曲顾客的意见，从而更有效地找到解决问题的方法。例如：

“您的意思是要在合同签订之后的20天内发货，并且再得到5%的优惠吗？”

“如果我没理解错的话，您更喜欢弧线形外观的深色汽车，性能和质量也要一流，对吗？”

案例 5-2

某电话公司曾遇到一个凶狠的顾客，这位顾客对电话公司的有关工作人员破口大骂，威胁要拆毁电话，并拒付话费。公司特派一位善于倾听的推销员与其沟通，推销员静静地倾听了这位顾客近三个小时的“狂风暴雨”，并对此表示歉意。之后，他又两次登门继续倾听顾客对电话公司的不满和抱怨。当他第四次去时，那位顾客已经风平浪静，不仅缴了电话费，还和推销员成了好朋友。

［问题］该案例给你什么启示？

二、善于提问

（一）提问的重要性

世界潜能大师安东尼·罗宾斯说过："成功者与不成功者最主要的判别是什么呢？一言以蔽之，那就是成功者善于提出好的问题，从而得到好的答案。"如果想改变顾客的购买模式，推销人员就必须改变顾客的思维方式。改变顾客思维方式的方法之一就是提出一些恰当的问题，通过问题引导顾客的思维朝着推销人员所期待的方向转移。专业的推销人员绝不是一味地告诉顾客一些事实，而是尽可能多地向顾客提问题，"能用问的方式就绝不用说的方式"，多问少说永远是销售的黄金法则。

巧妙提问的前提是一定要问"对"的问题，那么什么是"对"的问题？专业的提问对推销洽谈应该能够起到如下作用：

一是提问让推销人员有机会了解顾客更多的信息，如购买原因、需求偏好、决策过程等。很多推销人员在与顾客进行沟通的初始，就滔滔不绝地介绍自己的产品和公司，说明自己的产品如何适合顾客。但是一番介绍之后，推销人员对于顾客有什么样的需求，有怎么样的价值偏好却一无所知，这样的推销就是无的放矢，盲目推销。

二是提问让推销人员与顾客迅速建立信任。一般来说，顾客对所有的推销者都是带着抵触心理的，所以取得顾客的信任是推销成功的一大关键。要想获得顾客的信任，整个沟通过程必须以顾客为中心，以顾客的需求为出发点，所以越快开始介绍自己的产品，顾客就越容易产生抵触心理。顾客会想，一点都不了解我到底需要什么，我为什么要听你介绍那些不相干的东西。推销人员需要让顾客明白，自己是真的在关心他，为他的利益着想，而不是总想着从他身上赚钱，唯一的方法就是小心地提问并认真倾听。

三是提问让推销人员把握推销进程。推销人员在与顾客沟通的过程中要有严格的效率意识，即尽量通过短时间的沟通达到促成交易的目的，而不是进行马拉松式的沟通。沟通过程中，推销人员要尽量让顾客多讲话，但顾客一般不会主动将谈话带入成交的阶段，沟通的讲程必须由推销人员来把握。控制沟通进程的最好方法是在恰当的时间进行有效的提问，使整个沟通过程按照推销的过程自然过渡到最终的成交阶段。

（二）提问的注意事项

（1）要尽可能地站在顾客的立场上提问，如提问关于顾客的偏好、顾客的需求、顾客的业余爱好等方面的问题。仅仅围绕着自己的销售目的与顾客沟通，会让顾客感觉推销人员缺乏诚意。

（2）避免提某些敏感性问题，如顾客的年龄、收入、在家庭中的地位等。如果这些问题的答案确实对你很重要，那么不妨在提问之前换一种方式进行试探，确认顾客不会产生反感时再进行询问。

（3）提问要循序渐进，不要直截了当地询问顾客是否愿意购买，初次与顾客接触时最好先从顾客感兴趣的话题入手。

（4）提问的问题要通俗易懂，一定要让顾客有足够的回答空间，不能让顾客捉摸不透，难以回答。

（5）在顾客回答问题时要认真倾听，尽量避免中途打断。

（三）提问的技巧

巧妙的提问有时能够达到长篇大论的推介所达不到的效果。有效的提问要把握两个要点：一是提出探索式的问题，以便发现顾客的购买意图以及怎样让他们从购买的产品中得到他们需要的利益，从而针对顾客的需要为他们提供恰当的服务，使买卖成交；二是提出引导式的问题，引导顾客对向他们提供的产品和服务产生信任。

常见的提问类型有如下几种：

1. 开放型提问

开放型提问是指能让潜在顾客充分发挥想象力来阐述自己的意见、看法及陈述某些事实现状的提问。采用开放型提问一般有两个目的：一是取得顾客的基本信息；二是让顾客表达看法和想法。例如：

"通常您一般采用哪些护肤的方法？您觉得效果怎样？"

——了解顾客目前的状况和存在的问题，挖掘顾客的潜在需求。

"您希望拥有哪些方面的服务？"

——了解顾客的需求和期望，以便更好地满足顾客的需要。

"请问您为什么这样认为呢？"

——了解顾客拒绝的原因，以便找到进一步沟通的突破口。

"您认为我们在哪些方面还需要完善以让您满意？"

——进一步确认顾客存在异议的问题所在。

2. 启发型提问

启发型提问是以先虚后实的形式提问，让对方做出提问者想要得到的回答。这种提问方式循循善诱，有利于表达自己的感受，促使顾客进行思考，控制推销劝说的方向。例如：

推销员：您愿意买个便宜的电器三天两头让厂家来维修吗？

客户：我当然不愿意三天两头修电器了。

推销员：那就是了，我们的产品虽然价格贵了点，但是质量有保证，绝对不会出现经常需要维修的现象。

3. 两难型提问

两难型提问是指在一个问题中提示两个可供选择的答案，两个答案都是肯定的。人们有一种共同的心理——认为说"不"比说"是"更容易和更安全，所以内行的推销人员向顾客提问时应尽量设法不让顾客说出"不"字来。如与顾客约定会面时间，有经验的推销人员从来不会问顾客："我可以在今天下午来见您吗？"因为这种只能在"是"和"不"中选择答案的问题，顾客多半会说："不行，我今天下午的日程实在太紧了，等我有空的时候再打电话约定时间吧。"有经验的推销人员会对顾客说："您看我是今天下午 2 点钟来见您还是 3 点钟来？""3 点钟来比较好。"当他说这句话时，你们的约定已经达成了。

4. 求教型提问

求教型提问是以请教问题的形式提问。这种提问方式是在不了解对方意图的情况下先虚设一问，投石问路，以避免遭到对方拒绝而出现难堪局面，而且能探出对方的虚实。同时，求教型提问可以让顾客享受被尊重的感觉，拉近推销人员与顾客的心理距离。例如：

“您是这个行业的专家，对于这个行业当前的发展现状您能谈一下自己的见解吗？”

5. 封闭型提问

封闭型提问是让顾客针对某个问题在“是”与“否”之中做出回答。封闭型提问的目的是通过回答问题引导顾客进入推销人员所谈论的主题，控制谈话的进程，同时，通过“是”与“否”的回答确定顾客的态度，对沟通中的某些问题进行确认。例如：

“像贵公司这种大型企业，购买产品的时候质量肯定是首先要考虑的因素，而不是价格，对吗？”

三、善用同理心

人们常以自己想当然的想法和思考方式来做判断，甚至指责别人。然而，“自我的角度”有时候不一定是正确的，必须善用同理心站在对方立场来设想，才能真正理解对方的想法、感受和做法。

案例 5-3

在美国，曾经有一个营的士兵到一家大型剧院集合，聆听当地新的司令官讲话。司令官讲得唾沫横飞，谈到安全问题的重要性时司令官话锋一转，问道：“你们来这里时，有多少人坐车系了安全带？”

剧院中 500 多人，只有寥寥几个人举手。司令官脸色很难看，显然是很不高兴，他大声责备这些士兵——不遵守交通规则，拿自己的生命开玩笑！

此时，随从赶紧走上前去，低声向司令官说：“他们的营房就在马路对面，他们大部分都是走路过来的！”司令官顿时语塞，露出歉意的微笑。

[问题] 你是否经常站在对方的角度考虑问题？

（一）同理心的含义

比较以下不同表达方式的效果：

（1）普通表达方式：如果没有那么多的钱……

富有同理心的表达方式：如果您不想花这么多钱在这上面……

（2）普通表达方式：网站建设这部分的技术含量比较高，您是搞贸易的，自己做很难。

富有同理心的表达方式：我们为您把基础的工作做好，您就可以省下时间专注于主业。

同理心是个心理学概念，它的基本意思是说一个人要想真正了解别人，就要学会站在别人的角度来看问题，也就是人们在日常生活中经常提到的设身处地、将心比心的做法。同理心就是站在当事人的角度和位置上，客观地理解当事人的内心感受，并同时把这种理解传达给当事人。同理心并不需要推销人员迎合别人的感情，而是希望推销人员理解和尊重别人的感情，希望在处理问题或做出决定时充分考虑到别人的感受以及这种感受可能引起的后果。它有三个基本条件：站在对方的立场去理解对方；了解导致这种情形的因素；使这种对对方设身处地的理解让对方知晓。

同理心分为表层的同理心和深层次的同理心两种。表层的同理心就是站在别人的角度去理解，了解对方的信息，听明白对方说话的意思；深层次的同理心就是理解对方的感情成分，理解对方所表达的隐含的意思。

（二）表达同理心的技巧

1. 心理情绪同步

心理情绪同步即让自己的情绪与顾客同步，与顾客同快乐、同悲伤。要做到这一点，推销人员首先要做到积极揣摩顾客的心理感受，并学会控制自己的情绪，适时做出回应，与顾客积极探讨。例如，有时候我们会碰到态度非常强硬的顾客——“请你不要再来了，我肯定不会购买的！”这种情况下，推销人员一定要克制自己的情绪，不可以跟顾客争吵，而应该理智地站在顾客的角度，分析顾客为什么会如此。可以这样回应：“哦，对不起，一定是我哪些地方做得不好让您如此生气。生意我们可以不做，但是您一定要帮我指出来我哪些地方做得不好，我将不胜感激。”

2. 身体状态同步

身体状态同步指换位思考的同时，尽量将自己想象成对方，使自己不仅在思想上与对方同步，在行为上也同步，具体包括模仿顾客的音调语速，模仿顾客的肢体语言等。这是对他人尊重和重视的一种重要表现，可以真正融入顾客的思维视角，真正体会顾客的行为心态，较容易拉近推销人员与顾客之间的心理距离，感化顾客。

案例 5-4

• 2008 年残奥会前，志愿者在进行培训时都要亲身体验残障人士的感觉，如坐在轮椅上与人交流，以及蒙上眼睛被人引路。这种培训方式让志愿者真正从残障人士的角度去感受，是换位思考的最好形式。在残奥会进行的过程中，志愿者会注意不去特意帮助残障人士，因为残障人士往往内心渴望被当作正常人看待，不希望别人给予同情；对于坐轮椅的残障人士，志愿者会蹲下来平视对方；对于盲人，也会注意不主动帮助他们提拿随身物品等。

• 2008 年“5·12”大地震后，志愿者在四川灾区为当地受灾群众做心理辅导，有一些话是不能说的，如“我很同情你们”（这句话显得姿态很高），“我理解你们的痛苦”（没有经历地震，再怎么样也没法体会受灾者的痛苦），以及“你们受苦了”“你们太不容易了”，这些都是不正确的说法。正确的方法是讲未来，讲今后怎么做。面对失去亲人的受灾群众，应该说：“虽然无法挽回亲人的生命，但是我们坚强地生活下去，就是对亲人最大的告慰。”

［问题］这两个案例给你的启示是什么？

四、善于赞美

在推销沟通过程中，适时得体的赞美可以拉近推销人员与顾客之间的距离，有助于交易的达成。赞美他人是一件好事，但不是一件易事，赞美他人要掌握一定的技巧。

（一）赞美要因人而异

对于不同性别、不同职业、不同性格、不同年龄的顾客，要采用不同的赞美语言，切不可一刀切。人的素质有高低之分，年龄有长幼之别，因人而异、突出个性、有特点的赞美比一般化的赞美能起到更好的效果。赞美他人要把握对方的特点，让对方感觉到你的赞美的确是发自内心的、有针对性的，而不是放之四海皆准的客套话。例如，“您今天真漂亮”和“您今天的衣服特别衬您的气质，整个人显得年轻很多”同样两句赞美他人的话，后者比前者更具针对性，显得更为真诚，更容易为听者所接受。

（二）真诚是赞美的前提

能使对方受到感染、有所触动的是那些基于事实、发自内心的真诚赞美。推销人员若无根无据、虚情假意地赞美别人，对方不仅会感到莫名其妙，还会觉得你油嘴滑舌、诡诈虚伪。例如，对方是一位身材有点臃肿的女士，你却对她说：“你的身材好苗条啊！”对方立刻就会认定你所说的是违心之言。但如果你着眼于她的服饰、谈吐、举止，发现她这些方面的出众之处并真诚地赞美，她一定会高兴地接受。真诚的赞美不但会使被赞美者产生心理上的愉悦，还可以使推销人员养成发现别人优点的习惯，从而使自己对人生持有乐观、欣赏的态度。

（三）赞美的内容要详实具体

赞美的语言不在于大和多，而在于真诚，从细微之处着眼对他人进行赞美往往更容易打动对方，如“您的办公室装修真的很有特色啊”“您的声音真的很好听”。有些人虽然常常赞美别人，但是内容空洞笼统，缺乏具体的内容，给人假、大、空的感觉。赞美用语愈详实具体，说明自己对对方愈了解，对他的长处和成绩愈看重。一些含糊其辞的赞美——“你真是一位难得的优秀人才”或者“你真的是个大美女啊”等空泛飘浮的话语，可能引起对方的猜度，甚至产生不必要的误解和信任危机。

（四）赞美要及时

赞美他人应该选择恰当的时间和地点，错过了合适的时间，再动听的赞美也难以打动对方。例如，当他人做出了令人赞赏的行为举止时应该立刻赞美，而不是等到事后才想起。赞美的语言结合当时的场景才能给人深刻的印象，而事情发生之后的赞美就难以达到当时的效果。另外，最需要赞美的不是那些早已功成名就的人，而是那些因被埋没而产生自卑感或身处逆境的人。在推销沟通中，如果顾客精神不振、心情不佳，推销人员适时地赞美会收到意想不到的效果。所以，赞美贵在“雪中送炭”，而不是“锦上添花”，赞美他人一定要及时。

（五）借用他人的言辞赞美

有时候，借用第三者的口吻去赞美他人会更有说服力。借用他人的言辞赞美顾客会显得更加真实自然，让顾客更加容易接受，更能满足顾客的心理需求。例如，“您好，××先生，今天早上我听您的一位同事介绍说您在这一行里面非常有权威，而且您对人特别友好”。

案例 5-5

20 世纪 30 年代，美国费城电气公司的威伯到一个州的乡村推销电。他来到了一个富有的农家面前，叫开了门。户主是个老太太，一见是电气公司的代表，就“砰”地一声把门关上了。威伯于是再次叫门，门勉强开了一条缝。威伯说：“很抱歉打扰了您，也知道您对用电不感兴趣。所以我这次并不是来推销电，而是来买几个鸡蛋。”听他这样一说，老太太消除了一些戒备，把门开大了一点。威伯继续说：“我看见您喂养的道明尼克鸡种很漂亮，所以想买一打新鲜的鸡蛋带回城。”老太太把门打开得更大了一些，并问道：“为什么不用你自己家的鸡蛋？”威伯说：“因为我家的力行鸡下的蛋是白色的，做蛋糕不好看，我太太让我来买您的深色鸡蛋。”这时候，老太太走出家门，态度也温和了许多，并和威伯聊起了鸡蛋的事情。但威伯却指着院里的牛棚说：“夫人，我敢打赌，您丈夫养牛赶不上您养鸡赚钱多。”老太太心花怒放，因为长期以来她丈夫总不承认这个事实。两个星期后，威伯在公司收到了老太太寄来的用电申请。

[问题] 怎样看待赞美的价值？

第二节　推销礼仪

案例 5-6

• 戴尔公司的一名电话推销人员正在跟顾客通电话，当顾客听说戴尔的生产工厂在厦门时，就随口说：“厦门很好，我很喜欢厦门。”这个推销人员马上抓住这个难得的时机问：“您什么时候来过厦门？”顾客说大概一个月之前刚刚去过。推销人员又问：“您觉得厦门哪里比较好？”顾客说：“厦门景色很好，而且鼓浪屿馅饼也挺好吃的。”然后，他们就开始谈一些其他的话题。过了不到一周，顾客收到了一个邮包，打开一看，是一盒推销人员从厦门寄来的鼓浪屿馅饼，顾客觉得非常温暖，相互信任就这样建立起来了。

• 两个公司的推销人员一起到 A 公司找培训主管推销培训教材。推销人员甲穿了一件肥大的西装，戴了一条红色的领带，头发乱乱的；推销人员乙的头发梳得很整齐，穿了一套深蓝色的西服，白色的衬衣，黑色的皮鞋和袜子。培训主管同时看到两人，毫不犹豫地把手伸向了推销人员乙，并让推销人员甲暂时在外面等一下。

• 一位推销人员是美籍华人，他见顾客的时候，会戴一个非常夸张的领结。领结在西方是非常庄重的打扮，通常在宴会上才戴，结果，顾客们感到受到尊重，对他留下了非常深的印象。

[问题] 阐述推销礼仪在推销工作中的重要性。

现代推销人员的人际关系极具开放性、竞争性，推销人员与顾客的交往空前频繁，只有掌握与顾客交往的技巧，了解、熟悉并掌握日常的推销礼仪，才能较好地完成工作。

一、送访礼仪

(一)拜访礼仪

(1) 事先约定时间。推销人员如果要拜访一位顾客，最好事先以电话说明拜访的目的，并约定拜访的时间。一般来说，应事先选择好时间，不宜选择对方较忙或三餐的时间，晚上不宜太迟。预先约定时间最符合礼仪，尽量不做不速之客，不请自到。

(2) 做好准备工作。了解拜访对象的个人及公司资料；准备拜访时需要用到的资料；明确拜访目的；整理服装、仪容；检查各项携带物是否齐备，如名片、笔、笔记本等。

(3) 再次确认。出发前与拜访对象再确认一次，算好出发时间，注意宁可早到，不可迟到。

(4) 进门时先敲门或按门铃。敲门要有节奏感，不轻不重，不急不慢，以敲两三下为宜，对于虚掩着或开着的门不可贸然闯入。

(5) 进入室内的应对。面带笑容地向接待人员说明身份、拜访目的及拜访对象，从容、安稳地等待接待人员引导自己到会客室或拜访对象办公室。

(6) 在拜访对象办公室等待期间，不要向接待人员提任何要求，如“我可以使用您的电话吗”“我能跟您借一些邮票吗”等。当然，如果接待人员主动表示可提供类似性质的协助，你的要求便没有什么大碍，但千万不要自行提出。如果你随身携带移动电话，要避免电话铃响个不停，接电话时要离开办公室，以免影响办公室中其他人的工作。

(7) 如果等待的时间很长，不要把气出在接待人员身上。若超出约定时间 15 分钟以上，可询问还需要等多久，但不要抱怨让你等了这么久。随时都要有礼貌，离开办公室时记得说声“谢谢您”。

(8) 见到拜访对象时，一般要行礼，交换名片，寒暄；拜访对象请人奉上茶或咖啡时，应起身或欠身双手接过，不要忘了轻声道谢。

(9) 洽谈。称呼及遣词用字注意礼貌，善于倾听，做出积极反应，不要随意打断别人的谈话。

(10) 会谈时拜访对象电话响起，可询问对方是否需要私下接电话：“我需不需要出去？”如果说不用，不妨就坐在原位。但在对方打电话时，不要盯着他看，同时也不要随意翻看他桌上的文件资料。这时，你不妨看看房间里的其他角落——墙上的画、窗外的景观、地毯的图案等。

（11）无论这次会面是否达成目的，都应该谢谢对方的接见，并且在离开的时候与对方握手道别。

（12）告辞。一般性拜访的时间不宜太长，也不宜太匆忙，一般以半小时到一小时为宜。在告辞时应感谢对方抽出时间接待，面对拜访对象告退，行礼后轻轻关上办公室的门。对方若要相送，应礼貌地请其留步。

（二）接待礼仪

（1）谨守约定时间。任何人都不喜欢等人，尤其是当对方认为他跟你一样重要（甚至比你还重要）时，等候就更令其难以忍受。因此，如果估计某人等自己的时间可能超过5分钟，应该先向其表示歉意，解释延误的原因。最重要的是，保证你一定会尽快赶到，同时尽量使等候你的人有杯饮料或刊物，好打发时间，也可以问问他是否需要打电话或发传真，让他有事可做。

（2）亲自迎接。在接到客人已经到达的通知时，应该亲自到接待区迎接、问候来客，并且带领客人到会客室或者办公室。此时，让客人先行是较合乎礼仪的做法，但如果由你走在前面带路，则既能节省时间，又不至于走错地方。

（3）当客人来到你的办公室时，应马上站起来，由桌后走出，并伸出手向来客寒暄问候。你的行动应表示你很高兴见到对方，并且视他为一个很重要的人物。

（4）客人到达时，若你正在打电话，应该马上结束。约了人还不停地接电话，是最令人难以谅解的事。

（5）如果来访的是许多人，事前应准备足够的座椅，以免临时到处张罗椅子，这样不仅浪费时间，而且显得诚意不足。

（6）待客人坐定之后自己再坐下。

（7）客人离开时，应该亲自送客人到门口，目送其离开。

（8）如果客人不是自己开车来的，天气又不好，或者年纪很大、行动不便等，应帮他安排车。一般来说，送客人出去，为客人叫车的工作就该由你去做。

二、交谈礼仪

（一）语言的礼仪

1. 礼貌用语的使用

养成使用礼貌用语的习惯是很重要的。“请”“您”“您好”“谢谢”“对不起”“没关系”和“再见”，这七大礼貌用语人人都应重视，恰当地运用会给人们的交往带来诸多方便。陌生人初次见面，说声“您好，认识您很高兴”，彼此的关系很快就能融洽起来。推销人员在谈话中要使用礼貌用语，一般见面时先说“早安”“您好”“身体好吗”，对新结识的人常问“您是什么时候来这个城市的”“您是什么地方人”“您是什么学校毕业的，哪一届的”，分别时常说“很高兴与您相识，希望再有见面的机会”“再见，祝您周末愉快”“请代问全家好”等。请记住，在同所有相识的人见面时均应以得体的方式致以问候。

2. 客套词的使用

例如，初次见面说“久仰”，好久不见说“久违”，请人批评说“请指教”，求人原谅说“多包涵”，请人帮忙说“劳驾”，请予方便说“借光”，请人解答说“请教”，请人指点说“赐教”，托人办事说“拜托”，麻烦别人说“打扰”，向人祝贺说“恭喜”，赞人见解说“高见”，看望别人说“拜访”，宾客到来说“光临”，中途先走说“失陪”，等候别人说“恭候”，请人勿送说“留步”，归还原物说“奉还”，对方来信称“惠书”，老人年龄说“高寿”，等等。

（二）注视的礼仪

1. 正视交谈人

谈话时要正面视人。在交谈中，目光注视对方是一种起码的礼貌，以表示对谈话的兴趣和对对方的尊重，同时也可以为愉快、和谐的谈话气氛创造条件。当然，注视并不等于凝视，直勾勾地盯着对方或者目光在对方身上乱扫，甚至还“跑到”对方身后，这些只会使对方透不过气来或惶惑不安，有话也说不出来。一般来说，如果两个人在室内面对面交谈，最好相距 1～2 米，目光注视对方胸部以上、额头以下部位。有时可能会出现双方目光对视的情况，此时不必躲闪，泰然自若地徐徐移开就可以了。

2. 尊重交谈人

谈话时，双方首先应互相正视、互相倾听，不要东张西望、左顾右盼，更不要看书看报，或者面有倦容、哈欠连天，也不要做一些不必要的小动作，如玩指甲、弄衣角、搔后脑勺等。这些动作既显得自己猥琐、不礼貌，也会使人感到你心不在焉、傲慢无理。

3. 重视交谈人

交谈时，眼睛应该聚精会神地注视对方。在对方讲话过程中不时地点头示意，脸上露出专心致志或感兴趣的表情等。切忌摇头，有时这一动作可能是无意识的，但容易引起对方误解，使对方以为你不赞同他的观点或认为他说的不对，从而终止发言。

4. 观察交谈人

眼睛的转动也可以表明许多信息。当潜在顾客感兴趣时，他们通常会更多地与你对视或瞪大眼睛；反之，则表明他们兴趣不大。观察潜在顾客的眼睛是有用的，因为人们通常无法掩饰他们眼睛的动作。潜在顾客过多地眨眼可能与其焦虑有关，也可能表明你需要使这位潜在顾客放松。通过观察潜在顾客眼睛的转动情况，还可能获悉潜在顾客所感兴趣的一些事情。例如，一位潜在的小汽车买主注视的焦点在车的发动机上，那么可能表明他对车的机械性能感兴趣。

需要指出的是，仅仅注视对方还远远不够，应注意能够让对方感受到你对谈话的态度。任何有经验、有教养的人，在与人交谈时都不会忽略引起对方的谈话兴趣，称赞对方、关怀对方、对对方所说的一切表现出浓厚的兴趣都可以提高对方的谈话兴趣。如果是许多朋友在一起交谈，那么讲话的人不能把注意力只集中在其中一两个熟悉的人身上，而要照顾到在场的每一个人。同时，谈话过程中对对方讲的话应有所呼应，由此话题才可能谈得更广、更深，相互间的感染也才可能更多，甚至在心理上达到某种程度的默契。

三、体态礼仪

（一）站、坐、行

1. 站姿

站立是人们生活、工作中最基本的姿势之一。正确的站姿是站得端正、稳重、自然、亲切，应做到上身挺直、头正目平、面带微笑、微收下颌、肩平挺胸、直腰收腹、两臂自然下垂、两腿相靠直立、脚跟靠拢、脚尖呈V字形。在具体要求上，男女略有不同。

（1）男士站姿。男士站立时，应将身体的重心放在两只脚上，头要正，颈要直，抬头平视，挺胸，收腹，不斜肩，两臂自然下垂，从头到脚成一条线；双脚可微微分开，但最多与肩同宽，站累时，可向后挪半步，但上体仍须保持正直。这种站姿从外观上看，如挺拔的青松，显得刚毅、端庄，精神饱满。

一般在任何场合都不宜斜靠在门边或墙边站立。两腿交叉站立也是十分不雅的，这是一种轻浮的举动，极不严肃，交叉腿的动作也是一种防卫性信号。有时，一只脚踝紧靠在另一条腿上，以脚尖或脚掌触地，也会给对方一种缺乏自信、紧张的感觉。站立时，手不宜叉在腰间，不可双手插于衣裤袋中，实在有必要时，可左手或右手插于左前或右前裤袋，但时间不宜过长。与人站立谈话时，浑身扭动、东张西望、斜肩叉腰均属轻薄浮滑的举动，应注意避免。

（2）女士站姿。女士要想使自己具有优雅迷人的站姿，关键要让自己的双脚、双膝、双手、胸部和下颌五个部位都处于最佳的位置。女士站立时须注意以下方面：

双脚的脚跟靠拢在一起，两只脚尖相距10厘米左右，呈V字状。两只脚最好一前一后，前一只脚的脚跟轻轻地靠近后一只脚的脚弓，将重心集中于后一只脚上，切勿两脚分开，甚至呈平行状，也不要将重心均匀地分配在两只脚上。

在正式场合，双膝应挺直；而在非正式场合，伸在前面的那一条腿的膝部可以略微弯曲。但是，不论处于哪一种场合，双膝都应当有意识地靠拢，这样方能确保双腿自上而下地全方位并拢，并使髋部自然上提，避免双腿“分裂”、臀部撅起等极不雅观的姿势。

站立时，若非拎包、持物，最好将右手搭在左手上，然后贴近腹部，同时应当注意放松双肩，使双肩自然下垂，不要耸肩、斜肩或是弯臂、端肩。在非正式场合，双手自然下垂，贴放在身体两侧未尝不可，但在正式场合这样做就毫无美感可言了。不要把手插在口袋或袖子里，也不要双手相握，背在身后，前一种做法显得自由散漫，后一种做法看起来老态龙钟。

胸部在站立时应略向前方挺出，同时要注意收紧腹肌，并挺直后背，使整个身体的重心集中于双腿中间，不偏不斜。这样不仅能使自己看起来精神振奋、线条优美，而且也不会出现凹胸、挺腹、弓背等难看的姿势。

下颌要微内收，脖颈要挺直，双目要平视前方，以便使自己显得自然放松。不要羞于抬头正视于人，好像做了亏心事一样；也不要将下颌高扬，用鼻孔“看人”，给人以目空一切之感。

总之，在正式场合，最优雅动人的站姿应当是：全身直立，双腿并拢，双脚微分，双手搭放在腹前，抬头、挺胸、收腹，目视前方。

2. 坐姿

坐姿包括就座的姿势和坐定的姿势。入座时要轻而缓，走到座位面前转身，轻稳地坐下，不应发出嘈杂的声音。坐下后，上身保持挺直，头部端正，目光平视前方或交谈对象，表情要自然放松，面带微笑。

（1）就座时的动作。推销人员在就座时一定要做到不紧不慢、不慌不忙，大大方方地从座椅的左后侧接近座椅，然后不声不响地轻轻坐下。不要大大咧咧地一把拉过椅子，“扑通”一声地把自己“扔”进座椅里。落座时响声大作是没有教养的表现，所以落座时切忌用力过猛。若是走向他人对面的座椅落座，可采用向后退步以接近座椅的方式，尽量不要背对自己将要与之交谈的人。

（2）基本要求。谈到坐姿，男士和女士是不同的。

通常，男士入座后，人体重心要垂直向下，腰部挺起，上身垂直，不要给人“瘫倒在椅子上”的感觉。坐时，大腿与小腿基本上成直角，两膝应并拢或微微分开，两脚平放于地面，两脚间距与肩同宽，手自然放在双膝上或椅子扶手上，头平稳，目平视。需要侧坐时，上体与腿同时转向一侧，头部向着前方。如有需要，可交叠双腿，一般是右腿架在左腿上，但注意在社交场合绝不要首先使用该姿势，因为那会给人以显示自己地位和优势的不平衡感。此外，4 字形叠腿方式和用手把叠起的腿扣住的方式是绝对禁止的，叠腿并晃动足尖则更显得目中无人和傲慢无礼。此外，在座椅上不能两腿叉开，伸得老远，或是将脚藏在座椅下，甚至用脚勾着座椅的腿，这都是无礼的举动，也会向人传递错误的信号，造成不必要的麻烦。

在交谈过程中发现对方身体前倾，双手放在膝上或抓着椅子时，千万不要误会对方是对谈话感兴趣，正相反，这是想尽快结束正在进行的话题的最明显标记。应设法采取措施，免得这一姿势进一步延伸。

女士的坐姿是否优美是很重要的，通常女士可采用的坐姿有如下几种：

第一，双腿垂直式。具体要求是：双腿垂直于地面，双脚的脚跟、膝盖直至大腿都需要并拢在一起，双手自然放在双腿上。这是正式场合的最基本坐姿，可给人以诚恳、认真的印象。需注意，采用这种坐姿时，脊背一定要伸直，头部摆正，目视前方。若两膝张开，会给人以很散漫的印象。

第二，双腿叠放式。这种坐姿要求上下交叠的膝盖之间不可分开，两腿交叠呈一直线。双脚放置的方法可视座椅的高矮而定，既可以垂直，也可与地面呈 45° 角斜放。脚尖不应翘起，更不应直指他人。采用这种坐姿时，切勿双手抱膝，更不能两膝分开，穿超短裙时应慎用。

第三，双腿斜放式。坐在较低的椅子上时，如果双脚垂直放置的话，膝盖可能会高过腰，不太雅观，这时最好采用双腿斜放式，即双腿并拢之后，双脚同时向右侧或左侧斜放，并且与地面形成 45° 的优美的 S 形。坐沙发时，这种姿势最实用。需注意，两膝不宜分开，小腿间也不要有距离。

第四，双脚交叉式。具体做法是：双腿并拢，双脚在踝部交叉之后略向左侧或右侧斜放。坐在主席台上、办公桌后面或公共汽车上时，比较适合采用这种坐姿，感觉比较自然。应当注意的是，采用这种坐姿时膝部不宜分开，也不宜将交叉的双脚大幅度地分开，或是向前方直伸出去，否则可能会影响到从前面通过的人。

第五，双脚内收式。具体做法是：两条小腿向后侧屈回，双脚脚掌着地，膝盖以上并拢，两脚稍微张开。这也是变化的坐姿之一，尤其在自己并不受瞩目的场合，这种坐姿显得轻松自然。

第六，脚踝盘住收起式。椅子较低时，除了可斜坐之外，还可以将脚踝盘起，往椅子下面靠。但像沙发这样下面没有空间的座位就不可采取这种姿势，而柜台或酒吧内的高脚椅可以采取这种坐姿。

除以上介绍的基本方法外，女士就座时还要注意以下两个要点：一是在正式场合就座时，背部要保持挺直，不应倚靠在椅背上，尤其是不应把头靠在椅背上。二是应注意就座后双手的位置。一般坐下之后，双手可自然地放于双腿之上，或者双手一左一右地扶住座椅两侧的扶手，或者双手分别放在两腿之上。双手垫在臀部下面、抱在胸前、抱在脑后、前伸或以手抚摸脚等动作都是不雅观的，也是非常失礼的。

（3）利用坐姿表示敬意。对他人表示敬意时，针对不同的情况，可以选择不同的坐姿。比如说，拜访长者、上司或贵宾时，不宜在落座后坐满整个座位，甚至跷起“二郎腿”。若是只坐座位的1/2，则对对方的敬意会于无形之中表露出来。当然，也没必要只坐椅子边上，那样会显得虚伪。在与来宾会晤时，如双方相对而坐，则最好彼此间留有1米左右的距离，使双方在调整各自的坐姿时不至于腿部“打架”；如双方并排而坐，则有必要目视对方，以示恭敬，此时最好的办法是上身微侧，双手叠放于侧过来的那条腿上，双脚亦同时并拢，向同一方向倾斜。

3. 行姿

行姿即行走时的姿态，它是以优雅、端庄的站姿为基础的。一般来说，行走时步履应自然、轻盈、敏捷、稳健。

（1）最基本的行姿是使自己的脊背和腰部伸展放松，并使脚跟首先着地。行走时，移动的中心是腰部，而不是脚部，应当上体前屈，以腰带动脚。

（2）行走时腿不伸直，就无法走出漂亮的姿势，因此，走动时务必使膝盖向后方伸直，膝盖伸直了，腿也就自然而然地伸直了。

（3）行走时，要有一定的节奏，双肩放松，双臂伸直并前后自然摆动，手指自然并拢并略微弯曲。双臂摆动应以肩关节为轴，手臂与上身之间的夹角不要超过30°，双臂各自摆动的幅度不应大于40厘米。走路时双臂不动，或同时向一个方向摆，或摆幅过大，都不雅观。

（4）行走时，脚跟首先触地，然后将身体的重心移送至前脚，促使身体前移。需注意的是，行走时的注意力应集中于后面的那只脚，而不是向前跨出的那只脚。

（5）行走时，应上身挺直，目视正前方，腰际以上部分不摆晃，直线前行，不左右摇摆。

在与顾客交往的具体实践中，行姿也有一些特殊之处，推销人员应根据具体情况加以处理。例如,与顾客告别或退出上司办公室时,不宜立即扭头便走,示人以后背,为了表示对在场的其他人的敬意,离去时应采用后退法。标准的做法是:目视他人,双脚轻擦地面,向后小步幅地退三四步,然后先转身、后扭头,轻轻地离去。

(二)面部表情

表情是人内心的情感在面部、声音或姿态上的表现。当外部客观事物以物体的、语言的、行为的方式刺激大脑时,人就会产生各种内在反应,即情感,这种情感会通过人体相应的表情呈现出来,表现在人的面部、姿态、声音上,人们常说的"情动之于心,形之于外,传之于声"就是这个意思。人的面部表情是复杂的。古人云:"人身之有面,犹室之有门,人未入室,先见大门。"美国心理学家艾伯特在论及人际关系时,通过大量实际资料提出如下公式:感情的表达 = 言语(7%)+ 声音(38%)+ 表情(55%)。比如,打电话时虽然看不到对方,但对方的表情却可影响传过来的声音,没有哪一个人能以愤怒的表情说出优美、和蔼、动听的问候语,可见表情在人与人之间的感情沟通上占有相当重要的地位。

1. 目光

眼睛是人体传递信息最有效的器官,它能传达出人们最细微、最精妙的内心情感,从一个人的眼睛中往往能看到他的整个内心世界。一个良好的交际形象,目光是坦然、亲切、和蔼、有神的。特别是在与人交谈时,目光应该注视对方,而不应该躲闪或游移不定。在整个谈话过程中,目光与对方接触累计应达到全部交谈过程的50% ~ 70% 。

(1)在洽谈、磋商、谈判等正式场合中,凝视给人一种严肃、认真的感觉。这种凝视注视的位置在对方脸部,以双眼为底线,上到前额的三角部分。谈公务时,如果你注视对方这个部位,就会显得严肃、认真,对方也会感到你有诚意。

(2)打招呼时要行注目礼,这时当然要看对方一眼。如果顾客脸色还算和悦,便可以多看几眼。但是,大多数顾客对于访问推销都非常排斥,打心底想要拒绝,所以往往是满脸的不悦。这时,可以将视线暂时投向桌子、手册、壁饰、地板上,如果想知道对方在看什么,也可以找个合适的时机再看对方一眼。

(3)如果对方一直注视着你,你也应该常常看着对方;而当对方突然将视线移开时,你的眼神应沿着对方的肩膀慢慢地移开。当谈话渐入佳境时,彼此之间视线接触的机会就会增多,但是视线最好不要在某一个特定的地方停留太久,这样可以使气氛缓和些。

(4)在你想要移动视线的时候,奖状、壁饰、插花等都是很好的注视目标,因为这些东西都是对方非常希望被看到的,而且常常会带来许多话题,对推销活动而言,也算是突破的关键。和顾客对坐时,需要注意的是不可以一直盯着对方看。

2. 微笑

微笑是社交场合中最富吸引力、最令人愉悦、最有价值的面部表情,它可以与语言和动作相互配合,起到互补作用。微笑不但表现着人际交往中友善、诚信、谦恭、和谐、融洽等最美好的感情因素,而且反映出交往人的自信、涵养与和睦的人际关系及健康的心理,不仅能传递友好、和善,还能表达歉意、谅解。

四、服饰礼仪

推销人员的穿着不仅反映了个人情趣、审美能力和爱好，在工作中还代表着企业的形象。

（一）着装礼仪

着装指服装的穿着。但从礼仪的角度看，着装不能简单地等同于穿衣。着装是人基于自身的阅历修养、审美情趣、身材特点，根据不同的时间、场合、目的，力所能及地对所穿的服装进行精心的选择、搭配和组合。在各种正式场合，注重个人着装的人能体现仪表美，增加交际魅力，给人留下良好的印象，使人愿意与其深入交往。

1. 着装的原则

着装体现仪表美，除了整齐、整洁、完好外，还应同时兼顾以下原则：

（1）文明大方。着装要符合道德传统和常规做法。在正式场合，忌穿过露、过透、过短和过紧的服装。身体部位的过分暴露，不但有失自己身份，而且也失敬于人，使他人感到不便。

（2）搭配得体。要求着装的各个部分相互呼应，精心搭配，特别是要恪守服装本身及与鞋帽之间约定俗成的搭配原则，在整体上尽可能做到完美、和谐，展现着装的整体之美。

（3）个性特征。个性特征原则要求着装适应自身形体、年龄、职业的特点，扬长避短，并在此基础上创造和保持自己独有的风格，即在不违反礼仪规范的前提下，在某些方面可体现与众不同的个性，但切勿盲目追求时髦。

着装还要注意时间、场合、地点，与当时的环境及气氛相协调。

2. 男性推销人员着装礼仪

（1）西装。对于西装，最重要的不是价格和品牌，而是面料、裁剪、加工工艺等许多细节，款式上应简洁大方。西装在色彩上以单色为宜，建议至少要有一套深蓝色的西装。深蓝色显示出高雅、理性、稳重；灰色比较中庸、平和，显得庄重、得体而气度不凡；咖啡色是一种自然而朴素的色彩，显得亲切而别具一格；藏青色比较大方、稳重，也是较常见的一种色调，比较适合黄皮肤的东方人。西裤的长度应正好触及鞋面。

男性推销人员穿着西装有三忌：忌不合身，忌口袋塞满东西，忌袜子搭配不当。不论是西装还是棉袄，如果选料不当、不注意熨烫、口袋鼓鼓囊囊、袖口留有标签，则怎么看都不体面。

（2）领带。懂得包装自己的男性推销人员非常讲究领带的搭配。除了颜色与西装和衬衣协调之外，还要求领带干净、平整、不起皱。领带的长度要合适，打好的领带尖端应恰好触及皮带扣；领带的宽度应该与西装翻领的宽度相协调。

（3）袜子。袜子宁长勿短，颜色要与西装协调。

（4）鞋子。鞋的款式和质地的好坏也直接影响整体形象。在颜色方面，建议选择深色的皮鞋，因为深色的皮鞋比较好搭配西装，而浅色皮鞋只能搭配浅色的西装，如果配深色的西装，会给人一种头重脚轻的感觉。无论什么鞋，都要注意保持鞋子的光亮及干净，光洁的皮鞋会给人以专业、整齐的感觉。

除了西装，男性推销人员在与顾客见面时还可以穿有领T恤和西裤，但要尽量避免穿牛仔裤。

3. 女性推销人员着装礼仪

对女性推销人员着装给出的建议是：保持整洁，衣服熨烫平整。女性推销人员应在包内放一双备用丝袜，以便在丝袜弄脏或破损时及时更换，避免尴尬。饰品佩戴得巧妙，能起到画龙点睛的作用，但不宜佩戴过多，否则会分散对方的注意力。饰品应尽量选择同一色系，最关键的是要与整体服装的搭配统一起来。

女性推销人员穿衣两忌：忌穿着暴露，忌“内衣”外穿。

4. 着装时的注意事项

任何时候推销人员都要保持衣服和鞋的洁净，切忌穿明显是假冒的名牌服饰。对于女性推销人员来说，着短裙、凉鞋时，可不穿袜子或穿长筒丝袜，但切忌穿短丝袜；不要着男式衬衣或西装；穿紧身牛仔裤时，最好不要配松糕鞋；不要在穿套装或套裙时配双肩背包；切忌在穿长裙、短裙时配一件外套。男性推销人员穿西装时，必须配皮鞋；穿西裤时，哪怕是休闲西裤，都最好不要配旅游鞋，而应该配皮鞋；不要穿过紧的裤子以及无领T恤；不要在穿西装、打领带时配牛仔裤；穿牛仔裤时，最好配上皮带；最好不要穿任何女性化的服装；穿皮鞋时，最好不要穿运动袜；不要在穿运动休闲服时打领带。

（二）饰物礼仪

饰物指与服装搭配、对服装起修饰作用的其他物品，主要有领带、围巾、丝巾、胸针、首饰、提包、手套、鞋袜等。饰物在着装中起着画龙点睛、协调整体的作用，佩戴饰物应与脸型、服装相协调。

1. 戒指

戒指一般只戴在左手，而且最好仅戴一枚，至多戴两枚。戴两枚戒指时，既可戴在左手两个相邻的手指上，也可戴在两只手对应的手指上。戒指的佩戴可以说是一种无声的语言，往往暗示佩戴者的婚姻和择偶状况。

2. 耳环

耳环是女性的重要首饰，使用率仅次于戒指。佩戴时，应根据脸型特点来选配耳环。比如，圆形脸不宜佩戴圆形耳环，因为耳环的小圆形与脸的大圆形组合在一起，会加强“圆”的信号；方形脸也不宜佩戴圆形和方形耳环，因为圆形和方形并置，在对比之下，方形更方，圆形更圆。

3. 项链

项链也是受女性青睐的主要首饰之一。它的种类很多，大致可分为金属项链和珠宝项链两大系列。佩戴项链应和自己的年龄及体型协调。比如，脖子细长的女士佩戴仿丝链，更显玲珑娇美；马鞭链粗实成熟，适合年龄较大的女士选用。佩戴项链也应和服装相呼应。比如，身着柔软、飘逸的丝绸衣衫时，宜佩戴精致、细巧的项链，显得妩媚动人；穿单色或素色服装时，宜佩戴色泽鲜明的项链，这样，在首饰的点缀下，服装色彩可显得丰富、活跃。

4. 胸针

胸针适合女性一年四季佩戴。佩戴胸针应因季节、服装的不同而变化,胸针应戴在第一粒与第二粒纽扣之间的平行位置上。

5. 围巾

巧用围巾,特别是丝巾,会收到非常好的装饰效果。

➢ 练习题 ➣

一、思考题

1. 推销有哪些基本礼仪?
2. 交谈中的倾听有哪些技巧?
3. 拒绝顾客的方法有哪些?
4. 着装时应该注意哪些事项?

二、实训题

与顾客的第一次见面在推销过程中显得尤为重要,"好的开始等于成功了一半"。假如你是一名推销人员,请模拟与顾客第一次见面时的情形,需要做哪些准备工作?

第三篇

推销流程篇

第六章

寻找顾客

引例

对于住宅防盗报警设备来说,有两个潜在的、独立的市场。

第一个是已入住小区的业主,这实际上包含了电话簿上的每一个人。但是,这并不是最好的名单,因为你不清楚哪一家已经安装了报警系统,哪一家准备购买报警系统。虽然这是不错的潜在顾客名单,但不是个好的起步,因为这个清单包括的范围太广了。

第二个是新建住房市场,当然,每个销售报警系统的人也都想到了这个市场。你也许会想:“好,我不能太晚进入这个市场。我如何尽早发现这些人?”建设住房需要获得房地产管理部门的许可,这是公开的信息,所以只要去房地产登记部门做些调查就可以了。然而,即使你确实发现了一些潜在的市场,你依然会遇到许多竞争。

[问题] 你如何获得潜在顾客?如何接近这些人?

第一节　潜在顾客的含义与来源

推销过程的第一步就是寻找潜在顾客,推销人员的任务之一也在于寻找可能买主并成功实施推销。因此,有效地确定推销对象,是成功推销的基本前提。

一、潜在顾客的含义

所谓潜在顾客,是指既因购买某种产品或服务而受益,同时又具有购买这种产品或服务能力的个人或组织。一个合格的潜在顾客必须具备三个基本条件:第一,购买产品或服务的个人或组织确实需要这样的产品或服务,能从产品的消费中受益,或者该产品或服务能够为购买者解决某一方面的实际问题;第二,潜在顾客必须具备购买该产品或服务的支付能力;第三,潜在顾客必须有购买权或得到授权,具有产品生产者、种类和具体型号等方面的选择权。因而,潜在顾客是某种产品或服务的潜在购买者,是某种产品或服务的可能市场或买主。

二、潜在顾客的来源

潜在顾客的来源因所推销商品和服务的种类不同而有所不同。有些商品的顾客来源很多，有些却极少；有些潜在顾客的来源途径经常变化，有些却始终保持相对稳定。管道公司的推销人员需要广泛接触每个城市的市政建设公司、自来水公司、煤气公司，从电话簿上就可找到它们的相关信息；而人寿保险的推销人员可能需要利用自己的人际关系或客户的推荐；药品推销人员则必须关注每个地方的医院、药店的发展变化情况。根据我国的具体情况，推销人员可能获取潜在顾客的信息来源途径如图 6-1 所示。

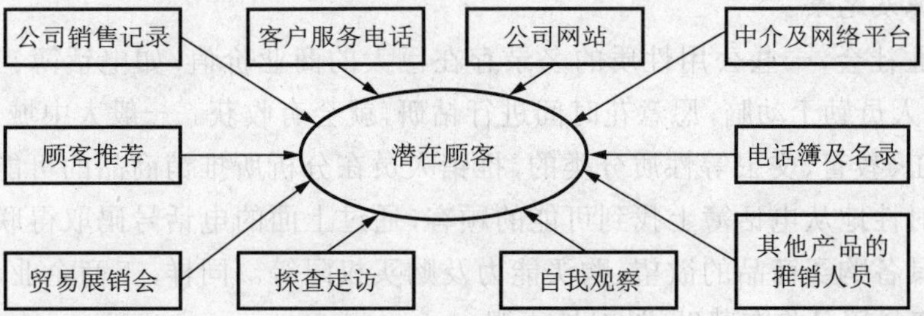

图 6-1 潜在顾客的来源

（一）内部来源

企业内部的营销信息系统中可能就有很多有助于推销人员确认潜在顾客的信息资料，对于一个初出茅庐的新手来说，从企业内部开始寻找潜在顾客不失为明智之举。企业内部资料主要包括以下几个方面：

1. 公司销售记录

推销人员首先应检查公司的各种原始记录，列出一个在过去五年内停止向公司订货的客户清单，分析这些客户流失的原因——或许是由于公司的推销人员停止了对他们的访问，或许是由于该市场的推销人员走马换将，业务关系也随着某个推销人员的离去而中止。不管是什么原因，推销人员都可以通过打电话来了解他们的现状，或许能从中发现若干潜在的客户，让他们重新回到公司的客户名单中来。

2. 客户服务电话

客户服务电话除接受现有客户对公司产品的使用查询、申请服务、投诉外，也对其他非客户公布，还可作为公司的咨询电话，从而成为掌握潜在顾客的一种信息来源。

3. 公司网站

随着互联网的普及，很多公司看到了它的商业价值，竞相开办网站。网站本身也许并不能赚钱，但从中却能获得许多只有依靠商业手段才能取得的效果。网站就是一家公司的窗户，里面包含公司的历史、产品、价格、订购方式、付款方式、服务承诺、联系方式等方面的信息，必然能够吸引对公司及其产品感兴趣的人。通过对网络浏览器的统计查询也可能发现潜在顾客。

（二）外部来源

企业内部资料的获取相对容易且成本低，可以及时地反馈给一线的推销人员。但仅仅依靠内部资料是不够的，很多情况下，推销人员都需要进一步从企业外部去获取更及时、准确的潜在顾客的信息。潜在顾客的外部来源主要包括以下几个方面：

1. 顾客推荐

现有顾客不仅提供利润来源，甚至还可能带来潜在顾客，其前提是推销人员实施的是解决问题的导向型推销，真正帮助顾客解决了他们所面临的问题，已经赢得了现有顾客的信任，与其建立起了较为稳固的关系。满意的顾客会推荐他所熟悉和认识的可能客户，不断地充实潜在顾客名单，帮助推销人员扩大客户源。

2. 电话簿及名录

现代商业社会，一些公用性质的名录存在巨大的商业价值，如电话簿、工商企业名录等，只要推销人员勤于动脑，愿意花时间进行钻研，就会有收获。一般大中城市的电话簿都是按党、政、工、教育、文卫等性质分类的，推销人员在分析所推销商品的可能适用对象后，就可以有针对性地从电话簿上找到可能的顾客，通过上面的电话号码取得联系或走访，确定对方是否具备购买商品的欲望、购买能力及购买权限等。同样，工商企业名录对推销人员推销生产资料用品将有帮助，针对性更强。

3. 贸易展销会

我国现在有很多规模不等的贸易展销会。通过参展、办展，不但能现场销售一些商品，还能扩大宣传和影响，激发潜在顾客的兴趣，为确定潜在顾客提供线索，为将来的推销走访缩小范围。

4. 探查走访

对于一个没有任何经验的推销人员来说，探查走访可能是唯一的寻找潜在顾客的途径，也可能是最不成功、最不经济的办法。探查走访需要勇气、意志力，也需要付出时间和努力，经过如此磨炼，推销人员会琢磨出寻找潜在顾客的更好方法。

5. 自我观察

推销人员要善于观察，并把观察结果记录下来，经过推敲，找到潜在顾客的“影子”。例如，牛奶推销人员要注意观察城市中小学校有无课间加餐的习惯，对于学生而言既方便又卫生的食品是什么，加餐是个人行为还是学校统一行为，等等。连续观察几所学校后，推销人员肯定会有所收获：已经统一购买食品的学校有哪些，哪些学校是学生自主选择食品，等等。由此，潜在顾客便已出现。

6. 其他产品的推销人员

虽然同是推销人员，但所推销的商品并不一定相同。只要不是竞争性的商品，推销人员彼此之间就存在一定合作的可能，有些甚至还可以“取长补短”，为对方提供潜在顾客的信息来源，共求发展。

7. 中介及网络平台

来到不太熟悉的市场区域或者寻找关键客户时，比较省时省力的方法是请当地的咨询或者中介公司帮助获取新客户的名单。同时,随着互联网的快速发展,越来越多的企业在网络上搭建平台进行双边交易、三方交易等,以求实现买卖双方之间的快速连接。

以上只是一般性地介绍了寻找客源的可能路径和方法。掌握顾客资源的多少,关键取决于推销人员信息素养的高低。所谓信息素养,是指一种查找信息、利用信息以及解决信息问题的能力。一个有信息素养的人,不仅能够确定何时需要信息,而且具有检索、评价和有效利用信息的能力及修养。推销工作与信息技术的应用紧密相关,因此信息素养已经成为推销人员生存与发展不可缺少的基本技能。

三、寻找潜在顾客的方法

不同的信息源为推销人员寻找潜在顾客提供了多种渠道和机会,但在实际工作中,推销人员还需要借助一些工作方法发掘上述机会,寻找潜在顾客。

(一)普遍访问法

普遍访问法也称地毯式访问法,是指推销人员在对推销对象的情况一无所知或了解较少时,挨家挨户直接走访某一特定区域内的所有个人或组织,以寻找潜在顾客的方法。通过这种广泛搜寻的途径,可以捕捉到一定数量的潜在顾客。这一方法的理论依据是平均法则,即潜在顾客的数量与走访的人数成正比。换句话说,潜在顾客是平均地分布于人群之中的,要想获得更多的潜在顾客,就得访问更多的人。

地毯式访问法比较形象地说明了推销人员寻找潜在顾客的过程,就像家庭主妇整理家务时清理地毯一样逐一检查。采用该方法要求推销品必须具有广泛的适用性,即许多人都存在着对这种推销品的需求。如果需求人数极少,运用这种方法往往事倍功半。为了更好地利用这种方法,在访问之前一定要进行必要的接近研究,找到一块最适合的"地毯",即划定走访的范围。例如,一次性尿布的推销人员确定的"地毯"可能是医院、保健所等;某种特效洗衣粉的推销人员确定的"地毯"可能是某一社区的居民或宾馆、饭店的客服部。

地毯式访问法的优点是:① 一方面可寻找顾客,另一方面可借机进行市场调查,了解顾客对其他商品的需求情况;② 可以对整个"地毯"及相关地区产生较大的影响,形成有利于企业的整体印象;③ 有利于培养和锻炼初涉推销领域的人员;④ 可以争取到更多的新顾客。

地毯式访问法的缺点是:① 需要花费大量的时间和精力,盲目性较大;② 突然走访,往往遭到冷遇;③"地毯"与"地毯"之间是相互联系和影响的,某块"地毯"访问的失败会导致全局的失败。

(二)链式引荐法

链式引荐法也称无限连锁介绍法,实质上是一种顾客推荐的方法,它是指那些已经对推销人员有信任感的满意客户为推销人员引荐可能购买同种商品或服务的潜在顾客。

作为推销人员,必须从现有顾客这一环去联系潜在顾客的下一环,不断循环往复,扩大推销人员与潜在顾客之间的联系面,使推销人员所掌握的潜在顾客得到扩充、发展和更新。因此，链式引荐法的关键在于推销人员取信于第一个顾客，并请求其引荐其余的顾客，由此发展更多的顾客，最终形成无限扩大的“顾客链”。要使这样的“顾客链”长久地运转下去，推销人员必须不断地向链传动系统增添“润滑油”，维持各个链条之间的正常运行，避免在某个环节上卡死。通过关系链的传动，推销品能够畅通无阻地进入顾客手中。这里所说的“润滑油”即推销人员对顾客进行的感情投资，一定要取信于现有顾客，使顾客通过对推销品的使用获得某种实实在在的利益或解决实际问题，使顾客真正满意，在此基础上才可能从现有顾客那里获得源源不断的新顾客名单。

链式引荐法是扩充潜在顾客资源的最有成效的方法，它比普遍访问法效率高而且可靠，但在运用中千万不要问顾客这样的问题：“您还知道可能使用我们产品的其他人吗？”这种询问方法可能使顾客感到很唐突，因为一般极少有人考虑是否还有其他人会做出同样的购买行为。与之相反，推销人员应问：“您的朋友中有没有对我们卖给您的产品感兴趣的？”其实，顾客并非不愿引荐，只是担心推销人员的推销活动破坏了他们之间的友谊，也不愿意为这些琐碎的事情而烦恼。因此，要尽量打消顾客的疑虑，告诉他只需要他给朋友打个电话，如果朋友不感兴趣，就此作罢，绝不会影响对方的一切；如果他们有兴趣，将提供给他们同样专业的服务。如此，在轻松的氛围中，推销人员就增加了一些新的潜在顾客。

采用链式引荐法可以避免推销人员主观判断潜在顾客的盲目性，有利于取得潜在顾客的信任，推销访问的成功率较高。不足之处在于：由于潜在顾客要依靠现有顾客引荐，所以事先难以制订完整的推销访问计划；由于寻找潜在顾客受到现有顾客的钳制，可能使整个推销工作处于被动状态。

链式引荐法在寻找无形商品，如投资、金融、保险等的可能买主时尤其适合，因为在服务领域，信誉与友谊显得特别重要。但从使用范围来说，工业品更多地使用这种方法寻找潜在用户，因为同类型的工业品用户之间通常较为熟悉，且具备广泛的联系。

（三）中心开花法

中心开花法是指推销人员在某一特定的推销区域发掘一批具有影响力和号召力的核心人物，并且利用这些核心人物的影响作用在该区域寻找可能的买主。推销人员所物色的核心人物群体可以是现有顾客，也可以是推销人员愿意合作的朋友。

中心开花法实际上也是一种链式引荐法，只是中心开花法是利用核心人物的链式关系来扩大其顾客群，而不是一般的现有顾客。因此，中心开花法的关键是找出核心人物，并极力说服这些核心人物，在取得他们的信任与支持后，就有可能利用他们的影响力、权威或示范效应，去带动一大批购买者。这些核心人物必须是圈子内有影响力、号召力和具有权威的人，能对所属群体的人起到示范效应与带头作用，能施加有形与无形的影响。例如，推销教研参考书最好找教师这样的核心人物，在得到教师的首肯后，推销的书籍也就有了大量的潜在顾客——教师的学生。

中心开花法的优点是：推销人员只需集中精力做核心人物的工作，可以提高效率；利用核心人物的影响作用，可以扩大商品知名度。中心开花法的缺点是：推销人员需反复地向核心人物做细致的说服工作；核心人物的寻找与确定较困难。

中心开花法主要适合旅游、金融、保险等无形商品以及时尚性较强的商品。

案例 6-1

某书商手头积压了一批书卖不出去，眼看就要亏本了。情急之下，书商想了一个点子——给总统送去一本，并频频联系其征求意见，忙得不可开交的总统就随便回了一句："这书不错！"这一来书商如获至宝，立即大做宣传："现有总统喜爱的书出售。"还把总统说的"这书不错"四个字印在封面上。于是，书商手头的书一夜之间被抢购一空。

不久，书商手头又有一批书，他照方抓药，又给总统送去一本。总统有了上次的教训，想借机奚落一番，就在送来的书上写道："这书糟透了。"书商又大肆宣传说："现有总统讨厌的书出售。"人们出于好奇又争相抢购，这批书很快也全部卖光。

第三次，书商再次把书送给总统时，总统有了前两次被利用的教训，干脆紧闭金口，不理不睬。然而，没想到的是，这次书商还有话说，这次他的宣传语是："现有令总统难以下结论的书，欲购从速。"结果，这批书还是被抢购一空。

[问题] 书商运用什么方法为图书找到了顾客？

（四）个人观察法

个人观察法也称直观法或视听法，是指推销人员根据自身对周围环境的直接观察、判断、研究和分析，寻找潜在顾客的方法。这是一种寻找潜在顾客的最古老、最基本的方法。

个人观察法的关键在于培养推销人员的灵感和洞察力。推销人员应具备良好的观察能力与分析能力，善于从报纸杂志、广播电视和周围人的言谈举止中去搜寻潜在顾客。事实上，潜在顾客无处不在，只要"睁大眼睛""竖起耳朵"留心周围发生的一切，并善于分析，多向自己问为什么，就能寻找到可能的买主。例如，你是旅游公司的员工，当你得知某处的自然旅游资源被电视台首次报道时，你"嗅"到了什么？某一个街区被电力管理部门告知在 24 小时之内要停电检修，你是杂货推销人员，又有什么反应呢？ 7 月初，各大中小学开始放假了，你是运输公司的推销人员，首先意识到的是什么呢？国家法定节假日时间的更改，又会提供哪些新的机会？

个人观察法的优点主要是：可以使推销人员直接面对市场与社会，有利于培养和提高自身的才干；可以使推销人员扩大视野，养成良好的思维习惯，积累推销经验，提高推销能力。个人观察法的缺点主要是：由于受到个人知识、经验和能力的限制，失败率较高，容易挫伤推销人员的积极性；往往只能观察到一些表面现象，甚至可能受表面现象的迷惑。

（五）委托寻访法

委托寻访法就是推销人员委托有关人员寻找顾客的方法，即企业的推销人员雇用一些推销助手寻找顾客，自己则集中精力从事实际的推销活动。

在实际运用委托寻访法时，推销助手通常以市场调查或免费提供服务等名义对可能性比较大的区域发动地毯式访问，一旦发现潜在顾客，立即通知推销人员安排正式访问。有些推销人员也委托企业外的人员来寻找顾客，如办公楼的门卫或电梯员被雇用为房地产公司的助手。通常，这些人员都不是企业聘用的，而是推销人员委托的，他们能自然而然地接触到需要购买推销人员商品或服务的人，所获报酬依据提供信息后达成生意的多少来支付。

委托寻访法的优点是：可以使推销人员把更多的时间和精力集中在有效的推销工作上，避免大量的时间浪费和金钱耗费；可以使推销人员获得有效的推销信息，及时开拓新的推销区域；可以借助推销助手在当地的渗透力，扩大商品的社会影响。委托寻访法的缺点是：推销助手的人选确定较为困难；推销人员处于被动状态，其绩效往往取决于推销助手的合作程度；推销助手不是企业的人员，无法加以控制，这些人也可能同时为其他同类竞争品服务。

案例 6-2

乔·吉拉德是世界上最伟大的推销员之一，他连续 12 年荣登吉尼斯世界纪录大全世界销售第一的宝座，他所保持的世界汽车销售纪录——连续 12 年平均每天销售 6 辆汽车——至今无人打破。

吉拉德认为干推销这一行需要别人的帮助。他的很多生意都是“猎犬”（那些会让别人到他那里买东西的顾客）帮助的结果。吉拉德有一句名言：“买过我汽车的顾客都会帮我推销。”在生意成交之后，吉拉德总是把一叠名片和猎犬计划的说明书交给顾客，使顾客了解到如果他介绍别人来买车，成交之后每辆车他会得到 25 美元酬劳。

几天之后，吉拉德会寄给顾客一叠名片和感谢卡，以后每年也都会寄出一封附有猎犬计划的信件，提醒顾客承诺仍然有效。如果发现顾客是一位领导者，吉拉德会更加努力地促成交易并设法让其成为“猎犬”。

实施猎犬计划的关键是守信用，一定要付给顾客 25 美元。吉拉德的原则是宁可错付 50 个人，也不漏付一个该付的人。猎犬计划使吉拉德的收益很大。

1976 年，猎犬计划为吉拉德带来了 150 笔生意，约占交易额的 1/3。吉拉德付出了 1 400 美元的费用，得到了 65 000 美元的佣金。

[问题] 乔·吉拉德采用了什么样的方式寻找潜在顾客？你认为采用这种方式应注意什么？

（六）文案调查法

文案调查法是指通过收集整理现有的文献资料，以寻找可能买主的方法。这种寻找潜在顾客的方法实际上是一种市场调查方法，着重于现成资料（或称为二手资料）的收集、整理及分析。

二手资料依据其来源，可分为内部资料与外部资料。内部资料是指由企业营销信息系统所提供的反映企业内部经营状况方面的资料；外部资料是指由企业外部有关机构所保存的资料，如各级政府机构公布或出版的统计资料、年鉴、报纸、杂志，图书馆、信息中心、行业协会、调研机构的资料等。企业应建立市场营销信息系统，不断地输入和更新内部与外部信息，以便包括推销人员在内的各种人员查询使用。

文案调查法具有以下优点：① 有助于减少推销工作的盲目性；② 能够节省寻找顾客的时间；③ 可以减轻推销人员拜访和市场调查工作量，从而节省推销费用。此外，文案调查不但可以找到线索，而且可以进行接近顾客前的准备工作。然而，文案调查法也有其无法避免的缺点：① 文案调查取得的文字资料时效性有限，难以把握市场动态；② 现代社会处于"信息爆炸"状态，推销人员常常不知从何处开始查阅；③ 并不是所有的推销人员希望获得的信息都能通过文案调查得到。

（七）网络搜寻法

网络搜寻法是指推销人员运用各种现代信息技术和互联网通信平台来搜索潜在顾客的方法，是信息时代的一种非常重要和常用的寻找顾客的方法。随着电子商务活动的日益频繁，网络推销日益盛行，推销人员可以通过大型搜索引擎（百度、谷歌等）和专业交易平台（阿里巴巴等），以及相关的 B2B 网站和行业论坛，用关键词和目录查询，发现大量的潜在顾客。

网络搜寻法的优点是：信息量大、检索功能强，可以从各种网站获得全面的潜在顾客资料。网络搜寻法的缺点是：某些企业或组织出于信息安全考虑，往往不把重要信息公布在网上；网络环境的虚拟性使其缺乏保证信息真实性的机制，从而不能保证潜在顾客信息的真实及可靠。

在使用网络搜寻法时，应注意关键词的设计，以保证全面准确地获得潜在顾客的信息；应确认信息来源，并做记录和审核，确保信息的真实性；应尽可能在多个网站搜索，多方面获得顾客信息。

网络搜寻法的另一项重要内容是通过建立企业网站来吸引眼球，通过对浏览网站人员的统计筛选来确定潜在顾客。企业网站的设计内容通常包括公司的历史、产品、产品使用方法、产品价格、订货方式、售后服务及联系方式等。顾客通过浏览网页，对公司及其产品有了初步了解，可能会产生兴趣。网站在设计上要贯穿顾客导向的理念，最大限度地方便浏览者，创造性地利用文字、图片、声音及视频等吸引潜在顾客，通过促销活动、参与答题、抽奖等刺激手段增加浏览量。网站的统计分析功能十分重要，要能够自动地对浏览者进行分类、分级及确定潜在顾客。

四、确定寻找潜在顾客的最佳方案

潜在顾客的寻找永远没有固定不变的模式和程序，也不存在适合所有情形的最理想方法，推销人员应该系统地学习寻找潜在顾客的各种方法，并把各种方法与推销对象、推销品结合起来，灵活选择和运用。具体选用时，应该注意以下问题：

(一)选择的方法应当适合自己

每一种方法都有其有效性,可能只适合某些推销人员。推销人员刚刚步入推销生涯时,不妨尝试一下所有寻找潜在顾客的方法,并做相应记录,以考察各种方法的有效性,从中发现寻找潜在顾客的最佳方法。

(二)各种方法配合使用

寻找潜在顾客的方法各有所长,在可能的情况下应将各种方法并用,相互补充,扬长避短,以取得较好的效果。

(三)在推销工作的全程中寻找潜在顾客

潜在顾客的寻找与接近、洽谈、成交、服务等环节并不是截然分开的,一些潜在顾客也许是推销人员在与另一些顾客洽谈、成交或服务的过程中获知的。推销人员应该时刻不忘寻找潜在顾客,及时做记录,经过审查合格的潜在顾客就可正式列入潜在顾客名单。

(四)分清重点,渐次推进

首先将重点集中在购买潜力大的潜在顾客身上,之后再去拜访购买潜力相对较小的潜在顾客。

(五)不断探寻,永不放弃

随着新产品的推出,推销人员不要把业务仅仅局限在现有顾客的身上,应经常打电话给以前并未购买过商品的潜在顾客。一个人或组织不购买与其需求不相适应的现有产品,但并不意味着不需要新产品。

(六)培养自身的职业敏感性

不管用哪种方法寻找潜在顾客,推销人员都应该有一个高度灵敏的“嗅觉”,时刻感觉和发现潜在顾客的需求所在,善于分析、推理和判断,勤记勤思,从而准确地定位潜在买主。

案例 6-3

张先生刚从某大学市场营销专业毕业,被一家汽车服务公司雇用。在销售会议上,销售部王经理表达了对新入职的推销员的殷切期望,同时也给这些新手布置了其职业生涯的第一项任务。

王经理:在我讲的过程中,如果有什么不明白的,请直接提问。你们的第一项任务是推销本公司的服务会员卡,每一张卡售价 200 元……

张先生:每一笔买卖我们可以拿到多少佣金?

王经理:每卖出一个会员卡,你可以拿到 15%,也就是 30 元。会员卡可以享有很多权利,包括旅游计划服务、免费洗车、获得汽油等,购买会员卡的人还可以低价购买汽车保险和人寿保险。推销保险会比销售会员卡带来更多的佣金,其数额取决于你所推销的保单。

张先生：换句话来说，真正的目标是借推销会员卡之机进一步推销保险？

王经理：不错。如果你完成了会员卡和保险的销售任务，你还可以获得红利。

张先生：我如何找到需要汽车服务会员卡的潜在顾客呢？

王经理：那完全由你自己决定。我想说的是，寻找潜在顾客是你成功的关键。过去我们发现，每10位潜在顾客中只有3人可能与你面谈，最终仅有1人成交。

张先生：我们的费用可以报销吗？

王经理：每周你可以得到100元的预支费用，由你自己决定如何分配。

[问题]（1）如果你是张先生，你将把目标锁定在哪一个市场？

（2）你怎样寻找潜在顾客？

第二节 潜在顾客的认定

潜在顾客的认定就是对潜在顾客实施的筛选审查，即推销人员分析判断一个“线索”是否真是一位潜在顾客的全部活动过程。潜在顾客的认定并非与寻找潜在顾客截然分开，而是贯穿于寻找潜在顾客过程的始终。

一、顾客资格认定的作用

顾客资格认定是一个分析评价潜在顾客是否可能成为真正顾客的过程，即推销人员根据推销品的用途、价格及其他各个方面的特性，对掌握的“线索”进行全面分析和评价，把符合购买条件的“线索”列入潜在顾客名单中，把不符合购买条件的“线索”从名单中剔除。顾客资格认定主要包括顾客需求审查（need）、支付能力审查（money）、购买权限审查（authority），即MAN。顾客资格认定的作用主要表现在以下几个方面：

1. 通过顾客资格认定提高推销访问的成功率

“线索”要成为潜在顾客，还必须具备一定的条件。如果不加以区分就对“线索”进行访问，必然成功率低、推销效率差。通过初步的审查，避免或减少访问不可能成为潜在顾客的“线索”，有利于提高访问的成功率。

2. 通过顾客资格认定节省推销访问的费用

少访问或不访问一些“线索”，必然节省各种费用开支，如车旅费、访问费、管理费等。

3. 通过顾客资格认定减少推销访问的时间

通过顾客资格认定，可以直接明确访问对象，不必在接近过程中再去摸索，不必对不具备购买能力的“线索”再花费时间，从而使推销人员的平均访问时间缩短、效率提高。

4. 通过顾客资格认定争取最可能的买主

摸清“线索”的大体情况后，推销人员可以有的放矢地实施推销策略，争取最可能的买主，避免把时间和精力平均分摊到各个“线索”上去，从而使推销工作更富有成效。

二、顾客需求审查

需求审查是顾客资格认定的一项重要内容，由推销人员考察“线索”是否确实需要推销品。顾客真正需要某种商品或服务，推销的产品能帮助顾客解决实际困难，使购销双方均获利，这种解决问题导向型的推销才是我们倡导的推销。

顾客需求审查应从以下几方面入手：

1. 分辨顾客是否需要推销品，即买主是否已经意识到购买某种产品的必要

例如，复印机的推销人员在对顾客进行推销访问前，必须首先弄清楚他有无购买复印机的需要。从现代市场营销理论出发，购买者只有在购买需求产生后，才会实现购买行为。杰出的推销人员应当仔细辨识顾客的需要及其程度。有些顾客的需要是显露的，直截了当地表达自己的需要，而且希望马上得到满足；有些顾客的需要却是潜在的，自身还未认识到对推销品的需求，推销人员应该采取必要的手段提示顾客，甚至创造需求。

2. 了解潜在顾客对推销品的品牌所持的态度

有的顾客会说，我压根儿就没有想过购买你们这个品牌的产品；也有人会说，我从未听说过你们这种牌子；还有人会说，我只想买你们品牌的产品。只有对此有所了解，才能明确潜在顾客是否会成为准顾客。

3. 分析判断潜在顾客为满足自身需要所能够接受的价格水平

购买欲望大的人可能会比购买欲望小的人愿意出更高的价格；高收入阶层的人或财大气粗的组织比低收入阶层的人或实力弱小的组织在付款上有更大的灵活性。此外，需要的紧急程度也影响购买价格和付款方式。

如果顾客在上述三个方面都表现出极大的消极性，则说明顾客没有需求，推销人员没有必要浪费时间；如果顾客处于中间状态，则值得一试；如果顾客处于积极状态，则是走访的重点对象，推销人员极有可能从他们那里获得订单。

三、顾客支付能力审查

在对顾客进行需求审查的基础上，应进一步审查顾客的货币支付能力，仅仅有需要但无力购买商品的潜在顾客不可能是真正的买主。

支付能力审查的内容包括组织的财务状况、个人的收入水平等能够反映购买者支付能力的有关指标。但这些指标都不会轻易公开，因而对潜在顾客支付能力进行审查存在一定的难度。尽管有着这样或那样的困难，推销人员仍可以通过一定途径从侧面了解潜在顾客的财务状况。例如，对企业支付能力进行审查时，如果是上市公司，可以通过媒体收集公司有关的财务指标，也可以通过政府或主管部门查询有关资料，还可以通过直接询问和观察判断其财务状况的好坏，并据此确认其是否具有购买能力；对个体购买者进行购买力审查时，主要通过询问、观察来判断。一般来说，购买力强的人，往往注重自身的衣食住行与社会地位及身份的协调。但是，切忌“以貌取人”“以服饰取人”，见面之初就轻易给对方的购买能力下结论，这样可能导致推销失误，甚至丧失绝好的推销机会。除此之外，还

需要对顾客的潜在购买能力进行审查，即使顾客不具有现实支付能力，也不意味着其将来不具备支付能力。如果顾客只是暂时缺乏资金，则推销人员可以在一段时间之后再进行拜访，鼓励顾客实施购买行为。

四、顾客购买权限审查

除了分析核实顾客对产品是否需要与购买能力如何以外，还需进一步审核顾客是否具备购买的决策权。购买权限审查即是调查研究推销对象的购买决策状况。因此，购买权限审查的日的就在于缩小推销对象的范围，避免盲目推销，提高推销工作的效率。

个体购买者市场与组织市场由于具有不同的特征，因而购买决策过程各不相同。对于个体购买者市场来说，推销对象可能是某个人或某一家庭，比较容易判断出购买决策者。但对于一些价值高、不经常购买且需冒一定风险的高档商品来说，购买决策权就很难判断了，家庭成员的意见或建议都可能影响购买决策，所以推销人员必须重视所有的家庭成员，并依据推销品的性质、类型、适用对象等，抓住关键的决策者进行推销。组织市场比个人市场更加复杂，影响购买决策的人员类型与数量更多，掌握购买决策者的意见就显得更加重要。组织市场购买带有很强的专业性，通常是理智型的采购，一般购买决策均由企业管理者做出，采购员的灵活性较少。例如，制造公司需要的原材料或零部件的采购决策通常由供应部门负责人做出，而日常办公用品的采购决策则由行政部门负责人做出。推销人员应深入调查了解企业的组织机构，为具体的推销品选好推销对象。

案例 6-4

下面是一位瓶装水推销人员对潜在顾客(中型注册会计师事务所)所做分析的一部分:

1. 这个客户线索是从哪里来的?客户线索能为我提供什么帮助?

   我所在新区域的电话簿。

   给我带来新观点、新思想。

2. 这个客户能在多大程度上做出购买决定?

   业务经理应该能做决定，试着见见他!

3. 他们为什么同意见我?

   业务经理在以前的工作中享受过瓶装水服务，现在希望将它引入这家公司。

4. 通过与我见面，潜在客户想达成什么目标?

   他们希望我为其提供足够的信息。

   说明我们的瓶装水服务值得付出这个价钱的理由，以便说服决策者购买。

[问题] 上述分析是从哪些方面帮助推销人员确定潜在顾客的?

五、建立顾客档案

（一）建立顾客档案的必要性

顾客档案包含有关潜在顾客的名称、电话、地址等基本情况，购买需求、购买愿望、购买偏好等消费行为信息，以及推销人员拜访顾客的日期、拜访后的印象等方面的信息。建立顾客档案对推销人员来说是非常重要的，它关系到推销人员的推销成功率和推销业绩。

1. 有助于推销人员抓住顾客

虽然推销人员寻找潜在顾客的途径、方法多种多样，但如果没有将信息资料及时记录下来并建立起相应的顾客档案，有时会导致失去顾客。因此，有经验的推销人员经常把潜在顾客的相关信息记录下来，并根据顾客的重要程度、计划的拜访时间进行合理排列，制成一份名单，以防遗忘。

2. 有助于推销人员制订合理的拜访计划

推销人员在与顾客进行推销洽谈之前，需要制订一份严密的推销计划，包括分析和研究顾客的具体需要，确定合适的接触途径和方法，选择合适的谈话主题。顾客档案对于制订这样的推销计划很有帮助，从而提高推销工作的成功率。

3. 有助于推销人员安排好拜访日程

面对众多的潜在顾客，推销人员应通过对顾客档案资料的评估，将顾客区分为主要和普通等若干级别，这样可使推销工作的先后次序清晰化。在对潜在顾客进行第一次拜访之后，推销人员应将在拜访中获得的信息补充到顾客档案中，并再次对顾客等级进行评估，调整其次序。

案例 6-5

乔·吉拉德说，不论你推销的是什么东西，最有效的办法就是让顾客相信——真心地相信你喜欢他，关心他。如果顾客对你抱有好感，你成交的希望就增加了。要使顾客相信你喜欢他、关心他，就必须了解顾客，收集顾客的各种资料。

吉拉德中肯地指出，如果你想要把东西卖给某人，你就应该尽自己的努力去收集他与你的生意有关的情报。如果你每天肯花一点时间来了解自己的顾客，做好准备，铺平道路，那么你就不愁没有自己的顾客。

吉拉德认为，推销员应该像一台机器，具有录音机和电脑的功能，在和顾客交往的过程中将顾客说的所有情况都记录下来，从中把握一些有用的材料。在建立卡片档案时，要记下有关顾客和潜在顾客的所有资料，包括他们的孩子、嗜好、学历、职务、成就、旅行过的地方、年龄、文化背景及其他任何与他们有关的事情，这些都是有用的推销情报。所有这些资料都有助于接近顾客和有效地与顾客讨论问题。有了这些材料，推销员就知道顾客喜欢什么、不喜欢什么，从而提高成交的可能。

［问题］顾客档案应该包含哪些内容？

（二）顾客档案资料的建立

1. 潜在顾客档案

推销人员可以将长期积累的顾客信息资料按照时间顺序分为三大类，即现有顾客、过去顾客、将来顾客。对每类顾客资料都进行详细分析，力求从中发现销售机会。

2. 顾客资料卡

在对顾客进行情况分析的基础上，推销人员还应为每一个经过鉴定的顾客制作详细的资料卡。对卡片上的有关内容进行充分的调查和了解，以便将来在接近顾客和面谈时查找，使产品推销工作系统化、表格化，进一步提高推销工作效率。顾客资料卡如表6-1所示。

表6-1　顾客资料卡

顾客姓名		性　别		住　址	
职　业		年　龄		性格特征	
学　历			年均收入		
购买商品			购买日期		
付款方式					
备　注					

3. 顾客等级评估卡

在顾客资料卡的基础上，推销人员可以根据有关标准将潜在顾客分为不同级别，从而对顾客进行有针对性的管理和重点推销。分级的具体标准可以根据不同行业的具体情况来制定，如顾客规模大小、购买能力大小、信用高低、购买概率高低、距离远近、可能长期合作与否等。通过顾客分类，可以使推销人员的日常推销工作计划化、程序化、条例化、系统化，有助于他们开展重点推销和目标管理，保证以较小的推销投入量取得较大的推销业绩。顾客等级评估卡具体分级内容如表6-2所示。

表6-2　顾客等级评估卡

项目等级	具备潜在顾客要求条件的程度	计划访问次数	计划购买产品的时间	计划购买产品的数量
A	具备完整购买条件	1周访问1～2次	当月购买	
B	未具备完整购买条件，但有访问价值	隔周访问1次	2～3个月内购买	
C	尚不具备完整购买条件，但偶尔可以访问	每月访问1次	半年内购买	
D	尚不具备完整购买条件，但长远看有一定开拓潜力	顺访或电访	1年内购买	

4. 顾客情况综合评价卡

在后期的产品推销业务中，推销人员根据顾客的相关资料卡可随时掌握顾客购买本企业产品的情况、订货时间、订货次数，并将顾客的有关资料进行汇总和分析，形成顾客情况综合评价卡，从而掌握产品推销业务的成长状况。

借助于顾客情况综合评价卡，推销人员能够统计各类顾客购买额的比例，发掘顾客的潜在购买能力；依次分析与每位顾客每笔交易所花费的推销费用，从而了解推销费用占产品总推销额的合理比例，以此衡量以后推销业务的投入水平与产出效益。同时，顾客情况综合评价卡还有助于推销人员发现推销中的问题并提出改进措施。顾客情况综合评价卡如表 6-3 所示。

表 6-3　顾客情况综合评价卡

序　号	顾客评比资料	评　语	存在问题	改进方法
1	顾客基本情况			
2	每次订购产品的数量			
3	每年订购产品的次数			
4	占公司推销额的比例			
5	推销费用水平			
6	货款回收情况			
7	顾客对本公司的评价			
8	顾客对推销业务的支持程度			
9	访问计划			
10	延迟交货情况			

练习题

一、思考题

1. 什么是潜在顾客？什么是线索？如何区分两者？

2. 潜在顾客主要可通过哪些途径寻找？

3. 如何最大限度地扩充潜在顾客？

4. 什么叫顾客资格认定？其意义何在？

5. 如何对潜在顾客进行认定？

6. 什么叫普遍访问法？它适合什么样的情形？

7. 链式引荐法与中心开花法都可归类为关系网编织法，你认同这种说法吗？为什么？

8. 链式引荐法的基本原理是什么？

9. 推销人员应如何建立和维护客户关系网？

10. 有人认为存在一个寻找潜在顾客的最佳方案，你同意这种说法吗？

二、案例分析题

王强是大学三年级的学生，他在枫叶健身俱乐部做暑期工，主要工作是推销会员证。枫叶健身俱乐部提供羽毛球、保龄球和台球场地，室内和室外的网球场地，设备齐全的健身房，游泳池，蒸汽桑拿浴，更衣室，餐厅和酒吧，停车场，购物中心等多方位服务。会员证每人每年1 800元,双人每年3 200元,家庭每年5 000元。王强希望通过这份工作来挣下学期的学费。下面是王强与俱乐部经理朱丽有关这份工作的谈话。

朱丽:好了,我已经把有关俱乐部以及会员证的情况都告诉你了。我给你足够的会员证表格和俱乐部简介。你的报酬是从会员证的销售额中提取10%的佣金。如果每天卖出一个会员证的话,那么你一月就可以挣5 000元。

王强:我自己负担自己的开销吗?

朱丽:对!你自己负担各种开销。不过你可以使用俱乐部的设备,包括我们的电话和电脑。

王强:那么,我的工作从哪里开始呢?

朱丽:这是你自己的事。不过,最重要的是与尽可能多的人保持联系。10个人中可能有8个人对健身不感兴趣,1个人已经参加了其他健身俱乐部,所以真正属于你的潜在顾客也许10个人中只有1个。

问题:(1)请你为王强提供几个寻找俱乐部会员的好办法。

(2)王强在与潜在顾客接触前应做哪些准备工作?

三、实训题

1. 实训目的

了解寻找顾客的原则、必要性,熟悉寻找顾客的常见方法以及准顾客应具备的条件等理论知识;根据推销品的特征,完成推销准备的文案工作;灵活运用寻找顾客的主要方法,尽可能多地寻找潜在顾客,并对其进行顾客资格鉴定。

2. 实训内容

(1)准备一种生活日用品,以备推销实践之用。

(2)寻找顾客。

3. 实训方法、步骤

(1)教师可向学生提供有关寻找顾客的基本案例资料,并以小组为单位对案例进行分析,回答问题。各小组选出代表,在班内进行交流。教师最后进行总结,选出范例。

(2)以推销某种生活日用品为例,进行模拟实训,并写出文案。要求:

① 能够根据推销品的特征认真分析,准确地提出潜在顾客的基本条件。

② 灵活运用所学方法寻找潜在顾客。

③ 对顾客资格进行初步鉴定,确定目标顾客。

④ 建立自己的顾客档案。

4. 考核办法

以小组为单位进行交流,小组评选出较好者,班内评选出优秀者,由教师点评。

第七章

推销接近

引 例

小刘是营销专业的大学毕业生，刚进入某公司从事财务软件销售工作。两周的产品培训后，小刘开始了本地企业市场的开拓工作。一个星期中，小刘马不停蹄地拜访了200家企业，但几乎没有销售成果。小刘很沮丧，他带着疑问，向曾教自己推销学的李老师请教。以下是他们之间的对话：

李老师：你这星期拜访了多少顾客？

小刘：新进公司，我手上没有多少顾客资料，公司划定了区域，我基本上就是"扫街"，跑了200多家企业，我很努力，但效果不好，是不是还是跑得太少了？

李老师：让我们来计算一下，你平均每小时拜访5个客户，平均与每个客户的接触时间是12分钟，这还没有减去交通时间，实际接触时间应该连一半都不到吧？

小刘：是这样啊！我一般进了公司，找到财务部，就问一下是否需要财务软件。他们有的说暂时用不上，有的说已经有了，我实在不知道还应该说什么，就只好出来了。

李老师：也就是说，你其实根本就没有向他们演示过你的产品了？

小刘：是啊！我以前实习的时候都是和日用品消费者或公司销售部打交道，和公司的财务部打交道，这还是第一次。

李老师：这不仅仅是经验的问题。我给你提几个问题，你考虑一下：第一，财务软件的购买决策人一般是公司的什么人？他们有什么特点？你根据这些特点做过准备吗？第二，各个公司购买财务软件的动机是一样的吗？第三，你拜访了这么多顾客，手中留下了多少客户资料？是不是拒绝了你的顾客都是没有价值的顾客了？

小刘：您的话提醒了我。我发现这些公司的财务部经理大多是30～50岁的女性，我没有与这个年龄段女性交流的经验，见了面除了产品都不知说什么好，觉得很尴尬，所以说两句就出来了，而且也没有收集客户资料，为进一步拜访做准备。

李老师：是啊，财务部是公司的重要部门，经理多是财务会计岗位出身，细心、对数据敏感、戒备心强、严格负责是他们的职业特点。能担任经理的人，其年龄、性别、收入、工作经历等方面有自身特点。再者，不同性质的企业对财务软件的需求程度是不同的。你没有做好准备，就去拜访这么多顾客，当然不受欢迎了！

[问题] 上述对话对你的启示是什么？

第一节 推销接近概述

推销接近是推销人员正式拜访顾客的第一步，是把推销引入洽谈的活动过程，成功推销的基础在于成功地接近推销对象。交易能否达成往往取决于首次面对面接近的几分钟。如果接近是有效的，就有机会过渡到洽谈；如果接近是失败的，将丧失推销陈述的机会，也就等于宣告本次推销访问的终结。推销接近主要包括接近准备、约见和正式接近三个阶段。

一、推销接近的含义与作用

在接近顾客时，推销人员的主要任务是简要地介绍自己，介绍自己所代表的企业的背景与概况，介绍推销品的特点等，以引起目标顾客的注意、好感和兴趣。同时，在接近过程中，推销人员要注意收集顾客的需要和意见，帮助顾客确定其购买需求，提出适当的购买建议，以满足顾客的需要。接近是一种双向沟通的过程，推销人员在向顾客输出推销信息的同时，顾客也向其反馈有关的购买信息。推销接近准备是指推销人员必须熟悉自己所推销的产品以及一切相关背景信息，并充分了解潜在目标顾客的真实需求。做好推销接近的作用如下：

（1）取得详尽的顾客资料和洽谈计划。推销人员在推销接近的准备和实施过程中，能够进一步鉴别目标顾客，避免盲目接近；能够更全面地了解顾客资料和个性特征，制订针对性的洽谈计划，同时增强自信，避免失误。

（2）为正式的推销洽谈铺平道路。推销人员通过与潜在目标顾客的推销接近过程，引起顾客对推销人员、企业、产品的注意、好感和兴趣，进而步入购买洽谈阶段，最终实现成交。

二、接近准备

接近准备是指推销人员在接近某一特定目标顾客前，进一步了解该顾客情况的过程。接近准备的主要目的是进一步审查目标顾客的资格，设计接近顾客的最佳方案，制订推销面谈计划，避免推销工作中出现严重失误，从而增强推销人员的信心。推销接近的准备工作主要有以下几个方面：

（一）企业知识和产品知识

推销人员在推销接近前，应对自己的企业知识和产品知识进行检查，看是否已经全面掌握，保证面对目标顾客时有问必答、准确流畅，赢得潜在目标顾客的信任。

（二）潜在目标顾客的情况

尽管在寻找潜在目标顾客时已经进行了顾客资格鉴定，对顾客的需求、购买力、决策权、信用等情况有了基本的了解，但是要进一步接近顾客，进行推销洽谈，就必须对他们的基本情况有更深入的了解。在实际推销过程中，推销接近的对象是潜在目标顾客，顾客又分个体准顾客和组织准顾客两大类。对个体准顾客应了解其姓名、籍贯、住址、职业、收入、家庭成员、需求等情况；对组织准顾客应了解其一般情况、生产经营情况、购买习惯和购买行为特点以及关键部门与关键人物等情况。

（三）物品准备

物品准备主要是指推销人员在接近潜在目标顾客时所需的各种资料、工具等方面的准备。在实际推销工作中，因推销品不同、顾客不同、访问目的不同，所需的辅助物品也不相同，一般物品准备应包括以下四个方面：

（1）产品目录、样品、幻灯片、视频资料、照片、效果图等，以便向顾客直接展示商品的实物形态，有助于吸引顾客的注意力，促使顾客直接感受产品。

（2）各种宣传材料，包括各种印刷广告、有关新闻剪报、说明书、价格表、检验报告、鉴定报告、营业执照等，以增强推销人员说服顾客的力度。

（3）各种票据、印章、合同文本，以便交易时尽快履行有关手续，不贻误时机。

（4）其他物品，如笔、记事本、名片、身份证、计算器等。

（四）心理准备

推销人员的工作就是要把没有购买计划的潜在目标顾客变成购买推销品的顾客，这的确是件很难办的事情。一位优秀的推销员曾经说过，在你还没有推销之前，推销的成败不在于商品的魅力，而在于推销人员本身的魅力。因此，推销人员在接触潜在目标顾客之前，必须做好充分的心理准备，即必须克服自卑感、羞怯感，对自我和推销品充满信心，以昂扬的斗志、顽强的精神、充沛的热情、最佳的精神状态接近顾客。

（五）仪表和礼仪的准备

推销人员要想推销商品，首先要推销自己。初次访问的第一印象直接影响顾客是否接纳推销人员和推销品，第一印象主要取决于推销人员的仪表和礼仪。推销人员的外表应干净整洁，服饰要得体。

案例 7-1

寿险推销员小李经老客户引荐，得知某公司经理王先生可能会购买寿险。他与王先生电话约好，中午12:30去他公司拜访。在此之前的1个小时中，小李应做怎样的接近准备呢？

小李做了以下准备：了解顾客的年龄、性别、职业、收入、受教育水平、兴趣爱好、家庭情况等；了解顾客公司经营内容、顾客负责部门的职责；了解顾客购买保险产品的经历;根据对顾客的一般性估计,选择了待推荐的几种产品以及产品说明书、合同书;准备个人名片、公司介绍资料、纸笔、计算器等;仪表保持规范整洁。

接近难度分析:① 与王经理初次见面,且是在午休时间,需要在短时间得到其信任才能推销产品;② 保险产品是无形产品,可能带给顾客的利益不易表现出来,特别是相对共性的产品要推销给需求个性化的顾客,难以引起顾客兴趣。

小李根据自己的专业知识和对顾客的充分了解,从顾客及其家庭的需求角度介绍产品,最终获得了王经理的信任和对产品的兴趣,进而购买了产品。

[问题] 该案例给你的启示是什么?

第二节 约见潜在目标顾客

推销人员在完成推销接近的准备工作以后,就可以进一步约见、接近潜在目标顾客。

一、约见的含义和重要性

所谓约见,是指推销人员事先征得潜在目标顾客同意,见面洽谈的行动过程。约见既是推销准备工作的延续,也是实施推销工作的开始。约见的意义体现在以下几个方面:

第一,有利于推销人员成功地接近潜在目标顾客,提高推销效率。约见既表示推销人员对潜在目标顾客的尊重,又可让顾客心中有数,安排合适的时间与推销人员见面。另外,约见还能避免推销人员扑空而浪费宝贵的时间。因此,事先约见,不仅能顺利、成功地接近顾客,还有利于推销人员合理地安排时间,提高推销效率。

第二,有利于推销人员顺利地开展推销洽谈。事先征得潜在目标顾客同意的约见,既体现了推销人员对顾客的尊重,又有利于顾客做好接待的准备工作。这样,当双方正式接触时,由于都是有备而来的,交谈的气氛会相对融洽,顾客也较容易接受推销人员,为推销面谈工作奠定了基础。

第三,有利于推销人员充分做好推销准备。推销人员事先约见潜在目标顾客,确定拜访的时间、地点等时,顾客可能做出种种反应。据此,推销人员对顾客的有关情况可以进行更深入的了解,有利于推销人员更充分地进行推销洽谈准备。

二、约见的内容

(一)约见的对象

虽然推销人员在约见潜在目标顾客之前已选定了访问对象,但在实际推销过程中往往会发现很难确定具体的访问对象,或无法直接约见访问对象。例如,不清楚谁是购买商品的最终决策者。因此,推销人员应注意以下问题:

(1) 尽量设法直接约见购买决策人以及其他对购买决策具有重大影响的人,避免在无关人员身上浪费时间。对于公司类潜在目标顾客而言,董事长、总经理等是决策者,他们拥有最终的决定权，是推销人员首选的约见对象，推销人员若能成功地约见这些决策者，将为以后在该公司里的推销铺平道路。

（2）要尊重接待人员或决策者周围的人。在尽力约见购买决策人的同时，也不要忽视那些对购买有影响力的人物，如总经理助理、秘书、办公室主任、部门经理等。这些人虽然没有最终购买决定权，但他们接近决策层，可以在公司中行使较大的权力，对决策者的决策活动有很大的影响。所以，推销人员绝对不可以怠慢、不尊重他们，而是要把他们当作同等重要甚至更加重要的"要人"，力争取得他们的合作与支持，使他们乐于帮助推销人员顺利约见购买决策者。

（二）约见的事由

推销约见的目的除了推销商品之外，还有进行市场调查、搜集信息、传递信息、反馈信息以及服务顾客等，所以应该根据推销活动的不同进展，确定每次约见的事由。约见的事由主要有：

（1）以认识推销对象、给对方留下一个好印象为目的，并约定下次会谈的时间。

（2）与顾客进行试探性接触，目的是进一步进行市场调查，完善洽谈前的准备工作。

（3）正式向约见对象推销商品。

（4）与顾客正式签订合同。

（5）向顾客提供咨询与售前、售中、售后等各种服务。

（6）收取货款或催促顾客偿还拖欠的货款。

（7）与顾客联络感情，加深交往。

（三）约见的时间

应该选择一个推销人员与潜在目标顾客双方都合适的时间，但应尽量替顾客着想，最好由其主动安排约见时间。推销人员应根据访问的对象、访问的目的、访问的方式以及访问的地点和路线的不同等确定一个最佳的访问时间。下面几种情况可能是推销人员最佳的拜访时间：

（1）顾客刚开张营业，正需要产品或服务的时候。

（2）顾客遇到喜事的时候，如晋升提拔、获得某种奖励等。

（3）顾客刚领到工资或增加工资级别，心情愉快的时候。

（4）节假日或者顾客厂庆纪念、大楼奠基、工程竣工之际。

（5）顾客遇到暂时困难，急需帮助的时候。

（6）顾客对原先的产品有意见，对你的竞争对手最不满意的时候。

（7）下雨、下雪的时候，因为在这样的环境下前往拜访往往会感动顾客。

当潜在目标顾客的时间倾向与推销人员的时间安排有矛盾时，应尽量迁就与尊重顾客的意愿。推销人员与潜在目标顾客确定约见时间后，应讲信用，准时赴约。不过在实际的推销活动中，由于不可预见的各种原因，约定的时间会受影响，但除非顾客要求变动，推销人员不应随意加以改变。

案例 7-2

据英国《金融时报》报道，加拿大心理学家、麦吉尔大学教授德比·莫斯考维茨曾做过一个有趣的研究，根据人的行为规律画出了一周工作节律图。她认为人的一周是有规律性的，周一到周五，工作节律大不相同：一周的前半部，人的精力旺盛，态度和行为比较激进；一周的后半部，人的精力逐渐下降，却更易通融。

星期一：非诚勿扰

针对职场人群的调查显示，42%的职场人士不希望自己在星期一被打扰。如果这个时候你去拜访客户或者找老板谈判，往往会碰一鼻子灰，因为大家都在应付堆积了两天而杂乱的工作，没有人会有心情听你描述某个计划和方案。尤其是在星期一的早晨，可能你的客户正因为股市开盘遭遇“黑色星期一”而恼怒，你的出现只会让他感到厌烦。

据莫斯考维茨教授的实际观察，星期一是员工请假的高峰日。请假的人数不但最多，借口也最具创意。有人说车胎被蜗牛扎了，爆了；有人说外婆去世了，有的甚至让外婆去世了好几次。

星期二：牛仔很忙

刚刚挨过紧张、纷杂的星期一，很多事情好像缺乏一个清晰的脉络。英国Bimuno保健品公司研究人员格拉哈姆·瓦特斯说，人们通常认为星期一是整周中最糟糕的一天，但现在看来似乎不是这样。部分白领会轻松度过星期一，他们和同事闲扯周末趣闻，同时调整精力准备进入工作状态。到了星期二，他们开始走出闲散状态，着手处理遗留的电子邮件，安排本周工作计划，压力也随之而来，工作量和压力水平都将达到峰值。调查显示，大部分人在星期二通常会放弃午休时间，加紧干活。从莫斯考维茨教授对人一周行为规律的研究报告看，星期二是主导性最高的时候。星期二工作效率最高，产出最大。

星期三：超人总动员

星期三是一周的转折，延续了星期二的忙碌，职场人士已经完全适应了忙碌的工作状态，星期三的职场人士可以和“超人”媲美。同时，星期三处在一周工作日的正中间，上一个周末的快乐已经远去，而下一个周末似乎还遥遥无期，人们仿佛坠入到“工作泥沼中”，心理兴奋度会出现下滑。据莫斯考维茨教授分析，星期三的精力最旺盛，且思路活跃，最具创造性。她指出，这一天是制定战略、开展“头脑风暴”的最佳时间，也是决策技能最能得到发挥的时候。此时的人都会寻求一种平衡。在处理了两天内部事务之后，在星期三人们或许更希望和外界做一种交流以达到平衡。有鉴于此，她建议这一天可安排会议。

星期四：黎明前的黑暗

在经过了前三天高效率的工作、高强度的加班后，职场人士都已经身心疲惫，生理和心理都受到挑战。有人说，星期四属于“黎明前的黑暗”，就好比熬夜的人，凌晨四五点往往是最难熬的时候，跨过这道坎，便又海阔天空了。据莫斯考维茨教授分析，星期四的时候，人的顺从性最高、最好说话、比较通融，这种时候去找客户，客户向你妥协也最有可能。

星期五：胜利大逃亡

星期五了，你不妨留意一下，这一天里你完成的工作在数量、质量上是否比平时都要高？一些在平时看来有些头痛、棘手的事情，在这天比较容易解决。就算你是个最不情愿加班的人，碰到这天你也许会不知不觉地干过了点。直到有电话邀请才把你唤醒，你还会惊叹："时间过得真快啊！"莫斯考维茨教授发现，星期五最容易冒险，这一天参加其研究的人员喜欢进行高风险的投资。另外，熬到了星期五，人们总希望一周事一周清，一些一周内纠缠不清的事情这个时候来个了断。

[问题]本案例对职场人士一周工作状态的变化进行了总结，这对推销人员有什么启示和帮助？

（四）约见的地点

选择与确定约见地点应坚持方便潜在目标顾客、有利于约见和推销的原则，这样才可能促进交易的达成。约见地点的选择方式一般有以下几种：

（1）选择推销人员的工作单位作为约见地点。此种选择方式可以增加潜在目标顾客对公司的了解，从而增强其对公司和产品的信赖感。但选择本公司作为约见地点，要求事先进行一些相应的准备和策划。一般来说，在本公司约见潜在目标顾客，推销的成功几率比较大。

（2）推销人员也可以根据具体情况以各种社交场合和公共场所作为约见潜在目标顾客的地点，如歌舞厅、酒会、座谈会、公园、广场等。在这种场合下，双方的影响力是均等的，相对较容易对顾客施加影响。

（3）选择潜在目标顾客的工作单位为约见地点。在大多数情况下，潜在目标顾客是被动的，而推销人员应该采取主动。但这种选择容易在心理上使推销人员处于弱势地位，不利于推销人员进行推销活动。如果推销的产品是日常消费品，则通常以潜在目标顾客的居住地为约见地点，既方便潜在目标顾客，又显得亲切、自然。

任何场所，包括工作地点、居住地点、社交场所、一般公共场所，只要是能够接近潜在目标顾客的地方，都可以被选择为访问地点。必须注意，在户外约见潜在目标顾客时，地点一定要详细具体，最好有一个容易识别的参照标志。

三、约见的方法

（一）当面约见

当面约见是指推销人员与推销对象当面约定访问的时间、地点及其他事宜。推销人员可以利用与潜在目标顾客会面的各种机会进行面约。例如，在招待会、订货会、展销会等各种公众活动场所有意识地寻找，在一些特殊场合也可能有偶遇的机会；在拜访A顾客时遇到B顾客，这种约见需要推销人员随时做好准备，善于抓住机会。如果当时没有充足的时间进行面谈，推销人员可以借机与顾客另定面谈时间。

当面约见具有以下优点：能及时得到潜在目标顾客的反应，缩短双方的距离，增加亲近感，甚至建立信任与友谊关系；信息传递准确、可靠，保守商业秘密，并能消除顾客疑虑；节约信息传递费用，简便易行。

当然，当面约见也有一定的局限性：受地理限制，远距离的潜在目标顾客往往很难面约；受时机限制，有时很难碰巧遇到要面约的潜在目标顾客；受效率限制，面约花费的时间与精力较多，很难在短时期内面约较多的潜在目标顾客；当面约见一旦遭到顾客拒绝，推销人员便处于被动局面，回旋余地很小。

（二）电话约见

电话约见是指推销人员利用电话约见潜在目标顾客。电话约见是现代推销活动中常用的约见方法，它的优势在于能在短时间内接触较多的顾客，是一种成本低、效率高的约见方式。但电话约见也有明显的缺点：首先，电话约见不太容易得到顾客信任，特别是陌生顾客；其次，电话约见看不见双方面部表情，得不到真实的反馈信息，影响沟通效果；最后，电话约见最容易被顾客拒绝，因为电话中的拒绝远比当面拒绝承受的心理压力小。电话约见的一般步骤包括：问候，介绍自己和公司，感谢顾客倾听，道明约见目的，确定约见时间和地点，再一次致谢。

电话约见成功的关键在于推销人员必须掌握打电话的技巧，具体如下：

（1）精心设计开场白，激起对方足够的好奇心，使其有继续交谈的愿望。

（2）约见事由充分，用词简明精练。

（3）态度诚恳，语气平缓、亲切。

（三）信函约见

信函约见是指推销人员通过商业信函约见顾客。这里所谓的信函通常包括纸质信函（个人书信、会议通知、社交柬帖、广告函件等）和电子信函（电子邮件）。信函，特别是纸质信函，相比电话约见更加正式，体现了对被约见者的尊重。特别在面约、电约不成的情况下，信函约见有助于推销人员敲开潜在目标顾客的大门。信函约见的局限性是：不适用于快速约见；某些客户不拆阅商业信函，或删除不熟悉的电子信函。

为了提高信函约见的成功率，推销人员在写约见信函时应注意以下几点：

（1）措辞委婉恳切。写信函约见潜在目标顾客，对方能否接受，既要看其需要与购买力，也要看推销人员是否诚恳待人。一封措辞委婉恳切的信函往往能博得潜在目标顾客的信任与好感，也容易使对方同意会面。

（2）内容简单明了。信函应尽可能言简意赅，只要把约见的时间、地点、事由写清即可，切不可长篇大论，不着边际。

（3）传递的信息要投其所好。约见信函应该以说服潜在目标顾客为中心，投其所好，以潜在目标顾客的利益为主劝说或建议其接受约见要求。

（4）电话追踪。在约见信函发出一段时间后，要打电话联系确认，询问潜在目标顾客的想法与意见。把电话约见与信函约见结合起来使用，可大大提高约见效果。

（5）当面约见顾客的同时，递交一份约见信函，这样既确保顾客收到约见信息，又体现了对顾客的尊重。

案例 7-3

下面是推销人员发给从未见过面的客户的电子邮件，目的是获得拜访客户、介绍产品的机会。

邮件 1

尊敬的 X 经理：

您好！我叫王艳，是 Y 公司合肥分公司的销售经理，我公司系列新品即将上市，听说您所在公司有兴趣销售我公司的产品，所以我非常希望有机会和您见面。

Y 公司　王艳

邮件 2

尊敬的 X 经理：

您好！我是 Y 公司的销售经理王艳，恕冒昧给您写信，我是从 Z 公司的李总那里得知您的联系方式的。我公司最新推出一款手机，型号为讯通 M557C，此手机最大的特点是键盖设置为条形，造型比较新颖，又增加了照明灯的功能。这款手机为拍照手机，像素达到 500 万，超薄机身设置让人感觉小巧玲珑，给人的感觉是时尚个性。我听说您比较喜爱我公司代理的讯通品牌，对讯通的了解及关注更是我公司所期望的，所以我公司希望您能经销这款产品，届时将免费为您提供样机。我们期待能与您建立良好的合作关系，请问什么时候有时间，不知您的意见如何？我们见面详谈。

Y 公司　王艳

邮件 3

尊敬的 X 经理：

您好！我是 Y 公司的销售经理王艳。上个月您的朋友，W 公司的李明经理来我公司订购商用计算机时，无意中提到您正为公司的信息管理现状伤神，我公司长期服务于像您这样的企业，帮助企业实施信息化建设，也许能够为您提供帮助。我期望与您面谈，不知您本周五是否有空？我将于明天上午九点给您打电话，希望我们能够为您提供帮助。合作愉快！

祝工作顺利！

Y 公司　王艳

[问题] 三封邮件发出后，会不会收到推销人员希望的效果？你觉得哪封邮件写得最好，为什么？

（四）委托约见

所谓委托约见，是指推销人员委托第三者约见潜在目标顾客，包括对潜在目标顾客有一定社会影响的有关人士，如助理人员、接待人员、秘书、朋友、邻居等。委托约见有利于推销人员接近潜在目标顾客。当推销人员不能或不便亲自约见潜在目标顾客时，可以通过各种社会关系，委托其周围社会关系网内的有关人员约见潜在目标顾客。

委托约见的优点是可以通过第三者与潜在目标顾客的特殊关系对其施加影响，从而克服约见障碍，顺利达成交易。这样，推销人员更容易接近推销对象，节省推销时间，提高推销效率。委托约见有利于反馈信息，因为潜在目标顾客与托约人的关系比较密切，往往能够直言提出异议。这样，推销人员就能有针对性地制定推销策略，排除推销障碍，促成洽谈成功。

（五）广告约见

所谓广告约见，是指推销人员利用各种广告媒介约见潜在目标顾客，如利用报纸、杂志、广播、电视、直接邮寄、散发印刷广告等的方式约见。利用广告进行约见可以把约见的目的、对象、内容、要求、时间、地点等准确地告知广告受众，然后在约定的时间、地点等待潜在目标顾客上门，变上门推销为潜在目标顾客登门求购，使推销人员处于积极主动的有利地位。广告约见比较适用于约见的潜在目标顾客较多或约见对象不太具体、明确，或者约见对象姓名、地址不详，在短期内无法找到等情况。

广告约见具有很多优点：一是约见对象较多，覆盖面大；二是能够吸引潜在目标顾客主动上门约见；三是节省推销时间，提高约见效率；四是可以扩大推销人员的影响，树立企业形象等。广告约见也有一定的局限性：一是针对性较差；二是费用高；三是在现在广告泛滥的情况下，很难引起潜在目标顾客的注意等。

（六）其他约见方式

一般指利用新型沟通媒体约见顾客的方式，如手机短信和网络方式等。随着手机的普及，短信约见顾客的形式愈发常见，但它更适用于比较熟悉的老顾客，通常不适用于约见新顾客。

总之，推销人员应该根据具体情况判断哪种方法对自己的销售最有帮助，从而确定具体的约见方法。

第三节 正式接近的方法

推销人员在正式接近潜在目标顾客时，能否争取主动，使其有继续谈下去的热情和信心，取决于是否掌握一定的接近方法和技巧。最常见的接近方法和技巧有三大类，即陈述式接近、演示式接近和提问式接近。

一、陈述式接近

陈述式接近是指推销人员直接说明产品给潜在目标顾客带来的好处，以引起其注意和兴趣，进而转入洽谈的接近方法。推销人员陈述的内容可以是推销品所带来的利益，也可以是推销品使用之后所带来的感觉，或直接是某位顾客的评价意见，陈述完后常常提出一个问题以试探顾客的反应。陈述式接近又包括介绍接近法、赞美接近法、馈赠接近法、利益接近法。

（一）介绍接近法

介绍接近法是指推销人员通过自我介绍或经由第三者介绍而接近潜在目标顾客的办法，是最常见的接近顾客的方法。介绍接近法按介绍主体的不同，可分为自我介绍法和他人介绍法。

自我介绍法是指推销人员自我口头表述，然后用名片、身份证、工作证等加以辅助以达到与潜在目标顾客相识的目的。在正式接近顾客时，除了进行必要的口头自我介绍外，还应主动出示名片、身份证明以及公司执照等证明资料，尽快消除顾客对自己身份的疑虑。推销人员也可借此机会，索取顾客名片等资料，获取顾客的准确信息，以便联系。自我介绍法很难在一开始就引起潜在目标顾客的注意和兴趣，因此通常还要与其他方法配合使用，以便顺利地进入正式面谈。

他人介绍法是指推销人员利用与潜在目标顾客熟悉的第三者，通过打电话、写信函或当面介绍的方式接近顾客。在推销人员与所拜访顾客不熟悉的情况下，他人介绍法是一种有效的接近方法，因为介绍人是跟潜在目标顾客有一定社会交往的人，如亲友、战友、同乡、同学、同事等，这种方式往往使潜在目标顾客碍于人情面子而不得不接见推销人员。介绍人与顾客之间的关系越密切，介绍的作用就越大，推销的目的就越易达到。所以，推销人员应设法摸清与潜在目标顾客有一定交往的人，尽量争取有力人士的介绍和推荐。但推销人员应用此法时必须尊重第三者的意愿，切不可勉为其难，更不得招摇撞骗。

他人介绍法也有其局限性，因为潜在目标顾客是出于人情或碍于面子而接见推销人员的，并不一定对推销品感兴趣，只是表面应付而已。所以，他人介绍法虽然省力易奏效，但不可滥用，对某一特定的潜在目标顾客也只能使用一次，而有些潜在目标顾客则讨厌这种接近方式，他们不愿意别人利用自己的友谊和感情来做交易。如果推销人员贸然使用此法，可能会损害顾客的利益。

（二）赞美接近法

赞美接近法是指推销人员利用潜在目标顾客的自尊心理来引起其注意和兴趣，进而转入正式洽谈的接近方法。喜欢受到称赞是人的共性，心情愉悦时很容易接受他人的建议，这是此方法的原理。推销人员对潜在目标顾客的赞美能缩短自己与顾客的距离，只要赞美适时、适度，就有利于促成交易。一般来说，在采用赞美接近法时，推销人员应注意以下问题：

（1）选择适当的赞美目标。就个人购买者来说，长相、衣着、举止谈吐、风度气质、才华成就、家庭环境、亲戚朋友等都可以给予赞美；就组织购买者来说，除了上述之外，企业名称、规模、产品质量、服务态度、经营业绩等也可以作为赞美对象。但赞美目标符合潜在目标顾客的心理才会使其产生共鸣，才能融洽气氛，达到接近顾客的目的；如果推销人员信口开河，胡吹乱捧，则必将弄巧成拙。

（2）选择适当的赞美方式。对不同个性的潜在目标顾客，推销人员应采用不同的赞美方式。即使是同一个潜在目标顾客，在不同的时候，由于心境不同，对同样的赞美也会产生不同的反应。所以，推销人员一定要掌握多种不同的赞美方式。对于严谨型的顾客，赞语应自然朴实，点到为止；对于虚荣型的顾客，则可以尽量发挥赞美的作用。对于年老的顾客，应该多用间接、委婉的赞美语言；对于年轻的顾客，则可以使用比较直接、热情的赞美语言。

案例 7-4

一位乳制品厂的推销人员说："王经理，我多次去过你们的超市，你们超市的客流比其他超市多很多。虽然是一个超市，但你们货柜的摆放很有艺术性，产品的品位也很高，有很多省内外著名品牌的产品，顾客一进店就有购物的激情，服务员的服务也很到位，一切都井井有条。看得出来，王经理的管理水平相当高，可敬可佩！"听了推销人员这一席话，王经理不由地连声说："做得还不够，请多包涵，请多包涵！"但心里却是美滋滋的。

[问题] 该案例给你的启示是什么？

（三）馈赠接近法

馈赠接近法是指推销人员通过向顾客赠送小礼品而得到顾客的关注，从而接近顾客的方法，又称附赠接近法或有奖接近法。从推销学理论上讲，馈赠接近法符合一些顾客求小利的心理，有时会收到意想不到的效果。小礼品既是有效的接近媒介，又是有力的促销手段。如果所馈赠的礼品就是推销品，则效果更佳。顾客通过试用推销品，留下美好的印象，进而决定购买推销品。应用馈赠接近法时应注意以下几点：小礼品应是接近客户的见面礼或媒介，不能当作恩赐；礼品的内容与金钱必须符合有关规定，不可将馈赠变为贿赂；礼品尽量与所服务的项目和所推广的产品有某种联系。礼品可送给购买决策人，也可送给对决策人有影响力的介绍或引荐人等。

（四）利益接近法

所谓利益接近法，是指推销人员抓住顾客追求利益的心理，利用所推销的产品或服务能给顾客带来的利益、实惠、好处，引起顾客的注意和兴趣，进而转入面谈的接近方法。例如，一位推销人员向顾客介绍说："本厂生产的产品比其他厂家生产的同类产品便宜一成，量大还可优惠。"

应用利益接近法时应注意下面两个问题：

（1）商品利益必须符合实际情况，不可浮夸。在正式接近潜在目标顾客前，推销人员应该进行市场行情和用户情况调查，科学地测算出商品的实际价值和效益，并且要留有一定余地。

（2）商品利益必须加以验证，才能取信于潜在目标顾客。推销人员必须为商品利益找到可靠的证据，如财务分析或用户反馈情况的资料，以及有关实际数据和处理对比的资料等。即使推销人员对商品利益有十足的把握，也必须拿出有关证据来，并且使潜在目标顾客真正受益。因此，推销人员平时应注意搜集整理有关证明材料，包括各种技术性能鉴定书、经济效益鉴定书等文件，以备接近和面谈时使用。

二、演示式接近

演示式接近最显著的特点是，通过向潜在目标顾客展示具体产品使用过程和效果或直接让顾客参与推销品的试用，以引起其注意，并激发其购买欲望的方法。演示式接近按顾客参与方式的不同可分为产品接近法和表演接近法。

（一）产品接近法

所谓产品接近法，是指推销人员直接利用所推销的产品引起顾客的注意和兴趣，从而顺利进入推销面谈的接近方法。由于这种方法以推销品本身作为接近媒介，因而也称为实物接近法。产品接近法也是推销人员与顾客第一次见面时经常采用的方式。

这种方法的关键之处在于：让产品进行无声的介绍，默默地推销自己。产品接近法给潜在目标顾客提供了一个亲手接触推销品的机会，直接引起他们的注意和兴趣，符合顾客的购买心理，因而接近的效果也比较好。采用产品接近法时，推销人员应注意下述问题：

（1）产品本身必须具有一定的吸引力，能够引起潜在目标顾客的注意和兴趣。在顾客看来毫无特色的一般产品，不宜单独使用产品接近法。在实际推销工作中，不同的顾客注意的方面不同，兴趣也有很大差异，有人关心产品的技术指标和性能，有人很在意造型和色彩，因此推销人员要注意发挥产品的优势，选用适当的接近方法。

（2）产品本身必须精美轻巧，便于推销人员携带，也便于顾客操作。像推土机那样的笨重物品，不宜使用产品接近法，但可利用产品模型、图片等媒介接近顾客。

（3）推销品必须是有形的实物产品，可以直接作用于潜在目标顾客的感官。看不见、摸不着的无形产品或服务产品不能使用产品接近法。

（4）推销品本身必须质地优良，不易损坏或变质，经得起潜在目标顾客反复接触。推销人员应准备一些专用的接近产品，平时注意保养，以免在顾客操作时出现故障，影响推销效果。

案例 7-5

一家生产塑料薄膜的企业的推销人员到农用资料市场推销产品。他们拿出了一块塑料薄膜让两人撑开，请观众往上面扔石子，然后两个人再使劲扯拽，费了很大力气才扯断。他们并没做过多的口头宣传，只展示了塑料薄膜的真实质量，很快，带来的塑料薄膜全都卖了出去。

［问题］该案例对你的启示是什么？

（二）表演接近法

表演接近法是指推销人员利用各种戏剧性的表演活动引起潜在目标顾客的注意和兴趣，进而转入面谈的接近方法。这是一种古老的推销术，也称为马戏接近法。在现代推销中，表演接近法是将产品示范过程戏剧化，迎合顾客求新求奇心理的接近方法。例如，一位茶具的推销员把一套玻璃茶具中的杯子递给茶具经销商时，故意把杯子掉到地上，但杯子却完好无损。当她捡起来后，说道："这是采用钢化技术处理的茶具，不易破碎，不破坏茶具的整体性，您的顾客特别是家里有小孩的顾客肯定会喜欢这样的产品，难道您不这样想吗？"结果，经销商一周后就与她签订了经销合同。

三、提问式接近

提问式接近是指推销人员利用直接提问来引起潜在目标顾客的注意和兴趣，进而转入面谈的接近方法。提问方式能使推销人员更好地确定顾客的需求，促使顾客参与其中。在提问式接近中，问题的确定是关键，应该提出那些已证明能够收到顾客积极响应的问题。通过提问题接近顾客的具体方法很多，这里主要介绍问题接近法、好奇接近法、求教接近法和震惊接近法四种。

（一）问题接近法

问题接近法是推销人员直接面对潜在目标顾客提出有关问题，通过提问的形式引起顾客的注意和兴趣，进而顺利过渡到正式洽谈。推销人员在不了解潜在目标顾客真实想法的情况下，通过向其提出问题，可引发双方的讨论，而在讨论的过程中，潜在目标顾客的真实需求、意见、观点等就比较容易表露出来，从而可能发现顾客的需求，然后根据其对问题的反应，循循善诱地解答问题，从而把潜在目标顾客的需求与推销品有机地联系起来。问题接近法虽然是比较有效的方法，但其要求也较高，推销人员在提问与讨论中应注意以下两点：

（1）提出的问题应表述明确，避免使用含糊不清或模棱两可的问句，以免顾客费解或误解。例如，"你愿意节省一点成本吗？"这个问题就不够明确，只是说明"节省成本"，究竟节省什么成本、节省多少、多长时间，都没有加以说明，会令顾客费解。而"您希望明年节省 7 万元材料成本吗？"这个问题就比较明白确切，容易引起注意和兴趣。一般说来，问题越明确，接近效果越好。

（2）提出的问题应突出重点，扣人心弦。推销人员提出问题的重点应放在顾客感兴趣的主要利益上。如果顾客的主要动机在于节省金钱，则提问应着眼于经济性；如果顾客的主要动机在于求名，则提问宜着眼于品牌价值。因此，推销人员必须设计适当的问题，使顾客的注意力集中于他所希望解决的问题上面，缩短成交距离。

案例 7-6

小王是 M 品牌冰箱的导购小姐。一天，一对夫妇走进了该品牌的展厅。

"先生，家里几口人？"

丈夫回答五口人。

小王又看着太太问："您是喜欢隔日买菜，还是每天都去菜市场？"

太太笑而未答。

小王并未放弃，继续发问："听说有人一星期买一次菜，有人三天买一次菜。如果三天买一次，菜色菜味不会变化。太太您喜欢哪一种买法？"

太太终于回答了："七天买一次。"

小王："那这款三门冰箱比较适合您，它的0摄氏度保鲜区可使菜肉保鲜一周以上。"

[问题] 小王是如何通过提问明确这对夫妇的需求的？

（二）好奇接近法

好奇接近法是指推销人员利用顾客的好奇心理达到接近顾客目的的方法。好奇心理是人的一种原始驱动力，它促使人们去探索未知的事物。好奇接近法正是利用顾客的好奇心理，引起顾客对推销人员或推销品的注意和兴趣，从而点明推销品利益，以顺利进入洽谈的接近方法。好奇接近法需要的就是推销人员发挥创造性的灵感，制造好奇的问题与事情。例如，国外一位科普书籍推销员见到顾客时说："这本书可以告诉你，丈夫的寿命与妻子有关。"顾客立即好奇地拿起书来翻阅，这便达到了接近的目的。

唤起顾客好奇心的办法很多，推销人员应灵活使用，尽量做到运用自如。采用好奇接近法应注意下列问题：第一，引起顾客好奇的方式必须与推销活动有关；第二，在认真研究顾客心理特征的基础上，真正做到出奇制胜；第三，引起顾客好奇的事物必须真实可信，而不能凭空捏造。

案例 7-7

某地毯推销人员对顾客说："每天只花1角6分钱就可以使您的卧室铺上地毯。"顾客对此感到惊奇。推销人员接着讲道："您卧室有12平方米，我厂地毯的价格为每平方米24.7元，这样共需要296.4元。我厂地毯可铺用5年，每年365天，这样平均到每天的花费只有1角6分钱。"

[问题] 地毯推销人员应用了哪一种推销接近方法？

（三）求教接近法

求教接近法是指推销人员虚心向客户讨教问题，利用这个机会达到接近顾客目的的一种方法。这种方法体现了敬重顾客、满足顾客自尊心理需求的推销思想，在实际应用中的效果较好。尤其是对那些个性较强，有一定学识、身份和地位的专家型顾客，这种方法更为奏效。

求教的问题可以是推销品经营方面的问题，也可以是人品修养、个人情趣等方面的问题。但不论请教什么方面的内容，推销人员都应遵循谦虚诚恳、多听少说和赞美在前、求教在后，求教在前、推销在后的原则。

在实际推销工作中，多数顾客都有一些“自以为是”的心态，推销人员若能登门求教，自然会受欢迎。例如，“李总，您是电子方面的专家，您看看我们公司研制投产的这台电子仪器在哪些方面优于同类老产品？”“我是这方面的新手，我想知道您是否能够帮助我？”“我的同事说我们公司的产品是同类中最好的，请问您是怎么看的？”

案例 7-8

一名媒体广告部门的推销人员在约见顾客时采用了如下开场白：“聂总，我注意到贵公司长期在 A 和 B 等报纸上做广告，但从来不在我们 C 报上做。我想，这其中一定有您的道理，是不是我们哪里做得不够好，您能否给我们提提意见呢？”

［问题］这位推销人员接近顾客的方式有什么优点？

（四）震惊接近法

所谓震惊接近法，是指推销人员设计一个令人吃惊或震撼人心的事件来引起顾客的兴趣，进而转入正式洽谈的接近方法。在现代推销中，推销人员的一句话、一个动作都可能令人震惊，引起顾客的注意和兴趣。在实际推销工作中，有时面对的顾客思想保守、因循守旧，拒绝接受新观念、购买新产品，推销人员确有必要采取某些方式使其转变观念、正视现实。震惊接近法给现代推销人员提供了一个有力法宝，使推销人员有可能击溃某些顾客的心理防线，顺利地接近顾客。例如，一个家庭防盗报警系统的推销人员可能会这样开始他的推销接近：“您知道家庭被盗问题吗？根据公安机关公布的数据，今年家庭被盗率比去年上升了 15 个百分点。”

采用震惊接近法应注意以下问题：第一，震惊顾客的事件应与该项推销活动有关；第二，精心设计，确保奏效，以取得一鸣惊人的效果；第三，恰到好处，令人震惊但不让人惊恐；第四，讲究科学，尊重事实。

总之，震惊接近法是一种比较有效的接近顾客的方法。利用震惊接近法接近顾客，可以促使顾客不得不思考一些他们不愿思考的问题，帮助顾客正视事实真相，促使顾客与推销人员接近，可增强推销的说服力，有利于达成交易。

案例 7-9

一位饮水机推销人员利用下面的统计资料接近潜在目标顾客：据世界卫生组织统计资料，80%的病例和 1/3 的死亡是由于饮用不洁水而引起的。自来水协会的报道更触目惊心，每年约有 2 500 万的儿童因饮用受污染的水而生病致死，每年至少有 1 240 万成人因饮用不洁水而病故。水能养命也能害命，水质的好坏、活性的高低决定了人健康和长寿与否。究竟喝哪种水才能够达到健康的要求？国际权威饮水专家指出："饮水质量要符合人体各种生理机能的健康需求，必须是无毒无味、水分子团簇结构小、溶解力强、溶解量大的优质水。"纯净活性水就是符合这一要求的健康水。您是否购买一台家用活性饮水机，早日喝上健康水？

［问题］震惊接近法适用于所有产品的推销吗？

以上介绍的接近顾客的技巧和方法，推销人员在实际工作中应灵活运用，既可以单独使用一种方法接近潜在目标顾客，也可以多种方法配合使用，还可以自创独特方法。

练习题

一、思考题

1. 什么是接近准备？做好接近准备工作有什么重要意义？
2. 接近潜在目标顾客的目的有哪些？
3. 推销接近的含义是什么？接近过程中，推销人员的主要任务是什么？
4. 主要有哪些推销接近方法？分别适用于哪些情形？
5. 试以推销某一件具体产品为例，举出五种以上接近潜在目标顾客的方法。
6. 什么是约见？约见有哪些重要意义？
7. 约见的基本内容是什么？约见的主要方式有哪些？试拟订一份函约和电约。

二、案例分析题

X牌冰箱销售代表小陈被派到S市做销售代表。他刚到S市就想快点开展工作，做出成绩来，于是先给S市最大的客户周总打了一个电话："您好，周总，我是X电器新调来的区域经理小陈，公司最近人事调整，我现在负责管理S区域的业务。我现在已经到达S市，能否在下午3点钟见个面呢？主要谈一下本月的产品订货、回款、库存处理以及卖场临促问题，您看怎么样？周总！"

周总："奥，你是新来的陈经理啊，真不好意思，我这两天有几个会议要开，事情特别多，改天吧！"

小陈："怎么会这样呢？那您说个具体时间吧！"

周总："这样吧，你没事就到我办公室门口来看看，如果我在你就进来和我谈谈吧！"

小陈认为周总刚来就给了他个下马威，但又怕和周总因话不投机影响以后相处的关系，于是强忍着不满说："好的，周总，谢谢您，那我准备三顾茅庐了，呵呵。"

小陈在随后两天经常往周总的卖场、办公室跑，希望能碰到周总，可是一直没有看到周总身影，心中不免急躁，又给周总打了一个电话："周总啊，真不好意思，又打扰你了，会开得怎么样啦？"

周总："陈经理啊，恐怕还有一天。"

小陈:“哎呀,周总啊,您总不能让我天天等您吧！周总,这怎么行呢？您得抽个时间,我刚来这里也有很多的事情要做,这已经是月中了,你的货款如果再不办出来,这个月的促销政策可能真没什么指望啦,我也要考虑一下您的忠诚度了！”

小陈还想再表述什么,发现对方已经把电话挂了,小陈感到非常郁闷。

朋友劝小陈说:“你初到别人的一亩三分地,就想着摆谱？同客户讲话,尤其是电话沟通,全靠语气、语意表达你的思想、意图,一旦表达不好,最容易引起别人的误会,我想可能是周总领会错了你的意思。第一次电话沟通,要注意制造友善气氛,如尊重的称呼、请教的语气、赞美的心态,这样别人才容易接受,给你机会,否则客户会误以为你在对他吆三喝四,不免想给你下马威。”小陈听完觉得有道理,也许是自己措辞不当,拉开了与客户间的距离,形成了沟通障碍。

第三天下午,小陈终于和周总在办公室见面了。

小陈:“周总,拜会您这商业圈的老大哥真不容易啊！在公司里经常听到您的大名,一直就想着向您这位老大哥取经学习,现在终于有机会了。”

周总:“哈哈,小兄弟闻其声不如见其面啊,没想到你比电话中会讲话多了。”

原来自己遭遇冷落的确是因表达方式不对,使对方产生了误解。

小陈:“真对不起,电话中太急躁,表达不清,主要想把我们这个月的促销政策通知您一下,没想到越急越表达不清。”

周总:“是吗？真感谢你们公司一来就给我们提供大力支持,有何促销政策？”

小陈:“这两天,我在附近几家商场调查行情,发觉只有您的商场人流量最大,销量最大。”

周总:“这个不用你说,搞起活动来,销量将会更大！”

小陈:“您讲得对,所以我决定向公司申请在每个双休日再增派两名促销员,还有……”小陈故意停顿了一下。

周总不动声色地看着小陈,他一定知道小陈在卖关子。

小陈:“还有本月我为您做了60台冰箱的进货计划！”

周总:“60台冰箱？你没搞错吧?！”

小陈:“周总,先别生气,您先看下计划,里面的利润机型是很有冲击力的,这是我送给您的见面礼！”

周总看着进货计划,说:“这还差不多,我对你们公司的支持这么大,20台独家买断型号的特价机还能说得过去。”

小陈:“您对我们公司的支持,我们感激不尽,领导还千叮咛万嘱咐,要我一定配合好周总的工作。”

周总:“我明天把款子办过去,你一定要保证这款机型是我们卖场独家经销,否则……”

问题:(1) 在这段拜访客户的故事中,我们看到了小陈不同的处事方式带来的不同结果,对此你有何感想？

(2) 为了更好地达成约见的目标,请帮小陈设计一套新的约谈话语。

三、实训题

试分析以下几位推销人员所使用的是哪一种接近潜在目标顾客的方法？其优点是什么？

1. 一个冰淇淋供应商向一位餐厅经理推销时，开口就问："您愿不愿意每销售1加仑(1加仑＝4.546升)冰淇淋就节省40%的投资？"

2. 一名保险推销人员递给一位潜在目标顾客一张600美元的模拟支票，问："您想不想在退休后每个月收到这样一张支票？"

3. 胶印机推销人员见到潜在目标顾客的开场白是："用我的胶印机印你们公文签的抬头，1 000张才合5美元。您上次请别人印是什么价？ 20美元吧。"

4. 加德纳正准备把他的汽车开进库房。由于近来天气寒冷，斜坡道上结了厚厚的一层冰，给行车驾驶带来了一定的困难。这时候，一位过路行人走过来帮忙，又是打手势又是指方向，在他的帮助下，汽车顺利地绕过了门柱。他凑过来问加德纳："你有拖绳吗？"加德纳回答说："没有。"然后加德纳又补充道："可能没有。不过，我一直想买一条，但总是没有时间。怎么啦？你的汽车坏了？"过路人回答说："不是的，我的车没有坏，但我可以给你提供一条尼龙拖绳。经试验，它的拉力是5吨。"这个过路人的问话即刻引起了加德纳的注意，并且使他意识到他确实需要一条拖绳。这个过路人采用这种方法销售了很多拖绳。

5. 推销人员马休正想以老套话"我们又生产出一些新产品"来开始他的推销谈话，但马上意识到这样是错误的。于是，他改口说："班尼斯特先生，如果一笔生意能为你节省125英镑，你会有兴趣吗？""我当然感兴趣了，你说吧！""今年秋天，香料和食品罐头的价格最起码要上涨20%。我已经算好了今年你能出售多少香料和食品罐头，我告诉你……"然后他就把一些数据写了下来。多少年来，他对这位潜在目标顾客的生意情况非常了解，这一次，他又得到了该潜在目标顾客很大的一笔订单。

6. 门铃响了，一位衣冠整齐的推销人员站在大门的台阶上。当主人把门打开时，这个人问道："家里有高级的食品搅拌器吗？"主人怔住了，这突然的一问使他不知怎样回答才好。他转过头去和身后的夫人商量，夫人有点窘迫但又好奇地回答说："我们家有一个食品搅拌器，不过不是特别高级的。"推销人员回答说："我这里有一台高级的。"说着，他从提包里拿出一个高级食品搅拌器。

如果顾客承认他缺少某种产品，推销人员是可以借题发挥的。假如这个推销人员改变了说话方式，一开口就说："我来是想问一下你们是否愿意购买一个新型食品搅拌器？"或者"您需要高级食品搅拌器吗？"想一想，推销效果又将会是如何呢？相比之下，两种不同方式的问话，效果是大有区别的。

第八章

推销洽谈

引 例

一个乡下来的小伙子去应聘城里“世界最大”的应有尽有百货公司推销员。老板问他:“你以前做过推销员工作吗?”他回答:“我曾是村里挨家挨户推销的小贩子。”老板喜欢他的机灵:“你明天可以来上班了,下班的时候我会来看一下。”

一天过去了,老板果然来了,问他:“你今天做了几单买卖?”“一单。”小伙子回答说。“只有一单?”老板吃惊地说,“我们这的售货员一天基本可以完成20～30单生意呢。那你卖了多少钱?”“30万美元。”小伙子回答道。老板目瞪口呆。

“是这样的,”小伙子说,“一个男士进来买鱼钩,我先卖给他一个小号的鱼钩,然后是中号的鱼钩,最后是大号的鱼钩。接着,我又卖给他小号的鱼线、中号的鱼线、大号的鱼线。我问他去哪儿钓鱼,他说海边。我建议他买条船,带他去卖船的专柜,卖给他长20英尺(1英尺＝0.304 8米)有两个发动机的纵帆船。然后他说他的大众牌汽车可能拖不动这么大的船,我于是带他去汽车销售区,卖给他一辆丰田新款豪华型‘巡洋舰’。”

［问题］这名小伙子推销成功的原因是什么?

按照现代推销活动的程序,推销人员成功地接近顾客之后接着会转入推销洽谈阶段。进行推销洽谈是推销人员最重要的工作之一,能否说服顾客实现交易,成败往往在此一举。

第一节　推销洽谈概述

一、推销洽谈的概念

推销洽谈也称交易谈判,是指推销人员运用各种方式、方法和手段,向顾客传递推销信息，并设法说服顾客购买商品和服务的协商过程。在现代推销环境里，新的推销方法、推销技术和推销手段不断出现，推销洽谈的方式和方法也在不断变化。现代推销洽谈可以利用人类所能利用的一切信息沟通工具，除面对面的直接洽谈外，还有电话、书信及电子邮件等网络手段推销洽谈方式。

二、推销洽谈的目标

推销洽谈的目标既取决于顾客购买活动的一般心理过程，又取决于推销活动的发展过程。现代推销洽谈的目标在于向顾客传递推销信息，诱发顾客的购买动机，激发顾客的购买欲望，说服顾客并达成交易。为了实现推销洽谈的目标，推销人员需要完成以下几方面的任务：

（一）传递信息，介绍情况

为了说服顾客达成交易，必须向顾客全面介绍推销品的情况以及生产企业的情况，包括品牌、商标、功能、质量、价格、服务、销售量、市场地位以及生产企业的其他情况。顾客只有在对相关信息了解的情况下，才能做出购买决策。在洽谈之初，推销人员要将自己所掌握的有关信息迅速传递给顾客，以帮助顾客尽快认识和了解推销品的特性及其所能给顾客带来的利益，增强顾客对推销品以及生产企业的好感，诱发顾客的购买兴趣，为顾客进行购买决策提供信息依据。同时，推销人员在向顾客传递信息时必须客观、恰当、实事求是。

（二）把握需求，展示商品

从营销学的角度讲，只要能够发现人们的购买需求和动机，就可以预测和引导人们的购买行为。购买行为是受购买动机支配的，而购买动机又源于人的基本需要，因此推销人员在洽谈之初就必须了解顾客的需要，并投其所好地开展推销洽谈。同时，在推销洽谈中针对顾客的需求展示推销品的功能，满足顾客的需求。顾客只有真正认识到推销品的功能和利益，感受到其所带来的满足感，才能产生购买动机。一种推销品往往有多种功能和利益，但不同的顾客对其有不同的需求。例如，手机是一种通信工具，但不同的顾客，由于性格、职业、经济情况、年龄、性别等方面的不同，对手机的需求不同。推销人员要善于发现顾客的需求，并紧紧围绕着这个需求来展示推销品的功能和利益。否则，即使推销人员向顾客传递的信息十分全面，也不能起到诱发顾客的购买动机、刺激顾客的购买需求的作用。只有针对顾客的需求传递推销品的信息，展示推销品为顾客带来的利益，才能真正地激发顾客的购买欲望，最终达成交易。

（三）交流沟通，处理异议

在推销洽谈中，顾客接收到推销人员传递的有关推销品的信息后，经过分析会提出一系列的看法和意见，这就是我们常说的顾客异议。顾客异议处理不好或不排除，就很难说服顾客达成交易，所以处理顾客异议是推销洽谈的关键任务。产生顾客异议的根源有两方面：一是推销人员所发出的信息本身不全面，顾客因信息不全面而提出异议；二是顾客对推销品知识不了解或欠缺。因此，一个优秀的推销人员必须掌握尽可能多的与推销品相关的知识，如计算机推销人员必须是一位熟悉基本计算机制造技术和使用技术的技术人员，化妆品推销人员最好是一位业余化妆师。只有这样，才能圆满地解答顾客提出的各种问题，妥善处理顾客异议，帮助顾客加深对推销品的认识，取得顾客的信任，顺利达成交易。

（四）激发需求，达成交易

推销人员寻找、接近并说服顾客的最终目的是要顾客购买推销品。顾客的购买心理历经认识阶段之后，还要经过情绪变化和意志决定这两个发展阶段。在动机诱发之后，顾客会产生相应的情绪反应和意志行为，甚至会产生错综复杂的心理冲突。经过一番激烈的思想斗争之后，顾客就会做出购买或不购买的决策。在洽谈过程中，推销人员必须准确把握顾客购买决策前的心理冲突，利用各种理智的和情感的手段刺激顾客的购买欲望，引导顾客做出购买决定，促成交易。所以，推销人员可以采用各种方式说服顾客，强调顾客购买推销品所能得到的利益，满足顾客的特殊要求，给予顾客一些优惠，提供优质的服务，强化顾客的购买欲望，为顾客最终做出购买决定而努力。

总之，推销洽谈的目标在于交流推销信息，诱发顾客的购买动机，刺激顾客的购买欲望，促使顾客采取购买行为，最终目的在于达成交易，推销产品。

第二节 推销洽谈的原则与程序

一、推销洽谈的原则

为了顺利达到推销洽谈的目的，推销人员可以灵活采用各种方法和技巧与顾客进行洽谈，但无论采用哪一种方法或技巧，主要遵循以下基本原则：

（一）针对性原则

（1）针对推销对象开展洽谈。推销洽谈应该从顾客的购买动机出发，加以引导。顾客的购买动机是多种多样的，如求实、求廉、求新、求美、好奇、求安全、效仿、好胜、求异、嗜好等，推销人员应该以此为基础，组织洽谈内容。推销人员必须针对顾客的个性需求特征开展洽谈，同时针对不同顾客所具有的不同个性和心理特征，如权威者、思考者、外向者和合作者，采取不同的洽谈策略。

（2）针对推销品的特点开展洽谈。推销人员必须根据推销品的特点设计洽谈方案，突出推销品的特色，推销与众不同的产品与概念。学会运用产品、包装、信息、质量、广告、价格、服务等产品整体概念，通过差别化策略，增强产品的竞争能力，使自己处于有利的推销地位。

（二）参与性原则

参与性原则是指推销人员设法引导顾客积极参与推销洽谈，促进信息的双向沟通，增强洽谈的说服力。现代推销洽谈的方式应该是会议式和讨论式。推销人员既是顾客的老师，又是顾客的学生；既是顾客的顾问，又是顾客的朋友。顾客参与洽谈的程度直接影响着顾客接受、处理、反馈信息和制定购买决策的水平，为此推销人员应尽力做到：

（1）推销人员要与顾客同化，消除顾客的防备心理。推销人员要寻找与顾客相同或相似的因素，如相同的爱好、共同的兴趣。在洽谈时，要关心顾客的问题，赞同顾客的见解，同情顾客的困难，使顾客产生认同感，创造一种良好的推销气氛，瓦解顾客的心理防线，提高洽谈的效率。

（2）推销人员要设法引导顾客积极参与洽谈过程，引导顾客提出对产品的问题和见解，与顾客展开讨论，推销自己的思想，影响顾客的消费观念，同时认真听取顾客的"高见"，使顾客产生一种满足感，从而充分调动顾客的积极性和主动性，创造有利的洽谈氛围，提高推销洽谈的成功率。

案例 8-1

史密斯先生在美国亚特兰大市经营一家汽车修理厂，同时还是一位十分有名的二手车推销员，在亚特兰大奥运会期间，他总是亲自驾车去拜访想临时买廉价二手车的顾客。

他总是这样说："这部车我已经维修好了，您试试性能如何？如果还有不满意的地方，我会为您修好。"然后请顾客开几千米，再询问："怎么样？有什么地方不对劲吗？"

"我想方向盘可能有些松动。"

"您真高明。我也注意到这个问题，还有没有其他意见？"

"引擎很不错，离合器没有问题。"

"真了不起，看来您的确是行家。"

这时，顾客便会问他："史密斯先生，这部车子卖多少钱？"

他总是微笑着回答："您已经试过了，一定清楚它值多少钱。"

若这时生意还没有谈妥，他会怂恿顾客一边开车一边继续商量。如此做法使他的笔笔生意几乎都顺利成交。

[启示] 一个成功的经营者能运用技巧让顾客产生参与感，形成一种强大的影响力，最后让顾客接受建议。其实，这种提高成功率的经营术并不仅限于推销汽车，其他方面也同样适用：假如经营美容用品，你可以提供一部分试用品请顾客免费试用；推销食品则可以先让顾客品尝；经营药品不妨把试验统计结果对顾客公开。这种经营术的最有力之处就是把顾客变成主人，使顾客产生一种参与感，激发起其购买的欲望。

（三）诚实性原则

诚实性原则是指推销人员在洽谈中要遵循讲真话、卖真货、出实证的原则，抱着对顾客负责的态度，诚实地进行洽谈，不玩弄骗术。诚实是现代推销人员起码的行为准则。唯有诚实，才能取信于顾客，才能赢得顾客。

1. 推销人员要讲真话

推销人员要真实地向顾客传递推销信息，如推销品的特性、质量标准、原材料、使用寿命、销售价格、服务项目等，以便顾客在正确分析判断的基础上做出购买决策。

2. 推销人员要出实证

真话真货要靠事实来证明，只有显示真凭实据，才能打消顾客对推销人员、推销品和推销信息的种种疑虑，坚定购买的决心。因此，在实际推销活动中，推销人员必须适时地向顾客出示真实可靠的推销证明，如身份证明、企业营业执照、产品鉴定证明、产品检验证明、获奖证明等，以增强说服力。

案例 8-2

一个房地产经纪商正在和顾客讨论一所房子的买卖问题，房地产经纪商对顾客说："现在，当着您的面，我想告诉您，这所房子有下列几个问题：① 取暖设备要彻底检修；② 车库需要粉刷；③ 房子后面的花园要整理。"顾客很感激房地产经纪商把问题指出来，之后又与其继续讨论房子交易的其他一些问题。

［问题］你认为房地产经纪商的做法对吗？主动通报这所房子的缺点和问题对他有好处吗？

（四）灵活性原则

灵活性原则是指推销人员应根据具体情况做出具体分析，随机应变。推销洽谈并没有固定不变的模式，坚持灵活性原则要求推销人员能根据不同情况，采用不同的方式、方法开展洽谈。一个成熟的推销人员在洽谈之前总会尽可能地预测洽谈中可能出现的情况，因为顾客也在随时调整自己的洽谈计划、方针和态度，推销人员只有以变应变，灵活处理各种情况，才能达到预期的推销目标。

推销人员既要在洽谈中坚持各项基本原则，又要明确这些基本原则是相互联系、相互渗透、相互影响、相互转化的。要明确这些基本原则只是方法论原则，而不是具体的洽谈方法。推销人员应该将这些基本原则运用到推销洽谈的方法中去，指导具体的推销洽谈工作。

案例 8-3

肯尼思•纽博尔德是一个机器设备推销员，他在回答顾客的问题时总是不假思索地说："从来没有人提出过这样的问题，我不知道应该怎样回答这个问题。不过，我们的专家罗伯特•米勒工程师肯定知道，这些机器是他从意大利买来的。我去问问他，明天写信告诉您。"之后，肯尼思•纽博尔德向罗伯特•米勒请教。罗伯特•米勒回答了他的问题，然后说："这个问题你可以不用问我，你自己完全能够回答。顾客一旦发现我们的推销代表连这种问题都回答不上来，那会给他们留下多么不好的印象呀！”“我当然知道怎样回答。”肯尼思·纽博尔德表示同意，“不过，在没有与有关人士商量以前，我不想当即回答顾客提出的问题。”“我不明白你为什么这样做。”罗伯特·米勒迷惑不解地说。

[问题]你知道肯尼思·纽博尔德为什么要采取这样的策略吗？

（五）平等互利原则

平等互利原则是指推销人员与顾客要在平等、自愿的基础上互惠互利，达成交易。贯彻平等互利原则要求推销人员在推销活动中尊重顾客，不以势压人，不以强凌弱，不把自己的意志强加给顾客。同时，推销人员应向顾客推销对顾客有用的商品，通过满足顾客的需求来谋求己方的最大利益，最终实现双方的共同利益。

二、推销洽谈的程序

一场完整的推销洽谈大致可分为开局阶段、报价阶段、磋商阶段、成交阶段和检查确认阶段，每个阶段都有不同的基本要求和工作重点。正式的推销洽谈必须按照一定的步骤进行，以增强洽谈的计划性，将洽谈的各个阶段或各个环节有机地统一起来，强化洽谈的整体效果。磋商、成交和检查确认阶段对应着顾客异议处理、成交和续后工作，这些内容将在后续章节中进行讲解。

（一）推销洽谈的开局阶段

推销洽谈的开局阶段是指双方走到一起并提出各自的基本要求、立场的阶段。在这一阶段里，推销人员要处理好以下几个方面的问题：

1. 营造融洽的洽谈气氛

在洽谈的初始阶段推销人员最好不要直奔主题，应根据对顾客个性类型的分析，决定是以一些非业务性、轻松的话题开头，竭力营造一种轻松、友好、愉快与和谐的交流气氛，还是以正式介绍开头，营造一种商业化的洽谈气氛。这些都将对推销洽谈起到积极的促进作用，是洽谈得以顺利进行的润滑剂。

2. 明确洽谈议题，判断顾客的真正需求和购买目的

双方在洽谈中要将自己的立场、要求进行全面的叙述，同时听取对方的陈述。推销人员要通过初步接触来判断顾客的真正目标以及可能的让步程度，应聚精会神地倾听顾客的陈述，观察顾客的举止，想办法让顾客敞开胸怀、畅所欲言。推销人员应当在早期的工作中明确应当使用的销售陈述方式并可灵活调整。推销人员常见的销售陈述方式包括：

（1）记忆型陈述。

这种陈述方式很明显几乎都是预先周密计划好的。最典型的形式是推销人员将全部内容熟记在心，然后对顾客进行严格无误的复述；有时如果准备得不那么充分，推销人员可以根据自己的情况自我发挥和创造。这种陈述方式一般由公司最好的推销人员精心编

排好，然后其他推销人员效仿。这种方式的优点是确保了所有的销售要点都按照逻辑顺序编排好，缺点是丧失了针对不同顾客的具体特点进行灵活变化的机会。记忆型陈述方式一般用于上门推销或者电话推销，这些往往都有时间限制，或由新手来进行。

（2）提纲式陈述。

这种陈述方式保持了记忆型陈述方式的优点，同时又增加了灵活机动的一面。采用这种方式，推销人员只要记住此次陈述的主要内容梗概，就可以在现场进行具体的发挥创造，这既保证了销售陈述的要点不会被忽略，还创造了一种和谐、友好的交流气氛。

（3）视听辅助陈述。

这种陈述方式是运用一些视听工具，如幻灯片、样本、录像、电影等来进行辅助。事实上，整个过程都可以采用这些视听手段，只不过推销人员要在开头说上几句简介，在结尾进行总结。这种陈述方式可以引发顾客的兴趣，充分利用时间，同时可以大大减轻推销人员的工作负担，而且保证了销售的要点无一遗漏。

（4）需求确认陈述。

这种陈述形式极具创造力和挑战性，其设计必须是积极、主动而灵活的，其理论基础是销售中的“针对问题对症下药”。想成功地运用此方法，推销人员必须主动地与潜在顾客打交道，发现并确认他们的需求。这种确认需求的方法主要运用于销售比较复杂的产品或服务，如咨询服务、研究或广告服务、投资与保险业务、计算机和办公自动化系统等。只有熟练且有经验的推销人员才可以胜任。

一般来说，整个销售陈述持续的时间应该由顾客来定，顾客越是有兴趣，持续的时间越要长一些。总之，尽量使销售陈述和展示全面而充分，但不要太耗时间。有时，陈述及展示不一定时间越长越好。

（二）推销洽谈的报价阶段

推销洽谈的报价阶段是推销洽谈双方分别提出协议的具体交易条件，它涉及双方的基本利益。报价是敏感的问题，也是洽谈最关键的环节。推销人员在报价时，首先应该弄清楚报价时机与报价原则。一般而言，应在对方对推销品的使用价值有所了解后才报价；对方询问价格时是报价的最好时机；报价时既要最大限度地实现己方利益，也要有被对方接受的可能性；报价时要做到表达清楚、明确，态度坚定、果断，不要试图对报价加以解释和说明。

案例 8-4

某公司张老板想雇用职业经理人陈凯任销售部经理。陈凯提出 12 万元的年薪要求，而张老板只愿付出 10 万元左右。

张老板说：“作为经验丰富的销售经理，你的要求不算高，但对于这个级别，公司所确定的年薪是 8 万～10 万元，我不能破坏制度，你看你想要多少？”

陈凯：“我想要 10 万元。”

张老板略加思索：“8 万元吧，你看如何？”

陈凯："不，我要10万元。"

张老板叹了口气，无奈地说："好吧，谁让我求贤若渴呢！10万就10万吧。"

［启示］明明是张老板的意见，最后竟成了陈凯的意见和争取的目标，由此不难看出，这一谈判过程中真正的赢家是张老板。

三、推销洽谈的注意事项

为使推销洽谈达到预期，推销人员在洽谈中应当注意以下问题：

（一）展示自己

推销产品在某种程度上也是推销销售人员自己。为吸引顾客注意力，给顾客留下良好印象，在推销洽谈中展示自己是非常重要的。推销人员可借助目光接触、表情、姿态、手势和声音等展示自己的面貌，树立良好形象。

（二）保持控制

在洽谈中，推销人员必须控制整个洽谈过程，以使其按照事前设想的方向发展。保持控制既包括对采用的展示材料、数据的严格控制，也包括对整个洽谈的持续时间和信息传递速度的控制，要保证洽谈时间充分，又不太耗时间。因为谈得过慢、时间过长会使顾客感到厌烦，而谈得过快、时间过短又可能会使顾客失去购买选择的机会。此外，还包括对顾客的抱怨、提出的问题等推销情绪反馈的控制。推销人员对对方的抱怨和问题予以解释后，应尽快使对方转回正题，将注意力再次引入推销洽谈之中。

（三）不过分推销

在推销过程中，当顾客对所谈的问题都已了解并准备购买时，推销人员应立即停止推销，赶快促成交易，结束推销洽谈，而不能做过分的推销。过分推销会使推销人员错过促成交易的最佳时机，致使交易受挫。此外，即使顾客不打算购买，不能促成交易时，推销人员也应以为下一次访问留有后路的方式结束洽谈，而不要停留太久。

（四）建立信任

推销人员应千方百计地使顾客对自己有信心。如果顾客不信任推销人员，是不可能购买推销人员所推销的产品的。因此，在推销过程中，推销人员应注意采取各种手段和方法来建立起顾客对自己的信任。

（五）避免中断

在推销洽谈中会出现中断事件，如电话突然响起，或者顾客的秘书拿着一份紧急文件走进来等。这些都会扰乱推销人员与顾客的思路，分散双方的注意力，甚至会降低顾客的购买兴趣。因此，应尽量避免中断事件的发生。而要想有效地避免中断，应尽量创造一个不受外界打扰的环境来与顾客洽谈，如选择顾客不太忙的时间，或在一个幽静的地点进行洽谈。

➢ 练习题 ➣

一、思考题

1. 什么是推销洽谈？有何特点？
2. 推销洽谈的目标与内容有哪些？
3. 推销洽谈应遵循哪些原则？
4. 推销洽谈前应做好哪些准备？
5. 销售陈述都有哪些方式？它们各自的利弊是什么？
6. 推销洽谈应注意的事项有哪些？

二、案例分析题

推销员小胡供职于湖南怀化某综合性服务企业，该企业策划了一次“十佳礼仪小姐大奖赛”的广告演出活动。小胡受命推销公司的活动计划，以赢得广告客户，获得营业收入。

当地的工商企业不少，但从哪家企业开始呢？小胡想，参与这次活动的企业必须具备两个条件：① 效益好，能有广告资金投入；② 重视广告宣传，乐于投入资金。广州××制药总厂怀化分厂进入了他的视野，这是一家沿海地区先进企业与内陆合办的工厂，联营后，通过加大科技投入、不断开发新产品、努力提高产品质量、强化销售等一系列措施，工厂发生了很大的变化。该厂注重广告宣传、注重销售等的营销观念深深地吸引了小胡，他决定上门推销。

厂长是一位精明的医学硕士，因为与小胡年龄相仿、经历相似，可以谈的话题很多，容易相处，因而小胡决定一见面先不谈正事，融洽感情再说。于是自我介绍后，小胡即代表公司感谢广州××制药总厂对湖南的支持，对他们远离家乡、远离亲人，在外艰苦创业的精神表示钦佩，并谈起了工作、生活和工厂生产情况。待气氛缓和之后，小胡将一本《公共关系》杂志递给了厂长，并翻出事先折好页的文章，请厂长指教。

推销为什么要带上一本杂志呢？原来杂志里面刊登着小胡的一篇文章，题目为《公关广告的基本类型》，文章中引用了广州××制药总厂开展赞助型公关广告的实例。果然不出所料，杂志起到了作用，厂长看到已用红线画出的实例后，马上来了兴趣，不仅把实例看完，还把全文都认认真真看了一遍。待厂长看完，小胡乘机把计划和盘托出。

或许是文章的宣传效应，厂长当时便对这次活动表现出了浓厚的兴趣，并就其中的一些技术性问题进行询问。在得到满意的答复并了解到活动安排十分周详后便欣然应允投入广告费，买下本次大奖赛活动的冠名权。很快，一份关于举办“十佳礼仪小姐大奖赛”的广告宣传协议书正式签署。

问题：(1) 推销洽谈的过程包括哪些？

(2) 推销员小胡成功的原因是什么？

三、实训题

推销洽谈模拟训练：

(1) 设定条件。

根据有关资料,选定××公司为待开拓的新客户,推销员首次前往该公司与采购部部长洽谈推销事宜。作为一个专职推销员,你应如何与对方洽谈以拿到对方的订单?

(2) 背景资料。

客户名称:××公司。

经营规模:年销售额8 000万元,下属店铺16个。

采购部部长:50岁,精力充沛,经验丰富,善谈。

第九章
顾客异议处理

引 例

推销员：我看这款手机满足了您所有的需求，它真的很适合您。

顾客：可是它太贵了。

推销员：什么，太贵了？你怎么不早说呢？我们有便宜的呀！这一款就便宜得多，只不过没有上网功能。

顾客：要是没有上网功能，我为什么要换一部新的手机呢？

推销员：那你就买那款带上网功能的吧！

顾客：可是那款又实在太贵了呀！

推销员：一分钱一分货啊！

顾客：贵的我买不起呀！

推销员：（愤怒）那到底买不买？

顾客：……

［问题］该推销员工作失误在什么地方？

第一节 顾客异议的成因与类型

一、顾客异议的含义及意义

顾客异议是指顾客对推销品、推销人员以及推销方式和交易条件发出的怀疑、抱怨，甚至提出否定或反面的意见。顾客异议是推销成功的直接障碍。从这一点来说，整个推销过程就是推销人员发现顾客异议并及时有效化解的过程。因此，正确对待顾客异议并能在推销过程中给予有效的处理是推销成功的必要条件之一。

尽管顾客异议阻碍了交易的达成，但是顾客异议具有两面性，它既是成交障碍，又是成交信号。顾客异议是顾客不买推销品的理由，顾客异议越多，成交难度越大。但同时，顾客异议也是一种明显的成交信号。俗话说“嫌货人才是买货人”，顾客对推销品百般挑剔，正表明其有购买欲望并期望以最优性价比成交。对于推销人员来说，顾客异议的意义体现在以下三个方面：

（一）顾客异议是顾客对商品产生兴趣的标志

顾客只有对所推销的商品产生兴趣时才能从正反两方面来考虑问题，权衡得失，发表个人见解。因此，顾客异议绝非出于对购买不感兴趣，而是出于疑虑。因势利导、消除顾客疑虑才是推销工作的重点，也是诱发顾客购买行为的动力。因此，推销工作中不怕有异议，而怕没有异议。无异议的顾客反倒令人担忧，因为这往往是他们不感兴趣的标志，而且也会使推销人员很难窥测到他们的内心活动，从而使推销工作无法进行下去。

（二）顾客异议是企业信息源之一

顾客异议直接向推销人员提供了更有价值的信息，帮助推销人员在前期收集信息资料的基础上进一步掌握有利于成交的信息。因此，正确地将顾客异议归纳总结出来，往往会导致新的发现。

顾客对购买提出异议，说明顾客已经在考虑有关购买的细节问题了，这是十分可喜的信号。有经验的推销人员可以从中获得三类信息：一是确认进一步劝导顾客购买的最好时机；二是了解顾客的新需求；三是发现企业产品及工作中存在的问题。对于第一类信息，关键在于因势利导，切莫坐失良机；对于第二类信息，应尽快反馈到企业，以加速新产品开发，满足顾客新的需求；对于第三类信息，则要特别重视，据此对企业产品切实加以改进。

（三）真诚提出异议的顾客是可能的买主

俗话说：“褒贬是买主，喝彩是闲人。”有经验的推销人员都有这样的体会：喜欢挑剔的顾客多半是诚心要买的。因此，顾客的异议、褒贬都向推销人员表明，交易达成可能近在咫尺了。

二、顾客异议的成因

只有了解了异议的可能成因，推销人员才可能更冷静地判断异议产生的真正原因，并针对成因“有的放矢”，如此才能真正有效地化解异议。

（一）顾客方面的成因

顾客是推销的对象，也是推销的双重主体之一。购买推销品的是顾客，设置推销障碍的也是顾客，因此推销过程中的异议首先表现在顾客方面。来源于顾客方面的异议，其根源主要表现为：

1. 顾客的需要

顾客的需要是顾客产生购买行为和形成顾客异议的最基本的原因。顾客的需要是多方面、多层次的，包括生理需要和心理需要、物质需要和精神需要、有形推销品需要和无形推销品需要等。顾客的需要是不断变化的，会因不同的推销品、不同的时间、不同的购买场所而不断变化。顾客需要的多样性、层次性、伸缩性必然导致其购买行为的多变性，这主要表现为推销过程中顾客必然会以各种不同的反对意见来“约束”其购买行为的实现。

2. 顾客的偏见

顾客认知的个性色彩会使同一种推销品在不同顾客心中留下不同的印象，由认知差异所导致的异议直接表现为顾客的偏见。消费心理学认为，任何顾客都具有一定的偏见，这与顾客个人的文化水平、社会经历、社会交往以及广告宣传、社会舆论有关。顾客的偏见往往带有强烈的感情色彩，通常对事物（推销、推销品、推销人员）缺乏公正、客观、全面的评价。顾客的偏见往往会导致各种类型的推销异议，且难以在短时间内通过说理的方式消除。

3. 顾客的自我表现

由于自尊心的驱使，顾客往往会在不同的场合、以不同的方式、不同程度地进行自我表现。对于推销人员所进行的推销品介绍，顾客往往认为没有必要，推销人员越是介绍推销品的优点和提出推销建议，他越觉得自己有必要提出一些不同的看法，甚至试探一下推销人员的能力和见识。当推销人员在其言行举止中流露出得意的神情时，顾客往往会采取自我表现的态度，以求得心理上的满足。

4. 顾客的自我保护

当推销人员向顾客推销时，对于顾客来说推销人员是一位不速之客，推销品也是陌生的。人有本能的自我保护意识，在没弄清楚事情原委之前，会对陌生人心存警惕，采取排斥的态度，以自我保护。绝大多数的顾客所提出的异议都是在进行自我保护，也就是自我利益的保护，他们总是把得到的与付出的进行比较。因此，推销人员要注意唤起顾客的兴趣，提醒顾客购买推销品所能带来的利益，这样才能消除顾客的不安，排除异议，进而达成交易。

5. 顾客缺乏足够的购买力

一般来说，顾客购买力的大小往往与推销成交的顺利程度成正比，尤其是在购买欲望产生后更为明显。如果顾客缺乏购买力，就会拒绝购买，或者希望得到一定的优惠。有时顾客也会以此作为借口来拒绝推销人员，或利用其他异议来掩饰缺乏购买力这一真正原因。例如，顾客“吹毛求疵”，提出一些无关的异议等，往往是购买力不足所致。因此，推销人员要认真分析顾客缺乏购买力的成因，以便做出适宜的处理。

（二）推销品方面的成因

推销品是推销的客体，是一个多因素的集合体。构成推销品的要素主要包括质量、功能与效用、品种、规格、花色、式样、包装、商标、价格、服务等。根据推销品的构成要素，顾客对推销品产生异议的原因大致可归纳为以下几方面：

1. 推销品的质量

质量从广义上说是一个广泛的概念，包括内在质量、外在质量和服务质量。这里主要指的是狭义上的质量，即推销品的内在品质，包括推销品的性能（适用性、有效性、可靠性、方便性等)、规格、颜色、型号、外观包装等。

源于质量上的异议主要表现在两个方面:一是没有处理好质与价的关系。当推销人员提供的推销品质次价高时,顾客必然会提出反对意见;而推销品质优价廉也是一种质价不相符,也可能遇到顾客异议,但此类异议属于顾客心理方面的异议或价格方面的异议。二是没有处理好质与求的关系。在消费水平较高的市场上,质次价低的推销品未必有销路;而在购买力有限的市场上,质优价高的推销品也未必有人问津。当企业或推销人员没有能够处理好质与求的关系时,顾客必然会提出相应的反对意见。所以,推销人员要耐心听取顾客的异议,去伪存真,发掘其真实的成因,对症下药,设法消除异议。

2. 推销品的功能与效用

推销品是供顾客使用的,它必须具有使用价值,具有它应当具备的最基本的功能与效用,能够满足顾客的某种需要,否则,再好的推销品也无法为顾客所接受。推销品的功能与价值成正比,但并不一定与顾客需求成等比例变化,功能过多、太少或不齐全都会引发异议。在这里,推销品的功能直接表现为推销品应具有适用性。推销品的效用是推销品的自然属性,也是顾客之所以购买它的最根本的衡量标准。在这里,推销品的效用表现为推销品应具有实用性。对于顾客而言,推销品的适用性与实用性最为重要,适用性与实用性越强就越有销路,否则,即使质量再好也无人问津。

3. 推销品的形式

推销品的形式包括品种、规格、花色、式样、包装、品牌等,它们都是产品整体概念的一部分,是推销品在顾客眼中的直观形象。顾客购买推销品的行为方式直接表现为"望、闻、问、试",观察推销品的外形是第一关。推销人员所推销的推销品在品种、规格、花色、式样上一要做到齐全,二要做到适销,三要做到对路;在推销品包装和商标上应做到新颖、别致、具有吸引力,能够唤起顾客注意,诱发顾客兴趣。如果推销品在外形上存在问题,不能满足顾客的特定需求,那么在推销过程中就会遇到有关的推销障碍。

4. 推销品的价格

推销品的价格是顾客最敏感的问题之一,也是最容易提出异议的问题之一。美国的一项调查显示,有75.1%的推销人员在推销过程中遇到过有价格异议的顾客。顾客产生价格异议的原因主要有:顾客主观上认为推销品价格太高,物非所值;顾客希望通过价格异议达到其他目的;顾客无购买能力,等等。要解决价格异议,推销人员必须加强学习,掌握丰富的商品知识、市场知识和一定的推销技巧,提高自身的业务素质,通过有效的沟通与说服,让顾客感到物超所值。

5. 推销品的服务

推销品的服务包括售前、售中和售后服务。在日益激烈的市场竞争中,顾客对销售服务的要求越来越高,销售服务的好坏直接影响到顾客的购买行为。服务的竞争是现代企业的主要竞争方式,谁能提供优质的服务,谁就能赢得顾客。推销品的品质、价格、功效都存在着一定的限度,不能随意超越,而服务却没有限度,服务项目越多,花样越新,顾客就越欢迎。如果顾客感到服务不周,一般不会就服务直接提出异议,而是通过货源异议或推销人员异议来拒绝接受推销。推销人员为减少顾客的异议,应尽其所能,为顾客提供一流的、全方位的服务，以赢得顾客，扩大销售。

（三）推销人员方面的成因

推销人员是企业形象的代表，推销人员的行为在一定程度上代表企业的行为，顾客面对推销人员时往往会联想到推销人员所在的企业及其推销品。如果推销人员自身存在着某些主观或者客观上的问题，必然会引起顾客的反感，并因此而流露出抵触情绪或提出反对意见。一般来说，来源于推销人员方面的异议表现在以下几个方面：

1. 推销人员素质低

作为一名合格的推销人员，必须具备良好的思想品质、职业道德、顾客至上的推销观念和忘我的敬业精神；精通业务，能熟练地运用推销技巧，具有全面的市场知识和商品知识；除具备一般能力外，还应具备吸引顾客、诱导顾客的特殊能力。当推销人员不具备上述条件时，必然会引起顾客的反感，从而导致推销障碍的产生。

2. 推销人员形象欠佳

这里主要是指相对内在气质而言的外部形象。尽管推销人员的外部形象在相当大的程度上取决于遗传，但可以通过内在气质的衬托和形象的设计来弥补。优秀的推销人员往往会巧妙地设计个人形象，并逐步在顾客心目中形成较为固定的形象，从而促使推销的顺利进行。如果推销人员不拘小节、不修边幅、不讲究礼仪，往往会引起顾客的反感，受到顾客的排斥。

3. 推销人员方法不当

同样的策略和技巧，不同的人运用，最后取得的结果是不相同的。这说明，推销方法的运用是有条件的。苏联社会心理学家林切夫斯基认为，面对想要吵架、故意刁难的顾客，推销人员的热情与积极性无异于火上浇油，只能强化"冲突"的发生。因此，当推销人员选择了错误的时机运用"正确"的方法时，结果可能适得其反。此外，推销人员在方法运用上的某些"误区"也容易引起顾客异议。例如，推销人员往往认为需要以"三寸不烂之舌"竭力推销，因此忽略了给顾客表达想法的机会；推销是以推销人员自己为中心的单方面的行为，因而忽视了另一个推销主体——顾客，等等。

4. 推销人员受顾客排斥

这是一个具有双重性的问题，它反映的是推销人员与顾客的有效配合问题。顾客排斥推销人员，犹如顾客排斥广告宣传一样，这是由顾客所持偏见造成的，可以视为常规性的异议。此外，某些顾客排斥推销人员并非是单纯地排斥推销品或所有的推销人员，而是排斥某些特定的推销人员，即排斥某一性别、年龄或某一类型的推销人员。这种排斥是一种非常规的排斥，由此引起的顾客异议是一种非常规排斥异议。它既可归结为由顾客成因所引起的推销异议，也可以归结为由推销人员成因所引起的推销异议。

三、顾客异议的类型

由于推销环境、推销时间和推销地点不同，推销人员所遇到的异议是不相同的。按照不同的分类标准，顾客异议可以划分为各种不同的类型。

案例 9-1

在实际推销活动中，虚假异议占顾客异议的比例比较大。日本有关推销专家曾对 378 名推销对象做了如下调查："当你遇到推销人员访问时，你是如何拒绝的？"结果发现，有明确拒绝理由的只有 71 名，占 18.8%；没有明确理由，随便找个理由拒绝的有 64 名，占 16.9%；因为忙碌而拒绝的有 26 名，占 6.9%；不记得是什么理由，凭直觉而拒绝的有 178 名，占 47.1%；其他类型的有 39 名，占 10.3%。

[启示] 这一结果说明，有近七成的推销对象并没有明确的理由，只是随便找个理由来反对推销人员的打扰，把推销人员打发走。

（一）推销品异议

推销品异议是指顾客认为推销品本身不能满足自己的需要而形成的一种反对意见。例如，顾客提出："羽绒服这几年的款式翻新特别快，这是去年的推销品，款式太陈旧。"这种反对意见往往表现为顾客对推销品有一定的认识，但不愿意购买。关于推销品方面的具体异议有：质量太差、功能太少、设计陈旧、型号不对、颜色不符、结构不合理、牌子不出名、包装没特色等。

（二）价格异议

价格异议是顾客将推销品的价格水平与其品质比较后提出的异议。价格过高的推销品会让顾客觉得不值，而价格过低的推销品也会让顾客产生质量是否可靠的异议。例如，在推销工作中经常会听到这样一些议论："这个商品值这个价吗""这个产品这么便宜，质量可能有问题吧""别人的比你的便宜"。

（三）需求异议

需求异议即顾客对推销品的使用价值在满足需求和满足程度方面产生的异议。例如，"这东西有什么用""这样的货我们还有一些，等用完了再买"。需求异议是对推销的一种拒绝，可能顾客确实不需要这种推销品，或顾客对这种推销品能给自己带来的利益还缺乏认识。

（四）货源异议

货源异议是指顾客对推销品的产地、品牌、厂家或推销人员的来历提出异议。货源异议可能是顾客对货源地的真实性提出异议，也可能是顾客不愿接受信不过的厂家或品牌的商品。例如，"很抱歉，这种推销品我们与某厂有固定的供求关系""没听说过这个品牌"。

（五）推销人员异议

推销人员异议是指顾客因对推销人员不信任或反感而提出的一种异议。顾客提出这种反对意见，表明顾客愿意购买这种推销品，只是不愿意向特定推销人员购买。这种异议有一定的积极意义，便于推销人员及时发现自身的不足，改进服务态度，提高个人信誉。

克服这一障碍，一方面要求推销人员加强自身修养，提高工作质量；另一方面要求推销人员注意观察顾客行为，分析顾客心理，想办法消除误会，争取顾客的谅解与合作。

（六）财力异议

财力异议是指顾客以缺乏支付能力为由而提出的一种购买异议。一般来说，推销人员是比较容易了解顾客的财力状况的，在顾客资格认定、接近的准备中，推销人员就已经对顾客的支付能力进行过审查。因此，在对顾客的资料掌握得比较准确的情况下，很容易区分推销中所遇到的财力异议是真是假。真实的财力异议是推销难以克服的异议，发生该障碍属于对顾客资格认定的失误；虚假的财力异议只是一种借口，只要方法得当是很容易排除的。这一异议往往以"推销品确实不错，可惜无钱购买""如能在资金上通融一下，我们还是很想进货的"等方式出现。

（七）权力异议

权力异议是指顾客以缺乏购买决策权为由而提出的一种反对意见。例如，顾客说："这个事情不属于我们管理的范围，实在很对不起。"无论是集团购买还是家庭购买，都有一个权力中心点。商品的购买者有可能只是一个购买执行者，而非购买决策者。一般来说，权力异议也有真实与虚假之分。真实的权力异议是推销中难以克服的障碍，虚假的权力异议则是顾客为了达到讨价还价的目的而寻找的一种借口。对于两种不同性质的权力异议，推销人员必须慎重对待，区别处理。

（八）购买时间异议

购买时间异议是指顾客认为购买推销品的最好时机还未成熟而提出的异议。例如，"我们还要再好好研究一下，然后再把结果告诉你""我们现在还有存货，等以后再说吧"。这种异议的真正理由一般不是时间问题，而往往是价格、质量或其他问题。当然，买方存货过多、资金周转困难也会导致真正的购买时间异议。对于顾客提出的购买时间异议，推销人员应认真加以分析和区分。

第二节 顾客异议处理的原则与方法

一、顾客异议处理的原则

顾客异议无论是怎样产生的，都是潜在顾客拒绝推销品的理由，推销人员必须妥善处理才有望取得推销的成功。为了有效而顺利地完成这一任务，推销人员在处理顾客异议时必须遵循一些基本原则。

（一）坚持尊重顾客的原则

顾客对推销活动产生疑问、抱怨和否定态度总有一定的原因，同时，能否尊重顾客异议也是推销人员是否具有良好素质与修养的一种体现。只有尊重顾客异议，才能在此基础上做好转化工作。要知道，顾客购买推销品并非完全出于理智，在许多情况下是出于感情因素。尊重顾客异议应具体地体现在推销人员的言谈举止中。

由于买卖双方价值观、态度、利益、角度及需要的不同,异议自然而然地产生了,并且是循序渐进的,也是销售过程中必不可少的环节。顾客异议既然是一种客观存在,推销人员就需要正确理解和对待。当顾客提出异议时,推销人员要认真听取,并表现出极大的关心和兴趣,这本身就是赢得顾客好感的有效方法,必要时还可以复述顾客异议,但要注意不要曲解顾客异议的内容。复述一方面可以为自己明确异议的内容和根源、寻找有效的解决方法赢得时间,另一方面也会使顾客觉得受到了尊重。

(二)坚持真实性的原则

在处理顾客异议的过程中,应该坚持说真话、说实话、凭实据,本着科学的态度对待证据,不可无中生有、移花接木、夸大宣传。推销介绍中所讲的、所提示的、所演示的都是真实的,化解顾客异议的关键是与顾客"坦诚相见"并使顾客相信所说的内容,可用有关单位或权威部门出具的证明材料来说明,如检验单、鉴定测试报告、使用测试记录、证明、证书,还可以用一些典型实例来化解异议。

(三)坚持永不争辩的原则

推销洽谈的过程是一个人际交流的过程,推销人员与顾客保持融洽的关系是一个永恒的原则。在推销洽谈过程中,推销人员应避免与顾客争论,满足顾客受尊重的需要是顾客愿意接受推销的心理基础。顾客提出异议,意味着他需要更多的信息。推销人员一旦与顾客发生争论,拿出各种各样的理由来压制顾客,即使在争论中取胜,也会彻底失去成交的机会。因此,应坚持尊重对方的人格,合理开导,增加信息传递的数量和质量,以推销人员的知识和能力影响顾客,使推销洽谈顺利进行。

(四)坚持认真分析的原则

顾客既然提出异议,必定有其理由。所以对持有异议的顾客,推销人员要学会洞察顾客心理,认真分析顾客的各种异议,把握到底哪些是真实的异议,哪些是顾客拒绝购买的托词,并探寻其异议背后的隐含动机。要弄清隐含动机,推销人员需要向顾客提出问题并仔细观察,从中了解顾客的真实意图,从而有针对性地处理各种异议,并最终提高推销的成功率。

(五)坚持适当回答的原则

回答顾客的异议应简明扼要,不要偏离正题,也不要过于集中讨论某一方面的异议,而是要学会适当地转换话题,分散顾客对某方面异议的注意力。在回答顾客异议时,要尽量避免用个人的看法影响顾客,避免使用"如果我是你的话"或者"我有过亲身体验"之类的话,这样回答更容易引起顾客的反感。因为在提出异议时,顾客往往并不那么相信推销人员或试图征求推销人员的意见。

推销人员要巧妙、正确地回答顾客异议,还必须对自己的产品有全面的了解,特别是对产品的使用说明更要熟悉,要掌握顾客的情况和真实的感受。这样,对顾客提出的异议才能应答如流,提高回答问题的可信度。同时,推销人员还要注意自己的回答对顾客可能产生的影响，要经常向顾客询问是否满意，不搪塞顾客的要求和异议。

（六）坚持适时处理的原则

对于顾客提出的异议，推销人员不一定要立即答复，而应选择适当的时机答复。有的异议是推销人员必须答复的，而且能够给顾客一个圆满答复的，应立即处理，称为“热处理”；有的异议是推销人员不能自圆其说或是异议偏离主题的，可不必马上答复，甚至不予理睬，称为“冷处理”；有的异议已在预料之中，推销人员应做好准备、先发制人，在顾客提出异议之前及时解答，消除顾客的疑虑，争取顾客的信任。

二、顾客异议处理的方法

顾客异议是多种多样的，处理的方法也千差万别，必须因时、因地、因人、因事采取不同的方法。在推销过程中，常见的处理顾客异议的方法有以下几种：

（一）预防法

预防法是指推销人员在推销拜访中，确信顾客会提出某种异议，在顾客提出异议前首先化解可能提出的异议。一般来说，推销人员尽可能不要引致顾客提出异议，因为顾客提出异议以后，需要花费一定时间和精力才能化解。但是推销人员也不能消极地回避顾客可能提出的异议，而应该主动化解顾客有可能提出的异议。例如，推销人员希望顾客在15天内付款，他说：“先生，您一眼就可以看出我们公司产品的质量是可靠的，并且价格也比较合理，在操作上也很有特点。您也知道，我们公司要维持合理价格，除了凭借可靠的质量和高效率的操作外，也采用了企业界的一般做法。”推销人员请求顾客在规定期限内付款，显然顾客对此略有抱怨，但由于该产品的特点是物美价廉，实质上是增加了顾客的利益。

由此可见，预防法的最大好处就是先发制人，有效地阻止顾客的异议。但采用这种方法，推销人员必须在接近顾客之前将顾客有可能提出的各种异议列出来，并准备好对策，在推销中灵活运用。

（二）“但是”法

“但是”法也称转折处理法，是处理顾客异议的常用方法，即推销人员根据有关事实和理由来间接否定顾客的意见。应用这种方法时首先应承认顾客的看法有一定道理，也就是向顾客做出一定让步，然后再讲出自己的看法。此法一旦使用不当，可能会使顾客提出更多的意见。例如：

顾客：“不行，这个价格太高了。”

推销人员：“先生，您说得是，许多人都这么认为，但是我们的这种产品比其他同类产品多了三个功能，您看……”（给顾客演示）

由于“但是”法是一种间接否定法，不是直截了当地否定顾客的异议，而是先退后进，语气比较委婉，因而一般不会得罪顾客。这种方法能够缩短推销人员与顾客之间的心理距离，使顾客找到成为重要人物的感觉，委婉而富有人情味，有利于保持良好的推销气氛和人际关系。

“但是”法虽然有很多优点，但也有缺点与不足，过分使用这一方法往往会引起顾客的防御行为。推销人员首先做出的“退让”可能会影响顾客对推销品的购买信心，进而成为顾客拒绝购买的理由。因此，推销人员应注意推销引导，主动提供更多的推销信息，用真实可靠的佐证消除顾客的偏见。灵活掌握这种方法，既可保持良好的洽谈气氛，又会为自己的谈话留有余地。例如，顾客提出推销人员推销的服装颜色过时了，推销人员不妨这样回答：“小姐，您的记忆力的确很好，这种颜色几年前已经流行过了。我想您是知道的，服装的潮流是轮回的，如今又有了这种颜色回潮的迹象。”这样就轻松地反驳了顾客的意见。

案例 9-2

在一次冰箱展销会上，一位打算购买冰箱的顾客指着不远处一台冰箱对身旁的推销员说：“那种 AE 牌冰箱和你们的冰箱同一类型、同一规格、同一星级，可是 AE 牌冰箱制冷速度要比你们的快，噪音也要小一些，并且冷冻室比你们的大 12 升。看来你们的冰箱不如 AE 牌的呀！”推销员回答：“是的，您说得不错。我们冰箱噪音是大点，但仍然在国家标准允许的范围之内，不会影响您家人的生活和健康。我们的冰箱制冷速度慢，可耗电量比 AE 冰箱少很多。我们的冰箱冷冻室小但冷藏室大，能储存更多食物。您一家三口人，每天有多少东西冰冻呢？再说我们的冰箱比 AE 冰箱便宜 600 元，保修期长 1 年，我们还可以上门维修。”顾客听后，脸上露出了欣然的表情。

[问题] 这位推销员是如何化解异议的？

（三）反驳法

反驳法是指推销人员根据有关事实和理由来直接否定顾客异议的一种处理技术，又称直接否定法。使用这种方法时，态度一定要友好而温和，最好是引经据典，这样才有说服力。

理论上讲，直接驳斥客户的做法是最不明智的，这种方法应该尽量避免，但在有些情况下使用反驳法却很奏效。反驳法适用于处理由于顾客的偏见、狭隘等而导致的有明显错误、漏洞以及自相矛盾的异议。一般来说，当顾客无端指责推销人员或其所在企业时，推销人员可以加以反驳；当顾客提出的异议与事实大不相符，而推销人员又熟悉并掌握了大量材料时，也可以予以反驳。例如，顾客提出：“你们的产品比别人的贵。”推销人员回答：“不会吧，我这里有其他厂家的同类产品的报价单，我们的产品价格是最低的。”在这个事例里，推销人员有效地使用反驳法否定了顾客所提出的有关异议。

正确地运用反驳法可以让顾客感受到推销人员的信心，从而增强顾客对产品的信心；同时直接说明有关情况，澄清是非，有利于消除顾客的各种借口，促使顾客尽快接受推销品。

但反驳法也有不足之处，容易增加顾客的心理压力，弄不好会伤害顾客的自尊心和自信心，造成推销洽谈的紧张气氛，不仅没有化解顾客异议，反而使异议成为成交的障碍。因此，推销人员采用此方法处理顾客异议时，应该尽量避免针锋相对，防止和顾客直接对立。由于要直接驳斥顾客的意见，为了避免触怒顾客或引起顾客的不快，推销人员要态度友好，切勿对顾客横加指责，伤害顾客的自尊。但是，这并不是绝对的。使用反驳法，一般只针对两种顾客：① 对商品缺乏了解，对购买存在疑虑而提出购买异议；② 想通过提出异议取得优势地位，以利于讨价还价，也就是所谓的虚假异议。另外，对固执己见、气量狭小的顾客最好不要使用这种方法，因为这类顾客会认为销售人员不尊重自己，从而产生争执。

（四）利用法

利用法也叫转化处理法或自食其果法。此法是利用顾客异议本身对推销有利的一面来处理异议，把顾客拒绝购买的原因转化为说服顾客购买的理由。换句话说，顾客异议经推销人员的巧妙转化，可以变成反击顾客的武器，使顾客“作茧自缚”，陷入自设的陷阱之中，被推销人员说服。这种做法能化解多种常见的顾客异议，是推销中最常见的技巧之一。顾客的反对意见是有双重属性的，它既是成交的阻力，同时又是一次成交的良机。推销人员要是能利用其积极因素去抵消消极因素，未尝不是一件好事。

运用这种方法通常比较有效，它将顾客的异议变成说服顾客的理由，使自己从“守”转为“攻”，易于保持良好的气氛，同时直接引证顾客自己的话更有说服力，往往可以顺水推舟，达成交易。

采用这种方法要谨慎，语言要尽可能诙谐风趣，态度一定要诚恳，以免让顾客觉得推销人员在抓他的话柄、钻他的空子而感到有损自尊。在运用这一方法时，推销人员自己必须经验丰富，精于推销技巧，因为只有有经验的、精通技巧的人，才能察言观色、当机立断，将顾客异议转化为有利于成交的理由。要善于找出顾客异议的内在矛盾，但不能直接加以否定，要注意语言艺术，应尊重、肯定、承认、利用和转化顾客异议，做到刚柔相济、曲直结合。解决矛盾应有说服力，才能使顾客信服。例如，顾客说：“抱歉，我财力有限，现在没钱买。”推销人员可以说：“先生，现在房价上涨这么快，赶早不赶晚呀！”在本例中，顾客以“没钱”为拒绝的异议，但在物价不断上涨之时，与其延迟购买，不如及早做出购买决定。“财力不足”原来是不买的原因，一经推销人员巧言转化，反而成为必须购买的理由。

（五）询问法

询问法是指推销人员利用顾客提出的异议，直接以询问的方式向顾客提出问题，引导顾客在回答问题的过程中不知不觉地回答自己的异议，甚至否定自己，同意推销人员观点的方法。询问法是一种间接处理顾客异议的方法，即推销人员不直接回答顾客异议，而是先询问，然后以顾客回答来代替自己的答复。

询问法主要是通过询问来了解顾客的异议，当顾客提出异议后，推销人员通过追问“为什么”来寻找异议根源。这种方法一般适用于处理那些不确定型的顾客异议。当然，当顾客异议是确定的，而推销人员想借此掌握对方更多的信息或解决其他相关的问题时，也可采用这种方法。

询问法的优点在于：由推销人员主动发问，直接询问顾客、请教顾客，便于把握洽谈的主动权，同时可以了解更多的情况，掌握更多的信息，便于摸清顾客的底细，查出异议根源，明确异议性质，使异议得到及时有效的处理。

但这种方法如果运用不当，可能会引发顾客的反感与抵触情绪。顾客在推销人员的多次询问或追问下，可能会产生更多的异议，破坏推销气氛，阻碍推销工作的顺利进行。推销人员在运用这种方法时，对顾客的询问应当及时。因为只有及时询问顾客，才能了解顾客的真实想法，以把握出现购买障碍的真实根源；询问应紧紧围绕顾客的有关异议，避开次要的、无效的顾客异议，以提高推销效率；追问应适可而止，并注意尊重顾客。对于不形成购买障碍的，顾客不愿意讲的，或者根本说不清楚根源的异议就不要再追问。例如，顾客说："我希望你们的价格再下降一些。"推销人员说："我知道您一定希望我们对您的售货服务做得十分完美，难道您希望我们的服务打折吗？"再如，顾客说："我希望你们所提供的款式能够让顾客充分选择。"销售人员说："我们已经选了10种最时尚的款式，难道你们希望拥有更多款式的产品来增加你们的库存负担吗？"

（六）补偿法

补偿法是指推销人员坦率地承认顾客异议所指出的问题的确存在，同时指出顾客可以从推销品及其购买条件中得到另外的实惠，使异议所提问题造成的损失从其他方面得到充分补偿，从而使顾客心理平衡、增强购买信心的一种异议处理方法。这一方法在推销工作中运用得较为普遍，特别是当顾客提出的异议有理有据时。当顾客提出异议且有事实依据时，推销人员应该承认并欣然接受，强力否认事实是不明智的举动，但要设法给顾客一些补偿，让他取得心理上的平衡，即让他产生两种感觉：产品的价值与售价一致；产品的优点对顾客很重要，产品没有的优点对顾客而言较不重要。

补偿法的运用范围非常广泛，如果顾客的反对意见的确是产品或公司所提供的服务中的缺陷，千万不可以回避或直接否定。明智的方法是肯定有关缺点，然后淡化处理，利用产品的优点来补偿甚至抵消这些缺点。这样可以使顾客的心理达到一定程度的平衡，有利于顾客做出购买决策。例如，美国艾维士汽车出租公司有名的广告词——"我们是第二位，因此我们更努力！"——就是一种补偿法。再如，顾客嫌车身过短时，汽车销售人员可以告诉顾客"车身短有助于方便地停车"。

补偿法具有很多优点：推销人员能实事求是地承认推销品的不足之处，不是否定而是肯定顾客异议，给顾客的感觉是真诚、客观、可以信赖，有利于改善推销人员与顾客的关系。补偿法在承认问题的基础上，要向顾客做出必要的说明或提出附加条件，这样才不至于出现纯粹的让步。

但这一方法也有其缺点：推销人员承认顾客提出的异议，可能会使顾客得寸进尺，提出更多的异议，增加推销劝说的难度；也可能因此影响顾客对推销品的看法，增加其顾虑；还可能会拖延推销时间，降低推销效率。

为了用好补偿法，推销人员应正视顾客异议并加以妥善解决，要认真分析顾客产生异议的根源，确定顾客异议的性质，可以以得补失、以优补劣，使顾客达到心理平衡。同时，推销人员应学会重点推销，并非顾客提出的所有有效异议都要一一找到相关条件去补偿。例如，当推销的产品质量确实有些问题，而顾客恰恰提出该问题时，推销人员可以从容地告诉他:“这种产品的质量的确有问题,所以我们才削价处理。不但价格优惠很多,而且公司还确保这种产品的质量不会影响您的使用效果。”这样一来,既打消了顾客的疑虑,又以价格优势激励顾客购买。这种方法侧重于心理上对顾客的补偿,以使顾客获得心理平衡。

处理顾客异议的方法还有多种,如拖延法、举证说明法、有效类比法、旁敲侧击法等,在推销实践中,推销人员应根据不同的推销情况加以灵活运用,并善于创新,以提高推销效率,提升推销业绩。

案例 9-3

推销是推销主体与推销对象双向交流的过程。在推销过程中,我们经常发现有的顾客会不假思索地拒绝推销。遇到这种情况时,推销人员不应“退避三舍”,而应“迎难而上”,其中巧妙提问是关键。提问可以消除双方的压迫感,缓和商谈气氛;可以摸清对方底牌而让对方了解自己的想法;可以确定推销过程进行的程度;可以了解顾客的障碍所在,寻找应对措施;可以留有情面地反驳不同意见……提问是处理顾客异议的最有力手段,一定要熟练掌握运用。

比如,当我们碰到“不要”“今天不买”“再说吧”等托词时,拒绝的背后可能隐藏着各种因素:

(1)因为时机不理想,现在不急着买。

(2)因为价格问题,在货款方面有顾虑。

(3)不喜欢该推销人员。

(4)不喜欢该制造商。

(5)不喜欢该品牌。

(6)已经订购了。

(7)真的无意购买。

针对以上情况,我们可以提问:

(1)您是不是认为目前没必要买?

(2)价钱方面是否满意呢?

(3)关于我的说明有无不清楚的地方?

(4)这家制造厂您觉得如何?

(5)您认为这种款式怎么样?

(6)您是不是已经向其他公司订购好了?

(7)对这个商品您有兴趣吗?

遇到顾客直接拒绝商品推销时,可针对顾客的反对意见,直接询问以了解对方的真实想法,然后对症下药。

顾客:“这个价格太贵了!”

推销人员:“您认为什么价格合适呢?”

顾客讲出他认为合适的价格时,你可从产品的功能、质量及售后服务等方面强调所推销产品价格的合理性,说服对方接受你的价格。千万不能说:"价钱可以商量……"因为价格是综合多种因素而定的,一般不会更改。你让了 50 步,顾客可能认为应该让 90 步。此时,推销人员可继续运用巧妙提问法。

推销人员:"的确,2 000 元不是一笔小数目,可是这种商品的寿命都在 9 年以上,1 年平均下来才 200 元钱,平均到每天仅仅只有 6 角钱。您是抽烟的,只当每天少抽 1 根烟,就能享受到现代生活,这钱值得花,您又何乐而不为呢?"

"您所考虑的是资金问题吧?不过请允许我对您说两句话,一句是'一分钱一分货',花钱买了好东西值得;另一句是'机不可失,时不再来',谁能保证明年的价格不涨呢?再说早一天投资,早一天受益,何乐而不为呢?"

[启示]在实践中,推销人员可根据具体情况进行选择,综合运用才有效果。

需要注意的是,方法和技巧固然能帮你提高效率,但前提是推销人员必须对异议持正确的态度。只有正确、客观、积极地认识异议,才能在面对顾客异议时保持冷静、沉稳,只有这样,推销人员才可能辨别异议的真伪,进而从异议中发现顾客需求,把异议转换成销售机会。

第三节　顾客异议处理的技巧

在推销洽谈过程中,顾客异议是不可避免的,只有成功地处理各类顾客异议,才能有效地促成交易。面对不同的顾客异议,推销人员应采取不同的处理技巧。

一、需求异议处理的技巧

需求异议是顾客自以为不需要推销品所形成的一种障碍。需求异议是真实的时候时,是推销人员对顾客选择的失误,应终止推销,重新选择推销对象;虚假的需求异议则是以不需要推销品作为借口所形成的一种障碍,对于这种异议的处理可选择运用下面的一些技巧。

(一)渐进式推销

这是一种逐步推进式的推销方法。初次拜访顾客时应"点到为止";第二次拜访时找出合适的话题,让对方能够接纳你,并愿意与你交谈,以便进一步和顾客建立关系;第三次拜访时再转向推销事宜,并根据顾客反应逐步推向深入,过渡到推销洽谈上来。

(二)再次拜访

第一次拜访顾客时,顾客拒绝接受推销品是很正常的。如果你确认顾客确实需要并有购买能力,则必须坚持再次拜访,并力求下次拜访时推销有所进展,哪怕进展很小。当然,有些人并不赞成"马拉松"式的推销,如日本的井户口健二提倡"10 分钟推销"。其实,两种方法从不同角度讲都有道理,而对推销人员确认的准顾客而言,不怕拒绝,持之以恒进行推销是非常必要的。

（三）适时辞别

对于推销人员来说，面对具有需求异议的顾客，适时告辞是非常重要的。当顾客拒绝推销品时，推销人员宁可说“打扰您了真是抱歉，那我改天再来拜访”，而不要等顾客下了逐客令之后再离开，重要的是一定要告诉对方你会“改天再来”。同时，在辞别时推销人员要注意控制情绪，态度要好，不要来时笑脸，走时冷脸，令对方反感。

二、价格异议处理的技巧

价格异议可以说是推销中最为重要和最为常见的障碍，这主要是由于价格直接涉及交易双方的实际利益。推销人员能否处理好价格异议，直接关系到交易的成败和利益的得失。处理价格异议的技巧主要有：

（一）延迟讨论价格

向顾客介绍产品的时候，顾客问起推销品的价格时，推销人员常用的一句话“价格好说”的意思就是暂且不进行价格的讨论。

（二）迅速回答价格异议

价格是直接涉及双方利益的因素，对价格异议不马上做出处理，会使顾客感觉推销人员害怕提及价格的信息，从而认为其价格异议是真实的，妨碍其对推销的接受。当顾客提出价格异议时，推销人员应马上给予答复。如果推迟答复价格异议，会加强价格在顾客心目中的地位，增强推销的难度。

（三）强调相对价格

顾客在交易过程中始终会衡量这种交易对自己是否有利，因此推销人员应先让顾客充分认识到产品的价值，购买能给他带来的好处，激发其购买欲望，从而分散其对价格问题的看法。在此之前，推销人员最好不要提及价格，而是采用“先价值，后价格”“不问价不报价，问价才报价”的策略。

商品价格的高与低总是相对而言的，且往往带有浓厚的主观色彩。在很大程度上，价格的“贵”与“贱”是接受者的一种心理感受。因此，推销人员面对顾客所提出的价格异议，应注意不要与顾客单纯讨论价格问题，而应该把顾客的注意力吸引到商品的相对价格上来。相对价格即与产品价值、功能、效用相对应的价格。从理论上讲，价格是与商品的有用性相对应的，如果不与产品价值相比较，价格也就失去了自身的意义，即当顾客提到这个价格他不能接受或者他不愿意支付的时候，你要强调物超所值，让他了解到价格与价值之间还有一定的差异性。推销人员要通过介绍商品的性能、特点、优点以及顾客购买后将获得的利益和好处，使顾客最终认识到，你所推销的商品实用价值是高的，相对其实用性而言价格是低的。

（四）运用心理策略

根据顾客不同的心理，应采用不同的报价技巧和价格解释技巧，具体包括利用优惠价、缩小报价单位、加法报价、减法报价、价格比较等。例如，“这个产品的确不便宜，但它的使用期长达 3～5 年，甚至更长，而一般的产品使用一段时间后就不能继续使用了，这是否也等于没有价值呢？”

案例 9-4

推销人员在产品推销过程中，经常会面对顾客提出的各种价格异议，如“太贵了，买不起”“不合算”“别人比你卖得便宜”等。面对顾客的价格异议，推销人员该怎样选用恰当的推销语言与技巧来化解呢？

1. 先顺后转法

这是最常见的一种推销语言与技巧。当推销人员聆听完顾客关于价格的异议后，应先肯定对方的异议，然后再用事实或事例婉言否认或纠正，其基本句型是“是的……但是……”。采用这种方法最大的优点是可以创造出和谐的谈话气氛，建立良好的人际关系。

一位顾客光临某家用电器销售店，当他得知电风扇的价格后，脱口而出：“呀，你们的电风扇太贵了！”推销人员听了之后并没有马上反驳，而是面带笑容，委婉地对顾客说：“您说得对，一般顾客开始都有和您一样的看法，即使是我也不例外。但您经过使用就会发现，这个牌子的电风扇质量非常好，您要是买一台质量差的，以后的维修费可能就是个无底洞，相比之下这种电风扇的价格并不贵。”在这里，推销人员先表示与顾客有相同的看法，使顾客感受到自己得到了对方的理解和尊重，这自然也就为推销人员下一步亮出自己的观点并说服对方铺平了道路。一般顾客都明白“一分钱一分货”的道理，当顾客得知电风扇价格高是因为质量好的缘故时，也就不会再有异议了。相反，如果顾客一提出异议，推销人员就立即反驳：“你错了，好货不便宜，你懂吗？”这样的话语犹如利剑，很容易伤害顾客的自尊心，甚至激怒顾客，引起不快。

2. 细分法

产品可以按不同的使用时间、计量单位报价。如果推销人员把产品的价格按产品的使用时间或计量单位分至最小，可以隐藏价格的昂贵性，这实际上是把价格化整为零。这种方法的突出特点是细分之后并没有改变顾客的实际支出，但可以使顾客陷入“所买不贵”的错觉中。

一位人寿保险公司的推销人员去推销保险：“年缴 3 650 元，连续缴到年满 18 周岁……”话音未落，人已散去。试想，工薪族面对每年 3 650 元的保费，怎么能不吓跑呢？无奈，推销人员只好打道回府了。

没过几天，这家保险公司又来了一位推销人员，他是这样告诉年轻父母的：“只要您每天存上 10 元零花钱，就可以为孩子办一份保险。”听他这么一说，吸引了不少孩子的父母前来咨询。其实，这两位推销人员推销的是同一险种的保险，保费也没有说错，但为什么会有截然不同的两种效果呢？原因是他们的报价方式有别。

前者是按一年需缴的钱数报的，这样报价容易使人感觉价格比较高，买保险可望而不可即；而后者是按一天要缴的钱数报的，父母们听起来会觉得一天省下10元钱不难做到，这样他们就会对投保产生浓厚的兴趣。可见，由于后来的这位推销人员把价格进行了细分，更容易被顾客接受。

3. 比较法

推销人员面对顾客提出的价格异议，不要急于答复，而应以自身产品的优势与同行的产品相比较，突出自身产品在设计、性能、声誉、服务等方面的优势。也就是用转移法化解顾客的价格异议。

常言道："不怕不识货，就怕货比货。"价格在"明处"，顾客一目了然；优势在"暗处"，不易被顾客所了解。而不同生产厂家同类产品价格上的差异往往与某种"优势"有关，因此，推销员要把顾客的视线转移到优势上。

在某家具商场，一位顾客要购买一套组合柜，但看到这里的标价比别处贵一些后有些犹豫不决。这时推销人员主动走上前向这位顾客介绍说："我们这里卖的组合柜与别人卖的不一样。您看这木料、烤漆都是上乘的，做工也很考究，不仅结实，也很光亮。还有，我们的组合柜比一般的组合柜要深100毫米，置物空间大6%。我们的拉门也比一般组合柜精致、灵活、耐用，非常方便自如。另外，我们这里的组合柜还做了两个抽屉，并配有暗锁，可以放一些较贵重的东西。这一比您就知道，一般的组合柜与我们这里的组合柜不能相提并论。您多花上一点儿钱所得到的好处是一般组合柜的两倍以上。"顾客听了推销人员的介绍，了解了这里的组合柜的优点后，就不再犹豫了。

相反，在生活中人们也经常碰到这样的推销人员，当告诉他"××商店比你这里卖得便宜"时，他"回敬"一句"那您就去他那儿买去吧"。在这种情况下，顾客找不到做"上帝"的感觉，十有八九会"说走咱就走"，致使推销失败。

[启示] 以上是推销人员消除顾客价格异议的一般用语与技巧。需要指出的是，作为一名优秀的推销人员，必须以诚信为本，实事求是，实话实说，切忌说假话、空话和大话，玩弄骗术，否则必害人害己。

三、推销品异议处理的技巧

由于顾客对商品的认知程度不同，需求表现多样化，而推销品的表现形式也是多样的，因而能否消除推销品的异议是能否达到推销目标的关键。推销品异议处理的技巧如下：

（一）强调产品适合顾客的需要

当顾客提出推销品异议后，推销人员应先分析顾客的需要与动机，弄清楚所推销的产品是否与顾客的特定需要相适应，然后将其与推销品的特性联系起来，以引导顾客认识到该推销品正适合其特定需要。

（二）介绍推销品的使用价值

推销人员不能单纯地向顾客介绍推销品，而应重点介绍推销品的使用价值。一件推销品只有当它被顾客使用并能满足其特定需要时才能发挥作用，只有让顾客了解推销品的使用价值、功能、效用，才能有效地刺激需求，转化推销品异议。

（三）围绕推销品质量进行重点推销

推销人员应找准顾客对推销品质量因素中最感兴趣的关键点，并围绕这一关键点展开重点推销。推销品最佳质量是质与价、质与求、质与量相符时的质量。

案例 9-5

某顾客走进药店，来到维生素柜台，对店员说："我一直想买复合维生素给小孩吃，可又听同事说没什么效果。"店员和颜悦色地解释："你说的对，很多人给孩子服用复合维生素后效果都不明显。但如果按照营养专家的要求去做，肯定会有效果的。我们这里准备了一份专业问答手册，它会告诉您怎样判断孩子是否缺乏维生素以及如何正确补充。"

［启示］这个店员消除顾客异议的方法就是先用"是"表示对顾客的赞同，再用"但是"解释了效果不佳的原因，这可使顾客愉快地纠正对商品的误解。

四、货源异议处理的技巧

货源异议是指顾客已经接受某推销品，只是不愿意向某一推销人员及其代表的企业购买，这是一种竞争性的障碍。处理货源异议应根据异议的特点分别采取不同的处理措施。

（一）顾客强调已有货源时

顾客强调自己有供货单位或准备向其他卖家购买时，表明顾客对推销人员所提供的新的货源存在疑虑。一般来说，顾客对货源的考虑因素中购买经验的影响较大，所以在接触顾客时要以诚相待，以达到"金石为开"的目的。同时，如果顾客要求将你的产品与竞争对手的产品相比较时，应以客观公正的态度进行评价，不要贬低竞争对手及其产品，并注意强调自己所推销产品具有的优点，向顾客明示多渠道进货的益处，以便促成顾客转化异议。

（二）原有顾客因货源原因要停止合作时

如果顾客提出的异议确实是本企业在货源方面上存在的缺陷，那么应实事求是，敢于承认顾客提出的异议，将出现问题的原因向顾客委婉地加以说明，或者运用幽默的语言技巧避其锋芒，待对方冷静后再解释说明。为赢得顾客的信任与谅解，要对顾客说明可以在本次合作中采取的补救（补偿）措施。

如果顾客提出该异议是由于竞争对手采用策略所造成的，则首先要查明原因，有针对性地进行处理，同时保持与顾客的现有关系，消除顾客以货源当借口的成交障碍。

（三）顾客在货源选择上具有习惯性心理时

有些货源异议源于顾客存在偏见（即习惯性心理），如买进口的不买国产的，买名牌的不买新品牌的等。有效的处理方法是通过各种方式来证明所推销产品的质量优势、供应能力、服务水平等，以便获得顾客的认可与信任，消除顾客的成见，而不是采用低价竞争或采用不正当手段推销产品。

（四）货源异议只是还价借口时

当顾客以货源异议作为讨价还价的借口或铺垫时，推销人员可以不予理睬，待其露出真实意图时再用相应的异议处理技巧去处理。

五、推销人员异议处理的技巧

推销人员异议即人员障碍，是一种顾客排斥推销人员、拒绝推销人员推销，而非对产品有看法的异议。处理这种障碍时应注意：

（一）塑造良好的个人形象

常言道，推销商品必先推销自己。塑造良好的个人形象，给顾客留下良好的第一印象非常重要，推销人员应加强自身修养，同时要注意外部形象的塑造。

（二）加强与顾客的感情联络

与顾客进行感情联络、采用感情投资战术时，推销人员应注意投资量的积累，不能寄希望于一两次投资即有回报，而应持之以恒，增加联络的次数。障碍的消除需要一个过程，这正如投资回报需要看准形势并通过一段时间的艰苦努力一样，不是立竿见影、轻而易举的。

六、购买时间异议处理的技巧

购买时间异议即时间障碍，是一种申明下次再买或暂时不买的反对意见。处理这类异议（作为借口的时间异议）时应注意使用如下技巧：

（一）时机激励法

“机不可失，时不再来”，以此来刺激顾客的购买欲望，可以根据掌握的市场信息、情报资料，向顾客说明马上购买的时机性，让顾客感到马上购买是一种机会，以有效转化顾客异议。运用这一方法时，推销人员应实事求是，不可故弄玄虚欺骗顾客，那样只能适得其反。

（二）利益得失法

利益得失法是推销人员通过对顾客早购买和晚购买在利益得失上的比较分析，即“早购买，早受益，多受益；晚购买，晚受益，少受益”，来诱导顾客及时购买的一种方法。

（三）竞争诱导法

推销人员可以向顾客指出，他的竞争对手已经购买了同类产品，倘若再不尽快购买就会在竞争中处于劣势，以此诱发顾客的竞争意识，激起其购买欲望。

➢练习题≺

一、思考题

1. 什么是顾客异议？为什么老练的推销员欢迎顾客提出异议？
2. 顾客异议产生的根源是什么？
3. 常见的顾客异议有哪些类型？请任选两种类型的顾客异议，说明应该如何处理。
4. 处理顾客异议应遵循哪些原则？
5. 怎样运用心理策略消除价格异议？
6. 一般情况下，顾客认为“价格太高”的主要原因及推销人员的对策是什么？

二、案例分析题

东方厂的多功能搅拌机在某商场设有展销专柜。推销员刘明是厂方生产车间的工人，他的突出特点是细心、耐心。在展销会上，他不断地向顾客介绍产品的用途、使用方法和优点。一位中年顾客仅看了一眼演示情况，就说这个搅拌机不容易洗干净，也不安全。刘明听了二话没说，重新演示了一遍，并说明部件放置不到位，机器不会启动，有一定的安全保障。顾客又看了一下产品，犹豫不决地说，搅拌机功能多是优点，但是零部件塑料制品多，容易坏。刘明拿出保修单，说明东方厂在商场所在城市设有多处特约维修点，并且整机终身保修，一年内不论任何原因损坏均可免费维修、更换；一年后修理费免收，零部件按成本价供应。

问题：(1) 你认为刘明处理顾客异议时采用了哪种方法？

(2) 案例中的顾客异议属于哪种类型？其根源是什么？

三、实训题

1. 假定你是某手机公司的推销员，你要向顾客推销公司的产品，请列出买主可能向你提出的三个异议并完成下列练习：

(1) 选择不同的方法分别处理以上三个异议。

(2) 为每个异议的处理写出你与买主之间的对话。

2. 以下是对于购买推销品的一些普通异议，列出你对每一种异议的回答：

(1) 对汽车：我需要和我的妻子商量商量。

(2) 对打字机：我们不需要一个文字处理打字机。

(3) 对人寿保险：我感觉自己很健康。

(4) 对清洁器：这个产品比你们竞争对手的要贵。

（5）对除草机：这个东西看起来没有必要买。

（6）对微波炉：我看不出你们的微波炉有加热快的优势。

（7）对广播广告：我看不出你们相对于报纸广告来说有何优势。

（8）对药品：我们已经有非阿司匹林止痛药的过多存货。

（9）对化妆品：你们的商品价格太高了。

（10）对房产：这儿离市区太远了，干什么都不方便啊。

第十章

推销成交及续后

引 例

盖茨开了一家风景服务公司。他在五年前涉足此行业，开始时的主要业务是修理草坪、修剪花草树木等。第二年，他开始从事草坪以旧换新业务。第五年年底，盖茨风景服务公司应运而生，以服务优质且快捷著称。但顾客反映，尽管他们的服务令人满意，但收费太高了。

罗斯一家刚刚搬入一栋价值225 000美元的房子，周围地面潮湿，还有沙土，仅有的几棵树也快要枯死了。罗斯先生已经跟盖茨打电话咨询过这一服务，他们约定在星期五下午见面。

盖茨：下午好！罗斯先生。我是盖茨。

罗斯：下午好！这是我的夫人，玛丽。

盖茨：见到你很高兴，罗斯夫人。

罗斯：我们久闻你在此行的大名。

盖茨：谢谢，我以我们的优质服务为荣。在城里，我们的杰作随处可见。

罗斯：我们已见过了几处，很满意。

盖茨：现在让我们谈谈你的住宅吧。你希望我做些什么？

（盖茨和罗斯在住宅周围转了几圈，罗斯就这所宅子谈了自己的几个想法。）

盖茨：（参观结束后）我现在基本有了一个大体框架，最好咱们另找时间谈谈。你看下周三的晚上怎么样？

罗斯：很好。

第二周周三的第二次会面，盖茨与罗斯寒暄几句，便进入正题。

盖茨：我现在有几张草图。

罗斯：你能解释一下吗？

盖茨：你的房子太漂亮了，你和夫人一定为之骄傲。

罗斯：是的。

盖茨：为了使之更完善，你必须有一个漂亮的环境——草坪、灌木丛、花卉和树荫。我建议你不用4英寸（1英寸＝2.54厘米）厚的填土，而是直接从麦伦庄园引入一层2英寸厚的沃土，并种植那里的兰草。这虽然贵了一些，但你今年夏天就能见到漂亮、迷人的草坪了。如果让我们撒种，那要花很长时间（盖茨又做了其他解释）。就这些，你意下如何？

罗斯：听起来不错，要花多少钱？

盖茨：我们的服务将一直延续两年，全部费用要10 000美元。

罗斯：10 000美元！太贵了。

盖茨：听起来贵了点，但我们还要向你提供两年内的配套服务，如种植、养护等。

罗斯：我们也与其他几家风景服务公司谈过，价格比你的便宜。

盖茨：如果那样的话，我们也可以做到，帮你植草、翻土、种树，直到草坪变绿，那需要用约一个月的时间，只需3 000美元，但是以后的事情我们就不负责了。根据以往的经验，有一些草坪挺好，但有的就会出问题。

罗斯：我也明白，3 000美元和10 000美元的服务会大不一样。我只是在想，为了那些服务差异而多花7 000美元是否值得。

盖茨：让我们了解一下这些差异。首先，地皮是全套的优质地皮，来自麦伦庄园，每一棵灌木都经过精心挑选，放在合适的位置，有一些是常青的，有一些则是四季变化的，这样你的花园便四季如春。其次，每一棵树都是不同类型的，有两棵20英尺高，一年后便可享受到树荫。另外，我们在两年内会为任何死去的草木免费替换。如果按照便宜的价格，你得到的只不过是一个绿草坪、一点灌木和几棵小树，但多花一点钱，便可迅速拥有一所豪华宅院。

罗斯：听起来真是不错，但我还是不知那多花的7 000美元是否合理，我要等夫人下周回来，同她商量一下。

[问题] 你认为盖茨能做成这笔生意吗？为什么？如果你是盖茨，下一次见面会怎样做呢？

第一节　成交信号的识别

一、成交的含义

成交是指顾客接受推销人员的推销建议及推销演示，并且立即购买推销品的行动过程，是推销洽谈成功的最终结果。推销成交有如下几层含义：

（1）成交是潜在顾客对推销人员及其推销建议和推销品的积极响应。推销人员在推销洽谈中应积极设法引起顾客的注意和兴趣，从而促成交易。

（2）成交是潜在顾客接受推销人员推销建议的渐进过程。成交是一个双向互动过程，推销人员在洽谈中，除向顾客做需求分析、受益说明以外，还要善于察言观色，摸清顾客心理，消除顾客疑虑，使顾客由排斥到信服并做出购买决策，及时成交。

（3）成交是潜在顾客接受推销建议并立即购买推销品的行为。成交是一个行动过程，在洽谈中，推销人员要善于捕捉成交信号，积极发挥主导作用，及时促使顾客采取购买行动，签订购买合同。

有利的成交机会往往稍纵即逝，虽然短暂，但并非无迹可寻。顾客有了购买欲望时会发出一些购买信号，有时这种信号是下意识发出的，顾客自己也许并没有强烈地感觉到或不愿意承认自己已经被说服，但他的语言或行为会告诉你可以与之成交。对于销售人员来说，准确地把握时机是相当重要的。顾客没有发出购买信号就说明自己的工作还没有做到位，还应该进一步刺激而不宜过早地提出交易要求。

二、成交信号的含义及类型

成交信号是指顾客通过表情、语言、行动、事态等显示出来的，表明其可能采取购买行为的暗示信号。成交信号一旦出现，就要及时抓住机会，促进成交。通常情况下，顾客不会主动请求购买，特别是在当前买方市场的情况下，但他们往往会有意无意地流露出某种成交信号，推销人员要能正确识别这些信号，当场促成交易。顾客的成交信号因人而异，且受一定的推销环境和推销对象的影响，因而推销人员应密切注意并善于捕捉顾客的成交信号。成交信号的表现形式是复杂多样的，一般可分为表情信号、语言信号、行为信号、其他信号。

（一）表情信号

表情信号是顾客在洽谈过程中通过面部表情表现出来的成交信号。这是一种无声的语言，能够表现顾客的心情与感受，其表现形式很微妙，具有迷惑性，如紧锁的双眉分开、上扬，神色活跃，表情变得开朗，自然微笑，眼神、目光对产品的关注或分散，脸部表情变得很认真，不断点头等。表情信号是判断成交时机的重要依据。通常来说，顾客决定成交的表情信号具体有如下几种类型：

（1）面部表情突然变得轻松起来，紧皱的双眉舒展开。

（2）露出微笑或欣赏的神情。

（3）双眉上扬或眼睛转动加快。

（4）突然沉默或沉思，眼神和表情变得严肃。

（5）态度更加友好。

当以上情形出现时，推销人员就可以征求订单了。细致地观察顾客的表情，并根据其变化的趋势采取相应的策略、技巧加以诱导，在成交阶段是十分重要的。

（二）语言信号

当顾客有采购意向时，会从语言中流露出某种信号。这是成交信号中最直接、最明显的表现形式，推销人员最易觉察到。例如，顾客对你推销的产品产生兴趣时，会对产品的一些具体问题（包装、颜色、规格）提出要求和意见，或用假定的口吻谈及购买、产品的使用与保养事项等。归纳起来，顾客表示成交的语言信号有以下几种类型：

（1）表示肯定或赞同，如“是，你说得对”“我们目前确实需要这种产品”“我的朋友也建议我购买这种产品，说它性能非常可靠，真是这样吗”“真的很便宜”。

（2）请教产品使用的方法，如“产品看起来不错，但我不知道使用和保养方法”“用起来方便吗”“我可以再试一试你的产品吗”。

（3）打听有关产品的详细情况，如“如果产品出现故障，你们派人上门维修吗”“你们公司的产品售后服务有保障吗”。

（4）提出购买的细节问题，如“一周之内能送货吧”。

（5）提出异议，如“价格太贵了，能否再优惠一些”。

（6）征求别人的意见，如总经理打电话给某人：“马上过来一下，有事问你。”顾客与同伴议论产品：“你看怎么样？”

（7）重复问已经问过的问题，如“对于我刚才提出的问题，你能否再详细解释一下”。

（8）问“假如……”的问题。

当出现上述的语言信号时，说明顾客正准备接受推销建议，推销人员应抓住时机及时提出成交要求。当然，在实际的工作中，顾客的语言信号往往不那么明显，它们经常存在于顾客的异议中。这就要求销售人员善于察言观色，掌握倾听和辨别的艺术。

（三）行为信号

行为信号是指顾客在行为举止上表露出来的购买意向。推销人员可以通过顾客的动作来洞察顾客的成交意向。从心理学上讲，顾客表现出来的某些动作是受其思想支配的，是其心理活动的一种外在反映。例如，不断用手触摸商品并不住点头，拍打销售人员的手臂或肩膀，做出身体自然放松的姿势等均是有意成交的表现。当出现以下信号时，推销人员要立即抓住良机，勇敢、果断地去试探，引导顾客签单：

（1）反复阅读文件和说明书，查看、询问合同条款。

（2）认真观看有关的视听资料，要求推销人员展示样品，并亲手触摸、试用产品。

（3）拿起订货单。

（4）对推销人员突然变得热情起来，主动请出本公司有决定权的负责人，或主动向推销人员介绍其他部门的负责人等。

（四）其他信号

除以上三种比较明显的成交信号外，还有其他一些成交信号。例如，有时虽然顾客有购买意向，但会提出一些反对意见。这些反对意见也是一种信号，说明双方很快就有可能达成协议，即俗话所说的“褒贬是生意”。例如，顾客可能提出“这种产品在社会上真的很流行吗”“你能保证产品的质量吗”以及“如果产品质量有问题的话，你们能上门服务吗”等意见。这些反对意见一般来说都不是根本的反对意见，顾客一般也不会把这些意见放在心上。如同做出其他任何一种决定一样，在拍板时，人们心里总是犯嘀咕，认为这是决定性的时刻，成败都在此一举。顾客会有各种各样的顾虑，如性价比、费用、购买后出现的困难、产品使用方面的困难，有时甚至担心因感情冲动而导致成交了一笔亏本生意。

有经验的推销人员会捕捉顾客透露出来的有关信息，并把它们作为促成交易的线索，勇敢地向顾客提出销售建议，积极诱导顾客，增强顾客的购买信心，从而把成交信号变为购买行为。而迟钝的或缺乏经验的推销人员则发现不了或理解不了顾客的外在表现，常会因此失去交易机会。比如，当一位顾客在商场的化妆品柜台前仔细查看了某种护肤品，并要求再看几种其他品牌时，营业员却无动于衷，顾客犹豫一下就走开了。顾客仔细查看商品时已发出了信号——想买护肤品，但拿不定主意，需要营业员的参考意见，而营业员不主动参与顾客的购买决策，错过了成交的机会。

推销人员要密切注意顾客所说的和所做的一切，有时获得订单的最大绊脚石是推销人员本人太过健谈，从而忽视了顾客的购买信号。因此，在销售的过程中，只要推销人员认为听到或看到了一种购买信号，就可以马上征求订单。

第二节　成交的过程

成交是完成推销全过程的最后阶段。引起注意、诱发兴趣、激发欲望的一系列推销手段都是为了促成交易，因而促成交易是推销工作的最后一道难关。一旦成交失利，所有的推销努力都将前功尽弃。因此，成功地运用推销技巧，解除顾客的犹豫和顾虑，抓住当前时机促成交易，是推销过程中的关键环节。

一、排除成交障碍

成交对于顾客来说是一个艰难的选择，不少顾客在成交面前犹豫、胆怯和却步。推销人员应该从体贴关怀顾客的角度出发，了解与确认顾客的成交障碍，帮助顾客跨越这些障碍以顺利成交。

案例 10-1

一位推销人员多次前往一家公司推销而没有结果。一天，该公司采购部经理拿出了一份早已签好字的合同，推销人员愣住了，询问为何在过了这么长时间以后才决定购买，经理的回答竟然是："今天是你第一次要求我们订货。"

[启示] 这个案例说明，绝大多数顾客都不会主动提出购买要求，他们在等待推销人员首先提出成交要求。即使顾客非常想购买，如果推销人员不主动提出成交要求，买卖也不一定能成交。

成交是一个行动过程，只有顾客购买了推销人员所推销的产品，才算买卖双方最后达成交易。达成交易的方式有两种，一是签订销售合同，二是现款现货交易。如何才能达成交易呢？答案是必须克服成交过程中的各种障碍。

(一)成交心理障碍

成交是整个推销过程中最重要的一环，气氛往往比较紧张，容易使推销人员产生一些心理上的障碍。所谓成交心理障碍，主要是指销售人员心中存在的不利于甚至阻碍成交实现的销售心理因素。成交时的障碍与顾虑主要来自以下几个方面：

1. 害怕被拒绝

在推销过程中，一般推销人员最怕的有两种情形：一是怕听到“我不要”或“我考虑考虑”；二是怕顾客说“你把材料留下来，我有机会再跟你联络”。

案例 10-2

王红是一个害羞的女孩，从事保险业务以来，每次与顾客特别是亲戚、朋友进行业务洽谈时，即使时机已经成熟，她也不好意思开口要求对方把订单签下来，因为她害怕这样会引起他们的反感，好像自己的目的只是为了签单而已，而她的顾客则一直等着她开口。所以很多业务就这样一直拖着，迟迟没有结果。

[启示] 其实许多推销人员都有这样的心理，由于害怕遭到顾客的拒绝而不敢诱导顾客做出购买决定。他们只是希望在业务洽谈时，顾客会突然打断谈话，兴高采烈地表示愿意购买，而如果顾客不声不响、无所表示，推销人员就不知所措，以为时机还不成熟，因此就直接或间接地把经过努力可以达到的成交的大好时机白白错过了。

2. 等顾客先开口

推销界有句行话：“你没有向顾客提出成交要求，就好像瞄准了目标却没有扣动扳机。”顾客绝对不会说“我要买”，推销人员一旦发现成交信号就要大胆地向顾客提出成交的建议。很多推销人员失败的原因就在于，他们害怕提出让顾客购买的请求。事实上只有3%的顾客（直销情况下）会主动提出购买，如“听起来不错，我买一个”“好的，不错，我们可以成交”或“你已经做成一笔买卖了”；其余97%的人都需要别人请他们购买，请他们今天就买。推销人员可以这样说：

“如果我能找到合适的，您是否今天就订货？”

“如果我现在找出您要的那种，您是否肯定会买？”

“如果价格没有问题，您是不是今天就买了？”

“除价格以外，是否还有其他方面妨碍您现在购买？”

3. 放弃继续努力

如果顾客说“我考虑一下”，推销人员就放弃了，那就会前功尽弃。因此，在签订销售合同或者现款现货的交易中，一些推销人员的不良心理倾向会阻碍成交，所以必须克服这种心理。

案例 10-3

著名保险推销经理于文博先生曾多次向他的一位朋友介绍保险，但他的朋友一直没有购买。于先生有一次就对他的朋友说：“如果哪一天你发生不幸了，我不会去参加你的追悼会。”朋友听了很生气：“为什么？咱们这么多年的关系，你怎么如此不够意思呢？”于先生说：“大家都知道我是做保险的，又是你多年的好朋友，这样的好事情没有向你介绍，而使你的家属在你不幸之后不能得到足够的保险费，不能像你活着的时候一样有足够的钱安稳地生活，大家一定会责怪我不够朋友的。而我已经向你介绍过许多次了，只是你没有投保而已。你说，我去干什么？受大家的责骂吗？”朋友听了很感动，最后终于为自己买了一份保险，也为家人买了一份保障。

[启示]如果于文博先生面对朋友的一次拒绝就退缩不前，那么他就永远也不可能签订这份保单。可见，面对顾客的拒绝我们不应该退缩不前，而是应该毫不气馁，寻找机会。

在推销界，会开口要求的人才是赢家。遗憾的是太多的人都因为害怕失败和被拒绝，而不愿意开口要求他们想要和需要的东西。他们会用猜测、含蓄、暗示等各种方式，却不愿冒被拒绝的风险直接提出要求。你的生活是否快乐，你的事业是否成功，大都取决于你的能力，以及开口要求所想事物的意愿。

推销人员要学习如何积极地要求，愉快地要求，有礼貌地要求，有所期待地要求，要求安排见面，要求别人告诉你他犹豫不决的理由。最重要的是，推销人员得要求顾客下订单。要在所有的解说完毕，进入尾声之际，请求顾客做出购买决定。

4. 担心失败

在销售工作的实践中，许多销售人员害怕主动接近顾客，更怕遭到顾客的奚落和拒绝。这是刚参加销售工作的人常常遇到的最大的心理障碍，是由于缺乏足够的销售工作经验，对于顾客可能的拒绝无法坦然接受而造成的恐惧心态。大量的销售实践证明，大多数的销售努力会因种种原因以失败告终，只有极少数能达成交易。因此，如果一个销售人员不能学会面对顾客的拒绝，不能从屡次遭到顾客拒绝的经历中取得经验并保持心理平衡的话，他将丧失自信心，最终一事无成。销售人员应清楚地认识到只有少数销售可能一次成功的事实，不怕失败，有成功的自信，做好失败的心理准备，并能适时调整好自己的心态，主动向顾客提出成交的意向。

（二）职业自卑感

有些销售人员认为自己的工作低人一等，存在着很强的自卑感，这也是一种常见的成交障碍。这些销售人员认为主动上门销售形同乞讨，是恳求别人买东西，因而自觉羞愧。他们没有意识到职业不分尊卑、贵贱，销售业与餐饮业、批发业一样属于服务业，它提供的是一种对顾客和销售人员都有好处的互惠服务。职业自卑感主要来自社会上对销售人员的极大成见，当然，也与销售人员自身的知识水平和素质有关。销售人员应加强学习，丰富自己的知识，努力掌握销售理论和技巧，提高自身的素质。同时，也要注意自己的仪表和言谈举止，做到温文尔雅、彬彬有礼，改变社会对销售人员的错误认识。此外，销售人员对待顾客要和蔼可亲，善于察言观色，但不要卑躬屈膝，要不卑不亢、坚持原则，并维护自己的人格和尊严。

（三）成交期望过高

销售人员对成交的期望过高也会构成一种成交障碍。有些销售人员成交前期的工作完成得非常出色，而且与顾客谈得比较投机，形成了良好的人际关系，因而认为成交是水到渠成的事，从而放松了警惕，不去主动促成交易，而是被动地等待顾客提出成交意向。而事实上，顾客主动提出成交的情况往往是很少的，他们多等销售人员提出意向，特别是当顾客抱着可买可不买的心态时更是如此。一方面，顾客自以为有一定的优越感，不应主动提出成交；另一方面，由销售人员提出成交，顾客就掌握了敦促销售人员进一步让步的主动权。销售人员若一味等待下去，不但浪费时间，而且有可能引起顾客的反感，最终丧失促成交易的有利时机。因此，销售人员必须改变上述错觉，适时主动地提出成交意向，并适当地施加压力，积极促成交易。

二、激起购买欲望

激起购买欲望是指推销人员在证实产品可以满足顾客需求后，针对顾客的心理开展活动，使顾客产生拥有推销品以满足需求的欲望，并且加强这种欲望的迫切性，从而使顾客产生实际购买行为的全部活动。激起就是激励、唤醒、刺激，推销人员应运用成交技术激励、唤醒和刺激顾客客观存在的购买欲望。顾客的购买欲望越强烈，实现欲望的意志力越坚强，就越会采取购买行为。激起顾客购买欲望的方法主要有以下几种：

（一）检查信任

现代推销学强调建立顾客对推销人员及推销品的信任的重要性。推销人员应在示范产品并引起顾客的兴趣后，及时检查顾客对推销品的认识程度，如询问顾客是否有明显不理解的地方，是否有需要进一步示范及说明的地方等。有的话，推销人员应立即进行示范说明，直至顾客表示明白并形成整体的良好印象为止。

（二）诚恳沟通

有时，顾客在对产品产生兴趣后仍不买，或者提出一些不能成立的理由。这说明顾客缺乏欲望不是因为对产品无兴趣或不了解，而是情感上仍不能全部接受推销人员及推销品。一个不想被说服的人是永远也不会被说服的。如果顾客情感上有对立情绪，那么推销人员无论怎样介绍产品也不可能激起顾客的购买欲望。所以推销人员在检查出顾客在情感上仍有消极心态时，不应急于介绍产品，而应再一次对顾客的问题、困难、处境等表示同情与理解。这时需要重新建立顾客信任，让顾客理解推销人员愿意为顾客服务的愿望。建立信任、沟通情感的方法只有诚恳一种。

（三）情感诱导

人们在考虑是否支付货币购买时，总是多方权衡利弊得失。只有当顾客意识到拥有产品的众多利益时，才可能有强烈的购买欲望。因此，推销人员应多方面举例，详述获得产品的益处，诱导顾客想象购买产品后的种种好处和不买的种种遗憾，达到激发顾客购买欲望的目的。

（四）充分说理

诱导是从情感上激发顾客的购买欲望，而充分说理则是用理性思考去唤起顾客的购买欲望。充分说理就是摆事实讲道理，为顾客提供充足的购买理由。在洽谈中，推销人员应将准备好的证据提供给顾客过目。这些证据包括：有关权威部门的鉴定、验证文件；有关技术与职能部门提供的资料、数据、认可证书；有关权威人士的批示、意见等；有关购买与使用者的验证和鉴定文件、心得体会、来信来函等；有关部门颁发的证书、奖状、奖章等。

三、促成顾客购买

当顾客的购买欲望被激发起来之后，就要想方设法促成购买，为此还必须注意以下问题：

第一，询问顾客还有无其他要求，如"请问您还有什么问题吗"。

第二，当感到顾客基本满意时，应积极主动地建议购买，并说明购买的好处。

第三，切忌反复多次建议购买。研究表明，推销人员建议购买的次数过多时，反而达不到效果。因为顾客在听到第一次建议后没有反应必有原因，此时推销人员不应一味催促，而要回过头来进一步了解顾客仍有哪些顾虑或新的想法，如"您觉得还有什么问题吗""您还需要了解哪方面的信息""您是不是觉得条件还不够优惠"。

第四，若确认顾客无意购买，不要失望，要感谢其提供了一次接受拜访的机会。应做到：不纠缠顾客；不以任何方式催促或逼迫顾客；保持积极的态度；表达对顾客的谢意。

四、抓住有利时机

推销工作最终的目标是成交，推销人员必须要清楚何时向顾客提出成交的请求。首先要找出很好的成交时机，而找时机需要依靠推销人员敏锐的判断。在进行推销的过程中，推销人员自始至终都要非常专注，观察顾客的一举一动，尤其是其所表现出来的肢体语言。一般来说，以下是成交的最佳时机，推销人员应该把握：

（1）顾客心情非常愉快时。当顾客心情非常快乐、轻松时，推销人员提出成交要求，成交的几率会很大。例如，顾客受到表彰或取得重大成果时，顾客请推销人员喝茶或递烟时。此时，顾客的心情非常轻松，会愿意购买，推销人员要抓住这种有利时机。

（2）介绍完产品后。推销人员介绍完产品之后，询问顾客所需要的产品型号、数量或者颜色等外观特征时，提出请求是成交的最好时机。

（3）解释完反对意见后。顾客有反对意见非常正常，当顾客提出反对意见时，推销人员就要向顾客解释，然后征求顾客意见，询问顾客是否完全了解产品说明，是否需要补充。在解释完顾客提出的反对意见后，推销人员可以直接请求成交。

五、提出成交建议

大量的推销实践和推销学研究成果表明，许多生意是在推销人员与顾客即将告别的那一刻成交的。顾客的情绪、态度和成交机会复杂多变，机会需要及时把握，同时也必须不懈地做出努力。即使在推销洽谈中多次成交失败，也不能放弃最后的机会。在正式洽谈结束后，顾客没有成交的心理压力，心情变得轻松愉快。在推销人员收拾推销工具，重新包好产品样品，起身告辞时，推销气氛达到了高潮，是成交的好时机。如果推销人员善于利用这一时机，则很可能是“山重水复疑无路，柳暗花明又一村”。有的推销人员很善于利用这一时机，在与顾客告别时慢慢收拾东西，有意无意地使一些能引起顾客注意的其他物品显露出来，企图达成交易。如果推销人员完全忽视最后的成交机会，会是很大的损失。

总之，在成交过程中，推销人员要讲究成交策略，坚持成交原则，并配合相应的成交技术和成交方法，如此才能成功地促成交易，完成推销任务。

六、成交后注意事项

(1) 交易达成后，推销人员仍应保持冷静，不要得意忘形，谨防乐极生悲。要用诚挚的语言对顾客的合作表示感谢，例如：

“您做出了一项明智的选择，谢谢您！”

“能跟您达成这笔交易，我感到万分高兴，谢谢您的合作！”

“请让我代表公司对您的合作再一次表示感谢。”

但推销人员也应认识到，交易的达成是对购买双方都有利的事情，是一种互惠互利的交易，因此不要过分地表示感谢。推销人员帮顾客解决了他们所遇到的问题，同时也获得了订单，是“双赢”的好事情。

(2) 在交易达成后，不要滞留太久，应及时与顾客握手告别，因为顾客可能有别的事情要做。一般来说，第一个站起来道别的应该是推销人员。

(3) 推销人员费了九牛二虎之力，好不容易把潜在顾客变成了顾客，需要做些什么才能确保他们将来仍从自己这里购买呢？除强化推销品的主要利益外，还须考虑以下因素：

① 集中精力加强利益渗透。在有效揭示潜在顾客的需求和始终如一地通过购买推销品而寻求有效解决问题的办法方面，利益提示起到了关键作用。这就要求推销人员必须证明其为顾客提供的产品有着最大的利益，其售出的是帮助。

② 根据关系营销的思路，按照预定的计划表经常跟顾客联系。

③ 及时地处理顾客抱怨。这是推销人员向顾客证实很看重他们及其业务的最佳机会，应真诚地关心和处理顾客的意见。处理顾客意见的速度体现了推销人员对顾客问题的重视程度。

④ 做到言必有信。没有什么能比不信守诺言更快地破坏同顾客建立的关系了。许多顾客都不能容忍推销人员对其做出承诺后违背诺言，因为他们购买产品就是出于对推销人员的信任。因此，为了将来继续获得顾客的支持，推销人员必须保持高信誉度。

⑤ 为顾客提供优质服务。向顾客提供既少花钱又能帮助其解决问题的产品的推销人员几乎不可能被竞争者所取代。推销人员应该是善于听取顾客意见的参谋，向顾客提供尽可能的帮助，而不是喋喋不休的议价高手。

⑥ 衷心地致谢。顾客对推销人员取得推销成功做出了贡献，因此推销人员必须表示感谢，感谢他们的合作与友好。

第三节　成交的方法

成交方法是指推销人员用来启发顾客做出购买决定，促成顾客购买推销品的推销技术与技巧。常用的成交方法有下列几种：

一、请求成交法

请求成交法又称为直接成交法或“快刀斩乱麻法”，是推销人员向顾客主动提出成交要求，直接要求顾客购买推销品的一种方法。当买卖已经“瓜熟蒂落”时，推销人员自然就应说：“请您看看订单，我马上要把数字填到合同里去。”“既然一切都谈妥了，那就请在合同上签字吧。”

很多推销人员在进行了成功的推销洽谈、商品演示后，一直等着顾客提出成交的建议，或者根本就不曾考虑应该主动提出成交的问题，丧失了一次又一次的成交良机。因而，推销人员要善于识别顾客的购买信号，把胆怯抛到九霄云外，放下腼腆，勇敢地向准顾客要求订单。这种方法的优势是简洁方便、效率很高，不拖泥带水，给人干净利落的感觉。但是，这种方法容易给顾客造成一种心理压力，引起顾客的抵触情绪，从而引发顾客异议。因此，推销人员应注意时机和区分对象。当顾客表现出明确的购买意向，不再提出任何异议，但又不好意思提出购买要求或犹豫不决时，以及面对比较熟悉的顾客时可运用此法。针对理智型顾客，请求成交法也是最有效的方法。

请求成交法主要适合于以下两种情形：

（1）推销人员对达成利于双方的交易结果充满自信。

（2）其他成交法都未获得成功，请求成交法也许是促成购买的最后机会。

推销人员在使用此法的时候要注意：首先，判断要准确，如果在时机不成熟的时候提出成交，顾客会觉得推销人员自作主张，急躁冒进，不值得信赖，这样很不利于推销的继续进行；其次，说话要委婉，语气要平和，不然会给顾客下命令的感觉，顾客会很不舒服，推销气氛也会变得紧张。

二、优惠成交法

优惠成交法又称为让步成交法，是指推销人员通过提供优惠的条件促使顾客立即购买的一种方法。例如，“李经理，我们这段时间有一个促销活动，如果您现在购买我们的产品，我们可以给您提供免费培训，还有五年免费维修”。优惠成交法是对顾客的一种让步，主要满足顾客的求利心理动机。求利心理动机是促成交易的一种动力，优惠成交法正是利用这一点直接向顾客提出成交的优惠条件，诱使顾客成交。

成交优惠条件主要是指价格优惠。提供价格优惠的方式有很多种，如提供成交时间的优惠、提供成交批量价格的优惠等。例如，“张经理，这批产品质量不错，你们应多订些，超过 2 000 箱我给您打八五折”。

成交优惠条件除价格优惠外，还有提供试用、赠品、回扣、设备安装、人员培训、以旧换新以及满足对方的某种特殊需要等优惠条件。

三、假定成交法

假定成交法也可以称为假设成交法，是指推销人员在假定顾客已经接受销售建议、同意购买的基础上，通过提出一些具体的成交问题，直接要求顾客购买推销品的一种方法。例如，推销人员可做如下陈述：“金总，我打电话给厂里，马上给您安排送货。”这时，如果顾客同意推销人员打电话，就意味着成交了，尽管顾客没有明确提出订货。“金总，既然您很满意，那么就这样定了，我明天给您送货。”推销人员看准了成交时机，可用假定成交法提示成交要求，如果顾客对此不表示任何异议，则可认为已经默许成交。

采用假定成交法，要求推销人员始终有这样的信念：顾客将要购买，而且也一定购买；通过接近准备了解到顾客确实有这种购买需要，也有购买能力；推销人员对自己充满了必胜的信心，认为自己的推销洽谈十分出色；既然是对双方都受益的事情，顾客没有理由放弃这样的机会。推销人员不仅要有这样的信念，而且应通过言谈举止、神态表情显示出来，注意购买信号，主动提出成交的假定，如果顾客不表示反对，买卖便可做成。推销人员运用此法时，应尽量创造和谐融洽的谈话气氛，注意观察顾客的成交信号。如果顾客对推销品不感兴趣或存有疑虑，就不能盲目使用该法，以免失去顾客。而对于较为熟悉的老顾客或个性随和、依赖性强的顾客，可以采用假定成交法。对于自我意识强、过于自信或自以为是的顾客，这种方法则不适宜。

假定成交法是一种积极的、行之有效的方法，它自然地跨越了敏感的成交决定环节，便于有效地促使顾客做出决策，能适当地减轻顾客的压力，节省推销时间，提高推销效率；但如果使用时机不当，就会有碍顾客的自由选择，产生强加于人、自以为是的负效应，引起顾客反感。

四、选择成交法

选择成交法是指推销人员向顾客提供两种或两种以上的购买选择方案，并要求其迅速做出选择的成交方法。这一方法首先假定顾客购买，然后提供限制一定范围的选择方案，使顾客无论选择何种答案，结果都是成交。比如，“这种款式有两种颜色，您喜欢红色还是绿色”“您喜欢哪种环境？是面对大海，还是能远眺高尔夫球场”。当顾客在选择的过程中犹豫不决，对于是否购买也犹豫不决时，推销人员就应该着重询问顾客购买哪种商品，引导顾客尽快做出购买决策。这种方法的应用原理是：人的心理需要有一定的引导，引导的方向就是他思维的方向。所以推销人员应尽量淡化顾客买还是不买的问题，而强调买哪种的问题，这是对顾客的一种强烈的心理暗示。

选择成交法并不是让顾客在买与不买之间选择，而是在选择购买哪一种型号或购买多少的问题中进行选择，即顾客必须做出购买选择，在此情形下再来讨论成交的细节问题，从而避开了是否购买的问题。选择成交法似乎是由顾客自己做出决定的，而实际上是推销人员运用对比的方式帮助顾客做出决定的，仅把购买的选择权交给顾客，并没有强加给人的感觉，因而可以减轻顾客的心理负担。但是，推销人员向顾客提供的选择不能太多，否则会分散顾客的精力，使顾客举棋不定。推销人员应能正确分析和确定顾客的需要，提供适当的选择方案，不要给顾客拒绝的机会，同时要注意语言自然得体，态度热情诚恳，不要让顾客有受人支配的感觉。

案例 10-4

推销人员：我们已经知道了这一品牌的电灯泡将会由于较长的寿命而减少你们的存货，同时能为你们的设计人员提供高亮度的无影灯，减轻眼睛疲劳。您看我是这个星期给您发货呢，还是下星期？

顾客：这些确实不错，但就是太贵了，因而我不打算购买。

推销人员：您是说我们的产品没什么特别之处，却要那么高的价格，是这样吗？

顾客：我想是吧。

推销人员：早些时候我们谈到了这一节能型灯泡的寿命较长，而且替换现有的灯泡的话，每年就可节省 375 美元开支的内容。

顾客：我想您说的是对的。

推销人员：很好，您是想在本周末装呢，还是在下周呢？

顾客：不，我还要考虑考虑。

推销人员：您犹豫不决一定有什么特别的原因，您不介意我问一问吧？

顾客：我主要是考虑一时我们没有这么多资金来购买照明设备。

推销人员：除此之外，还有没有其他原因呢？

顾客：没有。

推销人员：您肯定知道一次性替换比分批替换开支要少……您想现在就得到？

顾客：我想是如此吧。

推销人员：当然，不是必须全换不可，但是您要知道全部更换后可马上节省固定费用开支，而且也比分期安装节省劳动力成本，因为安装是按照生产线来进行的，您明白我的意思吗？

顾客：我明白。

推销人员：那您看是在晚上安装呢，还是周末？

顾客：我还得想一想。

推销人员：您如此犹豫不决一定有别的什么原因，您不反对直接告诉我吧？

顾客：很不凑巧，我们现在还是没有这么多资金来做这方面的投资。

推销人员：除此之外，是否还有其他原因呢？

顾客：没有。我的主管不让我买任何东西。

推销人员：您同意这宗购买能为公司省钱，对吧？

顾客：是的。

推销人员：好的，我们可以现在就打电话给您的“头儿”，告诉他能节省多少资金，除此之外还能减少不必要的存货，保护雇员的视力，或许我们两人得走一遭去拜访他了。

［问题］在上述对话中，推销人员是如何促使顾客决定购买的？

五、总结利益成交法

总结利益成交法即推销人员在推销洽谈中记住顾客关注的主要特色、优点和利益，在成交中以一种积极的方式成功地加以概括总结，以得到顾客的认同并最终取得订单的成交方法。

例如，吸尘器推销人员运用总结利益成交法时他可能说：“我们前面已经讨论过，这种配备高速电机的吸尘器比一般吸尘器转速快两倍（优点），可以使清扫时间减少15～30分钟（利益），工作起来更加轻松，使您免去推动笨重吸尘器的劳累（更多的利益），是这样吧？（试探成交）”

总结利益成交法也许是争取订单最流行的方法。总结利益成交法促使成交的三个基本步骤是：① 推销洽谈中确定顾客关注的核心利益；② 总结这些利益；③ 做出购买提议。总结利益成交法特别适用于直来直去而不是有特殊个性的顾客。

总结利益成交法是销售人员经常用到的技巧，特别是在做完产品介绍后，可运用总结利益成交法向关键人士提出订单的要求。但是，使用总结利益成交法时推销人员必须把握住顾客确实的内在需求，有针对性地汇总产品的优点，不要将顾客提出异议的方面作为优点予以阐述，以免遭到顾客的再次反对。

六、连续点头成交法

连续点头成交法是利用一连串的同意方案，使顾客被询问时有肯定的答复，最终促成交易。这需要设计一系列相互关联的，而且只能以“是”来回答的问题询问顾客，使顾客产生一种惯性，当你问最后一个问题时，他会莫名其妙地觉得很好、有道理。例如，房产推销人员可以问一些下面这样的问题，以便让顾客做出肯定的回答：

“您的意思是，比较看中这所房子的格局和地理位置对吗？”

“您的意思是，认为这所房子的格局设计得很合理对吗？”

“您认为这样的住所对于一个三口之家来说比较合适，对吗？”

“房屋格局的合理性会为您在居住的过程中带来很多方便，对吗？”

“一个好的地理位置会为您的出行带来便利，对吗？”

“舒适的环境、良好的地理位置是很多购房者在购房时会首先考虑的，对吗？”

“的确，您所看重的这一点也是很多顾客所关注的，因此这样的房子在目前的价位上很快就会被卖出。我想如果您看中的话,也会尽早决定的,对吗?”

像这样设定连续让顾客点头回答“是”的问题的方法就是连续点头成交法。在这里需要注意的是,要避免说一些绝对性的词汇,如一定、绝对、百分之百等。

当然,也要认识到某些顾客可能先假装同意你所陈述的所有产品利益,但当推销人员提出购买请求时却出人意料地说“不要”,有意看推销人员惊奇的表情。此外,多疑的顾客可能把连续点头成交法视为陷阱,或看成是对他们智商的贬低,无助于购买决策。无论是面对恶作剧的顾客还是多疑的顾客,心平气和地看待和处理是推销人员必须具备的职业素养。

案例 10-5

推销人员:请问您贵姓?

顾客:免贵姓陈。

推销人员:请问您是已婚还是未婚?

顾客:已婚。

推销人员:您结婚多久了?

顾客:5 年。

推销人员:您已经结婚 5 年了,那您认为一个人的婚姻和家庭对人的一生来说重不重要?

顾客:重要。

推销人员:既然重要,您希不希望有一个很美好的家庭?

顾客:希望。

推销人员:既然您已经结婚,又希望有一个很美好的家庭,假如做一个未雨绸缪的规划,对您的家庭会不会有所帮助?

顾客:当然会。

推销人员:既然您认为一个人的家庭和婚姻对人的一生来说非常重要,同时您也希望有一个美好的家庭,那么您是不是觉得如果在年轻的时候做一个长期的规划,对于建立一个美好的家庭稍微有些帮助?

顾客:是这样的。

[启示]思考本身有一种惯性。如果你能够连续问一个人 6 个问题并让他不断地点头回答是、对、我同意(连续点头),那么接下来的一个问题,他也会觉得是、对、我同意,因为点头已经形成了一种习惯。

七、小狗成交法

小狗成交法来源于一个小故事。一位妈妈带着小男孩来到一家宠物商店,小男孩非常喜欢一只小狗,但是妈妈拒绝给他买,小男孩又哭又闹。店主发现后就说:“如果你喜欢的话,就把这只小狗带回去吧,相处两三天后再决定。如果你不喜欢,就把它带回来。”几天之后，全家人都喜欢上了这只小狗，妈妈来到宠物商店买下了这只小狗。

这就是先使用、后付款的小狗成交法。有统计表明，如果顾客能够在实际承诺购买之前先行拥有该产品，交易的成功率将会大为提高。国内外的统计表明，先使用、后付款的交易方式的欠款率并不比其他方式高。

案例 10-6

一名机床推销人员来到一家工厂，他所推销的机器要比这家工厂正在使用的所有机器速度都快，而且用途多、韧性高，但价格高出现有机器的10倍以上。虽然该厂需要这台机器，而且也能买得起，但厂长是那种只买旧机器的人，所以不管机器多么好，多么有利可图，只要价格高，厂长就不准备购买。

推销人员说："除非这机器正好适合您的车间，否则我不会卖给您。假如您能挤出个地方，让我把机器装上，您可以在这里试用一段时间，不花一分钱，您看如何？""我可以用多久？"厂长问，他已想到可把这台机器用于一些特殊零部件的加工生产中。如果机器真像推销人员说的那样，他就能节省大笔费用。推销人员说："要真正了解这种机器能干些什么至少需要3个月的时间。先让您试用1个月，您看如何？"厂长同意了。

机器一到，厂长就将其开动起来，只用了几天时间，就把他准备好的零部件提前加工完了。正在此时，推销人员打来了电话："机器运行得好吗？"厂长说："很好。""您还有什么问题吗？是否需要进一步说明如何使用？"厂长回答说："没什么问题。"他本来还在想要如何才能应付推销人员，但对方却没提起成交之事，只是询问机器的运行情况，他很高兴。

第二天，厂长注意到新机器又在加工零部件，车间主任正在开发机器的其他功能。第二个星期，他注意到新机器一直在运转。正像推销人员所说的那样，机床速度快、用途多、韧性高。当他跟大家谈到新机器不久就要运回去的时候，车间主任列出了许多理由以说明他们必须拥有这台机器，工人们也纷纷表示想要留下这台机器。"好吧，我会考虑的。"他回答说。

1个月后，当推销人员再次来到工厂时，厂长已经填好了一份购买这台机器的订货单，他不准备失去车间里的"小狗"。

[问题] 推销人员是如何使厂长接受新机器的？

八、从众成交法

从众成交法即推销人员利用从众心理来促成顾客购买推销品的成交方法。例如，计算机的推销人员说："这是今年最流行的机型，我们一天就卖出了50多台，请问先生什么时候要货？"

在日常生活中，人们或多或少都有一定的从众心理，从众心理必然导致社会趋同的从众行为。人们的购买行为不仅受自身性格、价值观念、兴趣爱好等因素的影响，同时也受家庭、参考群体、社会等环境因素的影响。因而顾客在购买商品时，不仅要依据自身的需求、爱好、价值观选购商品，同时也要考虑全社会的行为规范和审美观念，甚至在某些时候不得不屈从于社会的压力而放弃自身的爱好，以符合大多数人的消费行为。从众成交法正是抓住了人们的这一心理特点，力争创造一种时尚或流行来鼓动人们从众，以促成交易的成功。从众成交法主要适合于推销具有一定时尚程度的商品，且要求推销对象具有从众心理。如果商品流行性差、号召力不强，又遇到自我意识强的顾客，则采用此法必然要失败。

具体运用时应注意：在推销商品前，先发动广告攻势，利用名人宣传品牌，营造从众的声势；寻找具有影响力的核心顾客，把推销重点放在说服核心顾客上，利用他们的影响和声望带动和号召其他顾客。

九、保证成交法

保证成交法是推销人员通过向顾客提供售后保证促成交易的一种方法。顾客成交有多种不同的心理障碍，有的担心购买后商品质量有问题，有的担心送货不及时，有的担心无人上门安装修理等。如果不消除这些顾虑，顾客往往会拖延购买或以借口拒绝购买。推销人员针对顾客的心理，可采用保证成交法达成交易，如“张经理，这种影碟机的质量您尽管放心，开箱后一旦发现任何问题，我公司保证无条件退换”。

保证成交法针对顾客的顾虑，通过提供各种保证以增强顾客购买的决心，促使顾客迅速做出购买决定，有利于有针对性地化解顾客异议，但这要求推销人员做到“言必信，行必果”，否则势必失去顾客的信任。

十、肯定成交法

肯定成交法是推销人员以肯定的赞语坚定顾客的购买信心，进而促成购买的方法。肯定的赞语对顾客而言是一种积极的动力，可以使犹豫者变得果断，拒绝者无法拒绝，从而使顾客别无选择地成交。比如，当一位女顾客为挑选上衣的颜色而犹豫不决时，营业员肯定地说：“您还是选那件黑色的上衣吧！黑色上衣配您那白皙的皮肤更能显出您的年轻。”“您真有眼光，这是今年最流行的款式。”

推销人员采用肯定成交法时，必须确认顾客对推销品已产生浓厚的兴趣。赞扬顾客时一定要发自内心，态度诚恳，语言要实在，不要夸张，更不能说违心的话。

肯定成交法的关键是先声夺人，推销人员由衷的赞语是对顾客的最大鼓励，可促进顾客购买决定的做出。但这种方法有时会产生强加于人的感觉，可能会招致顾客的反感或拒绝，难以再进行深入的洽谈。

十一、最后机会成交法

最后机会成交法也称最后通牒法，即推销人员向顾客暗示最后的成交机会，促成立即购买推销品的成交方法。例如，汽车推销人员说：“这种车型的汽车非常好卖，这一辆卖出去以后，我们也很难再进到同样的车子。”“由于原材料需要进口，这批货卖完后，可能要很长时间才有货。”一般人都有“机不可失，时不再来”的心理，遇到机会一旦错过，将会后悔莫及。最后机会成交法正是抓住顾客在最后机会面前的犹豫并将其转变为果断购买，如我们常见到的“本店拆迁大甩卖，全部商品一律五折”“本商品今天促销，后天开始恢复原价”等宣传语。最后机会成交法要求推销人员利用购买机会原理，向顾客提示“机不可失，时不再来”，施加一定的成交机会压力，促使顾客珍惜时机，最终达成购买。

最后机会成交法利用人们怕失去能够得到某种利益的心理，极大刺激了顾客的购买欲望，减少了推销劝说的难度，增强了顾客主动成交的动力。但运用时，要求推销人员必须实事求是，不能欺骗和愚弄顾客，否则会影响企业的信誉和顾客对推销人员的信任。

第四节　续后工作

成交是推销工作的目标，但并非推销工作的结束。顾客产生成交意愿后，推销人员应及时完成成交续后工作，如签订合同、回收货款、进行售后服务并与顾客保持联系等。

一、买卖合同及其特征

通过成功的洽谈，知道顾客有成交的意愿后，应及时把这种成交的意愿以书面合同的形式固定下来，防止洽谈成果付之东流。买卖合同要具有一定的格式条款，格式条款是推销人员预先拟定的，一般未与对方协商，格式条款具有一定的法律特征。买卖合同要具有广泛性、持久性和细节性，而格式条款具有单方事先拟定、以书面明示等特征。

（一）买卖合同的定义及特征

买卖合同是卖方转移标的物的所有权给买方，由买方支付价款的合同。在商品推销活动中，只有在与顾客订立买卖合同后，才算真正意义上的成交，具有法律效力。一般要求推销人员与顾客之间签订书面合同。书面合同是指合同书、信件和数据电文（包括电报、电传、传真、电子数据交换和电子邮件）等可以有形地表现所载内容的形式。买卖合同具有如下特征：

（1）买卖合同是有偿性合同。买卖合同约定卖方向买方转让标的物的所有权，买方向卖方给付价款。两项让渡互为等价，这是买卖合同最基本的特征。

（2）买卖合同是双务性合同。买卖合同双方当事人的权利、义务是彼此对立的，一方的权利正是他方的义务，反之亦然。

（3）买卖合同是承诺性合同。除法律另有规定或双方当事人另有约定外，买卖合同的成立不以标的物的交付为要件，也不以书面形式为要件。

（二）签订合同阶段要注意的几个问题

（1）推销成交的结果不能仅停留在口头上，应使一切结果见诸文字。

（2）合同文字要简洁，内容要具体。

（3）不要轻易在对方拟定的合同上签字，应详细、认真地检查。在确保没有问题后方可签字。

二、售后服务

售后服务是指企业及其推销人员在商品送达顾客后，为保证其正常使用而继续提供的各项服务。售后服务的目的是为顾客提供方便，保证顾客满意，促进企业的推销工作。随着人们收入水平的提高，顾客不仅要求买到中意的商品，而且要求买到商品后能够方便地使用。

售后服务包含的内容非常丰富，随着竞争的加剧，新的售后服务形式更是层出不穷，提供给顾客更多的利益和需求的满足。目前，售后服务主要包括下列内容：

（一）送货服务

对购买大件物品，或一次性购买数量较多、自行携带不便以及有特殊困难的顾客，企业均有必要提供送货上门服务。原来这种服务主要是提供给生产者和中间商的，如今已广泛应用在对零售客户的服务中。例如，在激烈的市场竞争中，一些家具经销商十分重视及时送货上门，这种服务大大地方便了顾客，刺激了顾客的购买。

（二）安装服务

有些商品在使用前要在使用地点进行安装，由企业的专门安装人员上门提供免费安装，既可以当场测试，又可以保证商品质量。同时，上门安装是售后服务的一种主要形式，如海尔公司销售空调后提供免费安装，安装人员自带鞋套、饮用水，并在安装后帮助用户将室内收拾整齐，同时向顾客讲解使用方法，深受顾客欢迎。

（三）包装服务

商品包装是在商品售出后，根据顾客要求提供普通包装、礼品包装、组合包装、整件包装等的服务。这种服务既为顾客提供了方便，又是重要的广告宣传方法，如在包装物上印上企业名称、地址及产品介绍等，能起到很好的信息传播作用。

（四）“三包”服务

“三包”服务是指对售出商品的包修、包换、包退服务。企业应根据不同商品的特点和不同的条件制定具体的“三包”方法，真正为顾客提供方便。实质上，无论是包换还是包退，目的只有一个，那就是降低消费者的购物风险，使其顺利做出购买决策，实现真正意义上的互惠互利交易。当顾客认识到企业为顾客服务的诚意时，包退、包换反过来会大大刺激销售，这不仅提高了企业信誉，还赢得了更多的顾客。

三、回收货款

销售的目的就是在顾客获得所需产品的同时，企业也能够快速收回货款。收不回货款的推销是失败的推销，会使经营者蒙受损失，所以在售出货物后及时收回货款就成为推销人员的一项重要任务。在现代推销活动中，赊销、预付或者为中间商铺货作为一种商业信用,在销售中扮演着非常重要的角色,是企业占领市场、扩大销售额的重要手段,而及时、全额地收回货款是降低企业经营风险的关键因素。要做好货款的回收工作,需从以下几个方面加以注意:

(一)在商品销售前进行顾客的资信调查

顾客的资信主要包括顾客的支付能力和信用记录两个方面。在推销前,应从多方面了解顾客的资信状况。顾客的资信状况是推销人员选择顾客的重要内容,同时也是及时、全额地回收货款的保障。

(二)在收款过程中保持合适的收款态度

如果因为采取不恰当的态度而影响货款收回,是得不偿失的。因此,推销人员应针对不同的顾客、不同的情况采取相应的收款态度。一般情况下,收款态度过于软弱,很难收回货款;收款态度过于强硬,容易引起冲突,不利于企业形象,而且会影响双方今后的合作。所以,推销人员在收款时要态度认真、有礼有节。这样,既有利于货款的回收,又有利于维持双方已经建立起来的良好关系。

(三)正确掌握和运用收款技巧

推销人员掌握一定的收款技巧,有利于货款的收回,例如:

(1)成交签约时要有明确的付款日期,不要给对方留有余地。

(2)按约定的时间上门收款,推销人员自己拖延上门收款的时间会给对方再次拖延以借口。

(3)如果不能及时收款,就以公司有规定为由暂停有关的产品安装程序,从而引起顾客的重视而早日付款。

(4)注意收款的时机,了解顾客的资金状况,在顾客账面上有款时上门收款。

(5)争取顾客的理解和同情,让顾客知道马上收回这笔货款对推销人员的重要性,收款时要携带事先开好的发票,以免错失收款机会。

(6)若确实无法按约收款,则应将下次收款的日期和金额在顾客面前清楚地做书面记录,让顾客明确事情的严肃性和重要性。

以上介绍的只是一些常用的收款技巧,在实际工作中还需要推销人员针对不同的顾客灵活机动、临场发挥。无论采用何种技巧,目的是明确的,即及时、全额地收回货款。

四、定期联系

推销成交并不意味着推销活动的结束,而仅仅是"关系推销"进程的开始。推销人员在签订推销合同之后要及时向顾客表示感谢,并根据合同条款的要求做好货物发放、装运等后续服务,并定期与顾客联系,解决顾客在使用产品过程中碰到的各种问题,让顾客满意,发展和巩固双方的友谊,让顾客成为终身顾客。

在达成交易、告别顾客后,推销人员应抓紧时间落实买卖合同中的各项条款,应该认识到合同对推销人员的约束作用。推销人员在整个推销过程中自始至终都要坚持顾客导向，开辟与顾客之间的沟通渠道，保持与顾客之间的接触和联系。了解顾客对购买的满意状况，更重要的是利用各种渠道来解决顾客的不满，发展并维持与顾客的长期合作关系。

➢ 练习题 ➣

一、思考题

1. 简述推销成交的含义。

2. 推销人员应如何把握顾客的成交信号？

3. 推销成交的方法有哪些？

4. 什么是优惠成交法？它在什么情况下才适用？

二、案例分析题

日本大阪有一家公司，经过苦心设计，研制了一种可放置茶具、餐具等物品的盒子。这种盒子可以像百叶窗那样上下移动，颇有新意，而且外形美观，但是投放市场以后却销售不佳，盒子在仓库里堆积如山。

一位来自东京的推销人员在了解了这些情况之后，对该公司的经理说："给我 1 000 只盒子，让我来试试看。"仅仅过了 1 个月，盒子的订单就开始源源不断了。原来这位推销人员拿着盒子到旅馆去推销："请把这种盒子放在客房的冰箱上面。过去是先用白布铺在冰箱上，白布上放置杯子、开瓶器等物品，上面再盖上白布，每天每间客房要换洗两块白布。如果把这些用品放在盒子里，就用不着天天换洗白布了，我留几个盒子在你们旅馆里，过两个星期再来看看。"

就这样，盒子留在了旅馆。试用下来，旅馆的服务人员及旅客都觉得它很不错，于是各旅馆纷纷提出订货的要求，订单开始源源不断地出现在公司经理的办公桌上。

问题：(1) 推销人员在推销盒子时是怎样激发起顾客的购买欲望的？

(2) 这位推销人员使用的是哪一种推销方法？

三、实训题

1. 选择一种你比较熟悉的产品，假设你是这种产品的推销人员，分析一下该产品的整个推销过程。

2. 一个有经验的药品推销员说："有些顾客非要你把笔送到他们手里才签字。"他的一些同事同意这一看法，认为有时确实存在这种情况，不过他们仍然主张不要对顾客施加压力。你的看法呢？

第四篇

推销具体类型篇

第十一章

电话推销

引 例

下面是一个具体的电话推销案例。

小吴:先生,您好,这里是吉达公司,有什么可以帮助您的?

客户:我想买个370打印机的墨盒。

小吴:这是彩色打印机,对吧,您要买黑的墨盒还是彩色的?

客户:啊,应该是……好像是黑的,黑的不够了。

小吴:黑的不够了是吧?

客户:是的。

小吴:我们有单卖黑的,有单卖彩的,但是也有整包成套的。

客户:我就买黑的吧!

小吴:黑色有单卖的,也有双包装的,双包装的价格便宜一些!

客户:啊,没听明白,您再说一遍!

小吴:就是说两个黑的算一套,一个包,双包装,双包装会更便宜些!

客户:双包装便宜?

小吴:黑的一个是219元。

客户:219元?

小吴:双包装,就是说买两个的话是408元!

客户:哦,那就便宜是吧?

小吴:对,一个便宜15元,两个便宜30元!

客户:哦。

小吴:那彩色的您有需要吗?

客户:目前没有。

小吴:您平时经常用彩打吗?

客户:有时也用。

小吴：一般来说，如果经常用的话，黑墨盒用完了，彩色的可能很快也会用完的。这样，我给您介绍一个四盒装的，两个黑色的，两个彩色的，一共是1 000元。比黑的和彩色的双包装加一起还要便宜40元。

客户：彩色双包装要多少钱？

小吴：632元，单买一个彩的墨盒是350元。

客户：632元……（陷入思考中）

小吴：买回去都可以单拆开！

[问题]怎样把握电话推销的语言要领？

第一节　电话推销的基本介绍

在全球信息化的今天，电话沟通已经成为企业推销人员从事推销活动、与顾客保持联系的重要工作方式。电话在推销工作中发挥着越来越重要的作用。

一、电话推销及其发展

（一）电话推销的概念

电话推销是指推销人员通过电话向潜在顾客介绍产品或服务，以达到获取订单、成功销售的目的。从功能上来看，电话推销也可分为两种：

（1）完全意义上的电话推销，100%的订单都是通过电话来完成的。

（2）电话推销只起到挖掘销售线索、处理订单、跟进顾客、服务等作用，还有外部销售人员来配合电话推销，共同完成订单。

（二）电话推销的产生与发展

电话推销模式从20世纪70年代开始高速发展，这得益于美国总统大选。美国总统大选被称为世界上最大的推销活动，参加竞选的候选人无不利用各种资源宣传自己的观点，以获得民众的支持。1972年的美国总统大选，尼克松的竞选团队使用大量的助选人员逐户拨打电话，宣传尼克松的理念，对尼克松最终获胜起到了巨大作用。以此为契机，电话推销开始进入商业领域，越来越多的行业开始运用电话开展销售工作。

在中国，十几年前电话推销还是一个新鲜事物，但经过数年的发展，电话推销已经成为非常普及的销售手段，并呈现较快的发展势头。使用电话推销的行业也从最开始的保险、电信业扩展到金融、医药、食品、服装、教育、物流、IT和商业服务等行业，市场上也出现了专门的“电话推销公司”，为人们提供了大量的就业机会。

二、电话推销的优势与劣势

（一）电话推销的优势

电话推销随着现代通信技术的发展而发展，随着消费者需求的多样化和个性化而逐

步演进。与其他营销方式相比,电话推销具有以下优势:

1. 效率高

在拥有众多可以自由选择的交流工具的前提下,很多不必要当面进行的商务沟通完全可以选择其他途径来解决。可以说,电话是世界上最快的“交通”工具,它能够让自己迅速与顾客取得联系并了解顾客的需求。

2. 成本低

推销人员积极主动地给顾客打电话可以更加方便快捷地与顾客保持良好关系并获得更多订单。与面谈比,其单个顾客沟通成本更低,一方面节约了因面谈而增加的成本,另一方面大大减少了因面谈而花费在路途上的时间。尤其对于交通拥堵状况比较突出的大中型城市来说,利用电话进行沟通可以大大减少花费在路途上的时间成本和人力成本。电话和手机的普及为电话推销提供了有利的条件。

案例 11-1

陕西省某县有一个规模较小的乡镇企业,专门进行机布加工。该厂厂长为了早日打开产品的销路,整天东奔西走地推销产品,有时到某个城市一住就是十几天,但收效甚微,常常是既花费了大量差旅费,又浪费了很多时间。有一天,厂长接到了住在西安的一位亲戚的电话,说某勘探队急需一批钻井塔的机布。这一信息的接收及其接收方式使厂长深受启发,于是也采用打电话的方式向该勘探队推销本厂产品,并取得了成功。后来,厂长组建了一支推销人员队伍,主要通过电话通信方式来进行推销,扩大了市场销路。

[问题]怎样挖掘电话推销信息?

3. 不受空间限制,可以随时随地沟通

移动电话的发展使即时通话成为现实,推销人员可瞬间与顾客取得联系,就速度而言,没有其他沟通工具可与之比拟。

4. 消除紧张感

当今社会,人们越来越重视个人生活的独立性与私隐性,不愿意轻易接受陌生人的邀约,这给传统意义上的面谈推销形成巨大障碍。电话推销可以消除顾客与推销人员见面的紧张感,使推销沟通得以进行。

5. 使定制化营销成为可能

电话推销方便快捷的特点使推销人员可以迅速把握顾客的需求动态,并根据顾客的需求迅速地调整推销方案,从而满足顾客的需求,使定制化营销成为可能。

(二)电话推销的劣势

1. 只靠声音传递信息

推销是有声语言与肢体语言综合作用的结果,语言上的缺乏往往可以通过有效的肢体语言得到弥补,同时推销人员可以通过观察顾客的表情及举止判断其消费心理。而在电话推销中，推销人员只能靠听去判断顾客的反应和推销方向是否正确；同样，顾客在电话中也无法看到推销人员的肢体语言、面部表情，而只能借助声音传递的信息来判断自己是否可以信赖这个人，并决定是否应该继续此次通话。

2. 信任度低

中国有句古话："耳听为虚，眼见为实。"人们获取信息，听到的占20%，看到的占50%，余下的30%靠逻辑推理，所以人们更愿意相信眼睛能够看到的东西。顾客看不见推销人员，也看不见产品，因而对于电话推销的信任度整体上比较低。

3. 在电话中顾客更易说"不"

俗话说："伸手不打笑脸人。"在面对面的推销中，顾客鉴于维护推销人员的面子，很多拒绝的话难以一下子说出口，或者采取更委婉的方式拒绝，如"我不需要，谢谢"。但在电话推销中，由于彼此并不见面，顾客没有更多的顾虑，在拒绝的时候除了说句"我不需要"，还可能加上一句"别再打电话给我了"，从而加大了后续工作的难度。

三、电话推销存在的问题

我国的电话推销还处于起步阶段，对电话推销中存在的问题的认识和分析有利于我们更好地规划与发展电话推销。

（一）缺乏明确的顾客目标而盲目拨打

很多顾客反感电话推销的一个原因是，自己接到的电话推销常常是一些与自己毫不相关的产品推销。很多电话推销人员在拨打电话之前心中是盲目的，一味地追求电话拨打的数量，不求质量，往往本着地毯式轰炸的原则，碰上一个算一个，并没有对顾客进行有针对性的分析。电话推销绝不等于随机地打出大量电话，靠碰运气推销出几样产品，电话推销应该是有计划、有组织的，能够高效率地扩大顾客群，并提高顾客满意度。

有效的做法是通过建立数据库，对顾客的兴趣爱好进行分类，有针对性地进行产品推介，真正实现推销人员与顾客的互动，实现一对一式推销。很多企业不愿意花时间和精力积累顾客信息，剑走偏锋，购买数据库，且购买之后并不对数据库进行分析研究，直接使用。有些推销人员做法过于简单，比如得到一些用户的银行卡信息，就推断这个用户是否需要买房买车等，这样拨打的电话势必缺乏一定的针对性和有效性，降低了电话推销的成功率，同时容易使顾客对电话推销形成负面印象。

（二）采用极端的销售方式引起顾客反感

电话推销高达90%的拒绝率证明了电话推销的不易，有些推销人员为了提高电话推销的成功率，采取了一些极端的销售方式。例如，有些电话推销人员喜欢采用下列方式绕过前台：

（1）前台："您好，请问有什么可以帮到您的？"

销售："我是国家发改委的，有一个重要的会议要通知你们老总，请帮我转过去！"

（2）前台："您好，请问有什么可以帮到您的？"

销售："我是你们老总的亲戚，找他有事，请帮我转过去。"

这些方式用一次或许能够获取前台的信任，但有一定经验的工作人员一般都能够识破这样的骗局，所以这种方式不但难见成效，而且很容易惹怒前台，将推销人员的电话列入黑名单。

健康持久的业务关系建立在诚信的基础之上，为了达到一时的推销便利所采取的任何不诚信的做法不仅不利于电话推销业务的开展，对整个电话推销模式的健康发展也将带来负面影响。

（三）电话推销从业人员素质参差不齐

电话推销在我国处于发展初期，对电话推销人员没有太高的技术要求，只要能够进行普通的沟通交流即可，所以从业人员的素质参差不齐，相当一部分从业人员的素质较低。较低的素质体现在与顾客沟通交流时缺乏沟通技巧，因而成功率较低，有的为了追求利润，采取极端的乃至非法的方式进行销售。

第二节　电话推销的一般流程

一、电话推销前的准备

电话推销是一项需要周密策划、灵活应对的工作。电话推销中，推销人员的每一个细小的错误或者并不吸引人的开场白都可能导致顾客直接挂掉电话，所以对于电话推销人员来说，拨打电话之前的准备工作尤其重要。除了具备一流的销售心态外，电话推销人员还应做好以下准备：

（一）客户资料准备

客户资料质量的高低对电话推销成功与否起关键作用。电话推销之前，推销人员手头的客户资料一般是通过各种途径得到的，这些资料的真实性、及时性、有效性难以得到保障，如果不对这些信息进行处理，将大大降低电话推销的效率与成功率，过高的拒绝率也会严重影响推销人员的工作热情。所以，电话推销之前，推销人员首先应该对客户资料进行精心准备。客户资料准备工作的核心是确定目标顾客。

事先对客户资料进行科学的分析与筛选，能够帮助电话推销人员更加迅速有效地完成推销工作。对客户资料进行分析与筛选的重点在于核对客户资料的真实性与有效性，并依据现有信息对客户进行资格认定，确定哪些是重点客户，哪些客户不值得倾注太多的精力。

案例 11-2

某电脑公司的王经理将××报社这一客户交由小李负责，该报社是华东地区最有影响力的报社之一，对公司来讲是一家新客户。为了确保赢得这家客户，小李首先登录该报社网页，了解报社的组织结构、经营理念、通信地址和电话，并把这些资料记录到客户资料中；接着又给另一家报社信息中心的主任打了个电话，了解××报社的计算机、编辑排版和记者采编等系统;然后向业界的朋友打听了××报社的其他相关资料,并了解到该报社信息中心的何主任负责此次电脑的采购。

[问题]电话推销前怎样"做功课"?

(二)物品准备

进行电话推销之前,为了更好地达成目标,应该进行一些物品的准备工作。

1. 铅笔与便笺

电话推销人员一定要养成边打电话边记录的良好习惯,否则电话结束后,好多有用的信息都将随之消失。用铅笔做日常记录的好处在于可以随时更新顾客的信息;便笺可用于记录顾客的姓名、单位、谈话内容等相关信息,以便电话结束后将信息进行整理和分析。

2. 电子计算器

采用电子计算器可以即时给顾客报出准确的价格,既方便又省时,在提高电话推销人员工作效率的同时,也为顾客节省了时间。

3. 时钟或手表

电话推销人员要有强烈的时间观念,不要占用顾客太多的时间。

4. 电话记事本

电话记事本是推销人员日常的电话记录汇总,有利于事后查阅顾客相关信息和公司对销售工作的管理情况。

5. 相关客户资料

推销人员应掌握的客户资料:姓名、职务、公司名称、电话号码、地址和邮编、通话的合适时间、电子邮箱、业务类型、需求、网址、强调事项与特征、特殊的语言和喜好等。

详细的客户资料可以帮助推销人员快速有效地与顾客交流。只有了解顾客的确切需求,电话推销人员才能准确地服务顾客。

6. 茶水或饮料、润喉糖

电话推销人员每日的工作量很大,茶水或饮料不仅可以补充体力,更重要的是可以润喉,让自己的声音保持清亮。

7. 镜子

尽管电话推销人员与顾客并不见面,但是微笑着打电话往往能够感染顾客,所以电话推销人员一定要时刻提醒自己,即使看不到对方,也要当对方就在眼前。通过一面镜子,让自己始终保持良好的仪表与面部表情,让自己在电话中展现最佳状态。

8. 绿色植物

电话推销人员可在办公桌上放一盆自己喜欢的绿色植物,遭遇挫折的时候看一眼,可以起到缓解压力、舒缓心情的作用。

(三)知识准备

电话推销人员熟悉本公司的产品及相关知识是开展电话推销的前提和基础。

1. 了解产品的质量和价格

电话推销人员不仅要熟悉本公司产品的质量和价格,还要熟悉市场上同类竞争产品的质量和价格,找出彼此的优势与劣势,便于应对顾客的各种疑问。

2. 熟悉产品的用途及操作方法

电话推销人员必须非常熟悉所推销产品的性能、用途和操作方法,给顾客一种非常专业的印象,这样才能提升顾客对推销人员的信任度。

3. 明确产品的卖点

电话推销人员必须熟悉自己的产品,找准产品卖点。无论在什么时候,推销人员都要记住:打电话的目的是卖产品,而不是为了打电话而打电话。在熟悉产品的过程中,要学会问自己问题:如果我是顾客,我会对产品的哪些卖点感兴趣?怎样介绍产品能打动顾客?

(四)其他准备

上述内容是从宏观方面分析开展电话推销工作之前应该进行的准备工作,具体到每一次电话推销工作之前,推销人员应该针对电话推销过程中可能遇到的细节问题进行细致的准备工作,主要包括以下几方面:

(1)明确给顾客打电话的目的。自己的目的是想成功地销售产品,还是与顾客建立一种长久的合作关系?一定要明确目的,这样才有利于实现。

(2)明确为了达到目的所必须提问的问题。为了达到目的需要得到哪些信息,提问哪些问题,这些在打电话之前必须要明确。提出问题才能了解顾客的信息和需求,所以电话推销中提问的技巧非常重要,应把需要提问的问题在打电话前就写在纸上。

(3)设想顾客可能会提问的问题并做好准备。电话推销时,顾客也会向推销人员提问一些问题,所以推销人员要设想一下顾客可能提问一些什么问题并事先做好准备。

(4)设想电话中可能发生的事情并做好准备。100 个电话中通常只有 80 个电话可以打通,80 个电话中又往往只有 50 个电话能找到相关的人,每次打电话都可能有不同的情况出现,作为电话推销人员,一定要清楚在电话推销中随时可能出现什么情况,对于不同的情况准备相应的应对措施。

二、客户沟通阶段

做好电话推销的准备工作之后,整个推销流程进入沟通阶段。这一阶段的主要工作目标是与顾客进行沟通洽谈,建立相互信任的关系,为促成合作打好基础。

(一)确定关键人物

与关键人物直接对话是电话推销成功的开始。这里所指的关键人物是指在本次购买过程中起到决定作用的人物,只有找到关键人物或决策者,跟他们进行对话沟通才是有效而且关键的。当然,并不是说除关键人物外,其他人我们都不与之接触,与前台工作人员、普通工作人员的沟通都是为了确定谁是拥有决策权的关键人物。

(二)二次客户资料调查

为了更好地与决策者有效沟通,电话推销人员应该根据首次沟通中所暴露出的问题和不足对顾客进行二次调查,着重了解顾客的近期信息,如近期采购状况、近期需求、合作单位等,以便更加深入有效地与顾客进行下一次沟通。

(三)询问鉴别

询问鉴别是电话推销中非常重要的推销技巧,询问鉴别的过程就是顾客需求分析的过程。电话推销中询问鉴别的目的主要包括以下内容:一是分析顾客的类型,包括顾客的性格类型、需求类型等,这样才能有针对性地对顾客进行介绍;二是挖掘顾客的潜在需求,即把顾客自己没有意识到的需求通过提问的形式挖掘出来,让顾客意识到自己的需求。

三、促成交易阶段

电话推销人员在全面了解顾客的需求之后,就要迅速提出满足顾客需求的完整可行方案,促成交易。这个阶段是电话推销的关键时期,前面所有的准备工作都是为了最终促成交易。

(一)提供方案

通过询问鉴别,电话推销人员了解了顾客的真实需求,同时也了解了顾客类型,接下来就要有针对性地向顾客推销产品了。一方面要推荐适合顾客需求的产品,另一方面还要注意针对顾客类型和需求情况来说服顾客接受方案。

(二)促成交易

提供可行方案之后,电话推销人员应该迅速跟进、追踪顾客的动态信息,采用各种销售技巧最终达成交易。

(三)签订销售合同

与顾客达成合作意向之后,电话推销人员应立即与顾客签订具有法律效力的协议,保证双方权益,避免发生纠纷。

(四)订单执行

电话推销人员促成订单之后,并不是一切万事大吉。即使公司有完善的发货、物流流程等,推销人员也要尽可能地对售后情况进行跟踪,及时与顾客联系,确保顾客及时收货及收货后正常使用。

第三节 电话推销的技巧

一、电话开场白的技巧

开场白即电话接通后30秒内推销人员的讲话内容,目的是通过相关介绍引起顾客的兴趣，让话题延续下去。开场白是电话推销流程中非常重要的组成部分，是电话推销人员与顾客的初次“接触”，开场白的好坏决定了整个通话能否顺利地延续下去，直接影响到整个电话推销的质量。

（一）成功开场白的要素

怎样的开场白才是成功的？请看下面的例子：

“您好！我是××公司的段先生，您的朋友吴小姐介绍我给您打这个电话。不知道您以前有没有接触过××公司，××是全球最大的中文网络营销平台。我打电话给您，主要是考虑到您作为公司的负责人，肯定很关注那些可以使您的潜在顾客找上门来的方法，所以我想与您通过电话简单交流一下。您现在打电话方便吗？我想请教您几个问题，您现在的网络推广是如何开展的呢？”

这是一个比较成功的开场白。通过分析，我们发现成功的开场白一般包括以下要素：

1. 自我介绍

自我介绍贵在简洁明了。自我介绍包括推销人员自己和公司两部分。介绍自己一般一句话带过，“我是××公司的××”，可以报出自己的全名，也可以只讲姓氏。介绍公司时要突出公司与同行业的差异之处，引起顾客的注意。例如，如果公司在国内同行业内规模最大，可以强调公司的规模；如果公司的业务专注于某个领域，就强调公司在这方面的专业性。介绍时切记不可长篇大论，一两句话足矣。总之，自我介绍时要重点突出、简洁明了，给顾客一种精明干练、自信的印象。

2. 确认对方时间的可行性

主动外呼电话时，推销人员往往不能够确定对方此时此刻是否方便接听电话，如是否在开会、开车或者接待客人等，所以在进行自我介绍之后，不妨加上一句话：“打扰您两分钟，不知道您现在是否方便接听电话？”这样一句话体现出推销人员对顾客的尊重，被打扰的顾客不悦的心情一般都会稍稍得到平复，有些顾客还会建议推销人员在其他合适的时间打过来，这样就为下次打电话争取到了一个非常难得的理由。

3. 相关人物的说明

在推销过程中，有中间人的介绍是最难能可贵的，顾客对熟人或者朋友的推荐电话会更容易接受。虽然公司对外宣称“谢绝推销”，但实际上公司的正常运转离不开推销，只不过现实中推销的情况太多，鱼龙混杂，不能一一鉴别。有了熟人的介绍，顾客对推销人员平添几分信任，推销就会进行得比较顺利，所以如果有能够牵扯上关系的人物，一定要向顾客报出，拉近跟顾客的关系。

4. 介绍打电话的目的，突出为公司带来的价值

开场白的30秒内，最能引起顾客兴趣、吸引顾客听下去的就是“此次电话能够给我带来怎样的价值”。因为顾客接到推销电话的第一反应是：“我为什么要接这个电话？对我有什么好处？”因此，开场白中一定要说明打电话的目的，而目的中一定要强调此次电话可以为顾客带来的价值。上述案例中，推销人员首先强调如何让潜在顾客找上门来，这就是

此次电话能够为顾客带来的价值。

5. 推进销售

开场白中引起顾客兴趣不是最终目的，最终目的是进行推销，所以在引起顾客的兴趣之后，要迅速转入推销阶段。上述案例中，推销人员在激起顾客的兴趣之后，通过一句话将谈话转入正式推销——“我想请教您几个问题，您现在的网络推广是如何开展的呢？”当然，推进销售是一个双方交流的过程，是一个时间较长且复杂的过程，一般不可能通过一次电话来完成，需要多次沟通、多次交流才能最终达成交易。

（二）几种常见的开场白模式

成功的开场白一般都包括上述五个要素，但并不是千篇一律。电话推销人员要想吸引顾客，让自己的电话在众多推销电话中脱颖而出，必须做到开场白新颖有创意，容易引起顾客的兴趣。

1. 他人引荐开场法

电话推销人员：朱小姐，您好，我是 ×× 公司的医学顾问李明，您的好友王华是我们公司的忠实用户，是他介绍我打电话给您的，他认为我们的产品也比较符合您的需求。

2. 追踪资料法

电话推销人员：您好，请问是李经理吗？

顾客：是的，什么事？

电话推销人员：您好，李经理，上次打电话过来，您让我把我们公司产品的资料先寄过来，这次打电话想了解一下资料收到没有，对我们的产品感觉如何？

顾客：哦，资料太多了，不记得了，请问你们是什么公司啊？

电话推销人员：我们是……

3. 从众心理开场法

电话推销人员：您好，朱小姐，我是 ×× 公司的医学顾问李明，我们公司是专业从事 ×× 抗衰老美容产品销售的．我打电话给您的原因是目前我们的产品成功帮助了许多人快速取得延缓衰老的效果，我想请教一下您在抗衰老美容方面使用的是哪个牌子的产品？

4. 制造忧虑开场法

电话销售人员：您好，请问是朱小姐吗？

顾客：是的，什么事？

电话销售人员：我是 ×× 公司的医学顾问李明，我打电话给您的原因主要是不少顾客都反映现在的美容产品多是治标不治本，一旦停止使用，马上就会反弹，我想请教一下您对这种问题的看法。

顾客：是的……

顾客也可能这么回答：“不好意思，我不清楚。”电话销售人员此时要赶快接口：“那请问朱小姐目前使用的是什么品牌的产品？”

案例 11-3

以下是两种开场白：

“您好，是××公司李总吗？我们是做竞价排名服务的，您公司需要吗？”

“您好，陈先生，我是××公司商务部的段生，我们是专业提供网络推广服务的，请问您现在有没有时间？我有几个问题想问下您。”

［问题］以上两种开场白有何不妥？

二、询问鉴别的技巧

推销的实质是满足顾客的需求，不了解顾客需求的推销注定是不成功的。询问鉴别即通过沟通交流，了解顾客的真正需求，分析顾客的类型，有针对性地对顾客进行推销。询问鉴别的另一个作用是挖掘顾客的潜在需求，把顾客自己没有意识到的需求通过提问的形式挖掘出来，从而让顾客意识到自己的需求。

（一）识别顾客的人际风格类型

通过电话识别顾客的性格很难，但是通过声音和讲话的风格以及顾客回答问题的方式，推销人员基本可以判断顾客的人际风格类型。

（二）SPIN 销售法

要想了解顾客的真正需求，电话推销一定要让顾客开口说话，一旦顾客愿意和自己说话，那就成功了一半。让别人说话最好的办法是提问题，在顾客回答问题的过程中，推销人员对顾客的基本需求状况就会有大体的了解。

SPIN 销售法是由美国著名的营销大师尼尔·雷克汉姆（Neil Rackham）创立的，是在 IBM 和施乐等公司的赞助下通过对众多营销高手的跟踪调查提炼总结而成的。SPIN 销售法通过一系列问题来推动顾客的过程非常适用于电话推销。

SPIN 分别代表该销售模式的四类问题，即情境性（situation）、探究性（problem）、暗示性（implication）和解决性（need-payoff）问题。SPIN 销售法就是在推销过程中运用实情探询、问题诊断、启发引导和需求认同四大类提问技巧来发掘、明确和引导顾客的需求与期望，从而不断推进推销过程。情境性问题用来了解顾客现在的实际情况，如“你们现在是跟哪家公司合作的，是否满意”；探究性问题用来挖掘顾客的潜在需求，让顾客思考自己面临的问题、不足以及潜在的风险，继而引发自己需要产品和服务的想法，如“你们的合作单位服务质量怎么样，反应速度是否够快”；暗示性问题是继续强化探究性问题结果的深层次影响，使顾客感受到其潜在需求的重要性与急迫性，自发产生对产品的需求欲望，如“服务不到位会对您的公司产生怎样的影响呢”；解决性问题用于顾客产生明确的需求意向之后提出解决方案，如“如果有一家公司能够保证随叫随到、高效快捷地为您服务，您是否愿意接受呢”。

上述问题的顺序并不是一成不变的，电话推销人员应该根据具体情况灵活调整提问的方式，或者调整顺序，或者对问题进行删减。例如，如果顾客本身已经意识到现在问题的严重性，我们就可以直接提出暗示性问题，而不需要进行探究性提问。

三、落实订单的技巧

推销过程中，促成交易是整个推销工作的最终目的，其他都只是促成交易的手段。促成交易也是很多推销人员认为比较难以操作的阶段。在电话推销中，电话推销人员难以开口向顾客请求订单，很多即将成功的交易由于推销人员的徘徊犹豫而失败，其原因与面谈推销基本相似，这在第十章中已经论述，在此不再重复。

（一）电话推销请求订单的注意事项

1. 保持正确的心态

很多电话推销人员在请求订单时难以启齿，认为有为难顾客的感觉，这其实是一种不正确的推销心态。电话推销人员应该怀着帮助顾客、为顾客服务的心态向顾客请求订单，相信自己所推销的产品是最适合顾客、能够为顾客提供一定价值的，应在合适的时间大胆向顾客请求订单。

2. 采用积极的词汇，吸引客户下单

例如，“您马上就可以拥有这款最新的手机了，祝贺您啊！”“有了您的支持，我们一定可以把售后工作做好。”

3. 尽量不用行业禁忌语

有些顾客前面沟通得很好，但一提到合同就变得很敏感、很谨慎，我们可以用“协议”“认同”等字眼代替“合同”，用“服务”代替“销售”，消除顾客的紧张心理。例如，“您现在可以签一下协议了吧？”“只要您一认同，我们马上就发货。”“我们服务的准则是……”

（二）电话推销请求订单的方法

1. 自然过渡法

在推销产品和异议处理之后，电话推销人员要主动开始介绍商务流程、付款方式、交货方式等内容，使整个沟通过程自然过渡到请求订单阶段。电话推销人员把商务流程、付款方式和交货方式等都介绍完之后，如果顾客没有很强烈的异议，就可以大胆请求顾客下订单。

2. 主动确认法

主动确认即采取主动提问或试探的方式确认顾客的态度。根据与顾客的熟悉程度，可以分为直接确认和间接确认两种方式。

如果跟顾客关系融洽，顾客性格比较随和，可以大胆采用直接确认的方式。例如，“张总咱们这个事情可就说定了啊！”“张总，您的意思是您马上就会付款了吧？”

如果与顾客关系一般，尽量采用间接方式进行确认。例如，“张总，那我就把价格申请递给我们老板了。”“我这边就通知物流部门开始备货了，款一到我们马上发货！”

四、赞美的技巧

真诚地赞美是拉近与顾客距离的最好方式。对于电话推销来说，推销人员与顾客仅凭声音沟通，不易产生亲近感和信任感，而真诚地赞美往往是打破这种僵局的最好方式。

（一）赞美顾客的声音

声音是赞美顾客的第一切入点。在与顾客的交流中，只要销售人员细心聆听，就可以通过声音掌握顾客很多方面的信息，如年龄、教育程度、做事情的态度等。而销售人员利用获取到的这些信息，适当地赞美对方就可以很好地营造谈话的氛围并能很快地改变顾客的态度。例如：

"听您的声音，您应该只有30岁左右吧？"

"听您的声音，肯定受过良好的高等教育吧？"

"听您的声音，就知道您做事特别果断。"

（二）赞美顾客所在的公司

通过对对方公司进行详细的了解，找出值得称赞的地方，让对方感觉到自己公司在行业的知名度，也可以体现出推销人员认真的工作态度，给顾客留下较好的印象。例如：

"贵公司在业内知名度很高啊，能在那里工作真的很不简单啊！"

"您这么大的公司，一直以来都是我们竭力想建立好关系的大顾客，这次能够跟您合作真的太荣幸了！"

（三）赞美顾客的履历和能力

详细了解顾客的个人基本资料，包括求学经历、工作履历、工作业绩等，找出闪光点，以求知学习的态度对顾客进行间接赞美，这样的方式顾客往往更容易接受。例如：

"我知道您是这方面的专家，所以想请教一个问题，不知道可不可以？"

"张总，您这么年轻就做到了总监的位置，真的很了不起啊，有机会要好好向您请教一下！"

不过，赞美虽然是打开顾客心扉的一把钥匙，但是一定要把握时机和分寸，太露骨和虚假的赞美会适得其反，"真诚"二字尤为重要。

➢ 练习题 ≺

一、思考题

1. 电话推销与面对面推销有哪些异同？
2. 电话推销作为一个行业，未来前景如何？
3. 电话推销对推销人员的素质有哪些要求？
4. 什么样的产品适合通过电话进行推销？
5. 如何应对当前电话推销存在的问题？

二、案例分析题

销售员：您好，请问李峰先生在吗？

李峰：我就是，您是哪位？

销售员：我是××公司打印机客户服务部的章程，就是公司章程的章程。我这里有您的资料记录，你们公司去年购买了我们公司的打印机，对吗？

李峰：哦，是，对呀！

章程：保修期已经过去了7个月，不知道现在打印机使用的情况如何？

李峰：好像你们来维修过一次，后来就没有问题了。

章程：太好了。我给您打电话的目的是，这个型号的机器已经不再生产了，以后的配件也比较昂贵，提醒您在使用时要尽量按照操作规程来。您在使用时阅读过使用手册吗？

李峰：没有呀，不会这样复杂吧？还要阅读使用手册？

章程：其实还是有必要的，不阅读也是可以的，但寿命就会减少。

李峰：我们也没有指望用一辈子，不过，最近业务还是比较多的，如果坏了怎么办呢？

章程：没有关系，我们还是会上门维修的，虽然收取一定的费用，但还是比购买一台全新的便宜。

李峰：对了，现在再买一台全新的打印机什么价格？

章程：要看您想要什么型号的，您现在使用的是3330，后续的升级产品是4100，不过还要看1个月大约打印多少正常的A4纸张。

李峰：最近量开始大起来了，有的时候超过10 000张了。

章程：要是这样，我还真要建议您考虑4100了。4100的建议使用量是每个月15 000张A4纸，而3330的建议是每月10 000张，如果超过了会严重影响打印机的寿命。

李峰：你能否给我留一个电话号码，年底我可能考虑再买一台，也许就是后续产品。

章程：我的电话号码是888×××× 转999。我查看一下，对了，您是老客户，年底还有一些特别的优惠。不知道您何时可以确定要购买，也许我可以将一些优惠条件给您保留一下。

李峰：什么优惠？

章程：4100型号的，渠道销售价格是12 150元，如果是3330的使用者购买的话，可以按照八折来处理或者赠送一些您需要的外设，主要看您的具体需要。这样吧，您考虑一下，然后再联系我。

李峰：等一下，我想一下，我在另外一个地方的办公室添加一台打印机会方便营销部的人。这样吧，基本上就确定了，是你们送货还是我们去取？

章程：都可以，如果您不方便还是我们送过去吧，以前也去过，容易找的。您看送到哪里，什么时间好？

问题：(1) 推销人员使用了哪些电话推销技巧？

(2) 推销人员哪些方面的做法值得借鉴？

第十二章

网络推销

引例

互联网是世界上最大的计算机网络，连接着全球数十亿不同年龄层、生活方式完全不同的网民。随着PC和手机端用户的增多，商家也越来越重视对这一巨大市场的开发和利用。以餐饮业为例，目前餐饮业中运用互联网来推销自己的企业很多。那么，如何从众多的餐饮企业中脱颖而出，塑造企业自身的特色，吸引用户呢？

1. 定位要准

企业可以将自己的Web页面建在某个超级网点下。超级网点往往是行业领袖所建的，包括几个甚至几百个公司的页面。超级网点所有者的信誉对网点上每个成员的信誉都会产生积极的影响。例如，在餐饮类的电子商务网站，可以找到数以万计的餐饮企业和相关信息，查找起来比较方便。如果餐饮企业的网点开发者善于利用用户的依赖心理，那么企业就迈出了成功的第一步。

2. 突出个性

超级网点开发者经常忽略网点开发的个性化阶段。其实，网点的外观和给人的感受是餐饮企业形象最有力的写照，综合写作风格、字体、图片、技术等一系列因素，可以表达出餐饮企业的独特形象。

电子商务的崛起为餐饮业带来了机遇和挑战，但是在没有完全把握之前，各餐饮企业都在静观其变，所以在具体开展电子商务时都格外小心谨慎。事实上，餐饮企业可以同银行、信用组织机构和信托公司合作，在网页上显示信用卡标志，表明本企业可以接受该信用卡。用户普遍的心理是有信用的企业才会在商务活动中接受信用卡，同银行、信用组织机构和信托公司签约，为用户提供担保，可以消除用户的疑虑。

餐饮企业可以向用户提供菜品目录和订单，用户可以自由选择喜欢的菜品，递交至企业设置好的电子邮箱，然后通过金融账户划账付订金。在做这些时，更要提供有信誉的退单承诺，而且要遵守这个承诺，这是消除用户犹豫心理的至关重要的一步。

3. 吸引回头客

一般来说，访问网点的回头客越多，越能实现餐饮企业上网的目的。那么，如何吸引回头客呢？

（1）内容更新提示。就目前而言，许多餐饮企业并没有这项服务。互联网上有种称为URL-minder的电子函件服务，当你的Web页面有变化时，它就会通知用户。餐饮企业也可以利用这种提示服务，每当推出时令菜肴、特色菜等时，用户都会收到电子函件的提示，吸引用户再次访问网点。

（2）免费礼品服务。餐饮企业要吸引更多的顾客，就必须不断地推出特色服务，把握一些特殊日子（如情人节、圣诞节和店庆纪念日等）。可以为用户开辟一个服务区，让用户登记若干有特色的日子，餐饮企业应记下这些日子并在这些日子来临的前几天用电子函件通知用户，说明在这些日子来就餐的用户会享受到一份免费的礼品服务，并送上祝福。

（3）推出连载故事。可以选择符合用户心理的微型浪漫小说，并把整个故事分成几个部分，定期将一部分故事发表在Web页面上。对故事着迷的用户就会一次次地返回页面来读完整个故事，这样无形中企业的形象就在用户心中有了概念，实质上也推销了自己。

［问题］网络推销的重点是什么？

第一节　网络推销的基本介绍

一、网络推销的含义

网络推销是指在网络经济时代背景下，企业或者推销人员借助计算机网络、电脑通信和数字交互式媒体的功能来实现推销目标的一种模式。具体来说，它是由企业在网络上开设自己的主页，并且在主页上开设虚拟商店，用以陈列和宣传其商品，顾客则可以足不出户地通过任何一部网络计算机进入其中，从浏览、挑选、下订单到支付货款都在网上完成，之后就可等待送货上门的一种推销方式。

目前，从网络市场交易的主体看，网络市场可以分为企业对消费者、企业对企业、国际性交易三种类型。从网上交易的业务看，有以下六种类型：

（1）企业间从事购销、人事管理、存货管理、处理与顾客关系等。美国此类业务的营业额约为60亿美元，且发展速度很快。

（2）有形商品销售。先在网上达成交易，然后送货上门，如书籍、花卉、汽车、服装等。

（3）通过数字通信在网上销售数字化的商品和服务，使顾客直接获得视听等享受，目前主要销售的是音乐、电影、游戏等产品。

（4）银行、股票、保险等金融业务。

（5）广告业务。

（6）交通、通信、教育、卫生服务等业务。

二、网络推销的特点

（一）直接

直接就是将产品面对面地推销给顾客，减少或取消代理商，在销售空间和时间上都可节省资源。互联网上的零售商是由以信息库为特征的网上商店所组成的，其零售空间随网络体系而延伸，没有任何地理障碍，它可以使相隔万里的市场与顾客缩至咫尺之间；网络销售可以一天24小时、一年365天营业，并能迅速采集顾客购买意向，借助数据库分析顾客的购买行为，可以向顾客提供咨询等服务，而且能够快速更新商品信息，调整商品市场需求和流通趋势的适应性。

（二）信息充分，内容丰富

以网络为媒体的信息内容十分丰富。网上虚拟市场的信息往往是以多媒体的形式呈现，如图片、动画、文字和声音等，其内容不仅包含产品和价格的信息，还有相关的知识文化信息。经营者坐在办公室或家中就能向世界各地发布关于企业、产品及竞争情况的信息。用户不论在哪个地区、哪个国家，都可以从网上了解各种信息，并按照自己的要求，如价格、质量、性能和购买条件等做出选择。

（三）广告与销售的完美结合

一个网站要想把产品卖给顾客，广告很重要。传统的广告行为通常是与销售分离的，而网络推销的优点就是广告直接与产品连在一起。网络推销也不会给人以强迫购买的感觉，而且网络广告可以将文字、图形和声音完美地糅合在一起，不会让顾客产生稍纵即逝的遗憾，可以反复欣赏。

（四）减少风险

利用网络销售可以明显地减少风险，这在国外的一些企业中已经得到证实。网络推销的一个重要好处是按订单生产，减少库存积压的风险，同时可以通过网络跟踪销售状况和了解市场，这些都是减少生产风险的有力措施。当然，网络促销需要在前期投入一笔不小的费用，这也是商家应该考虑的风险。

（五）减少代理费用，增加利润

利用网络推销可以减少代理费用，这是网络销售带来的明显好处。例如，戴尔和康柏等大型计算机硬件商就通过网络进行推销，减少了代理，为企业增添了丰厚的利润。

（六）减少办公费用

网络推销将销售点设在网络上，仓库设在生产车间，免去了销售场所昂贵的租金，也可以减少一些日常的办公费用，如消防、卫生、安保等。不仅如此，网络推销还可以减少部分人力成本。

案例 12-1

任何曾经在搜索引擎中输入过"家庭影院"之类词语的人都知道，网络在极短的时间里传播着巨大的产品和零售商的信息。事实上，网上冲浪者现在面临的最大问题是如何缩小他们的选择范围，而不是对选择进行补充。在网络世界里，简化是关键。某些人甚至使用网络过滤器来移走配乐、弹出框以及其他从他们发现的网站里跳出来的干扰物。

在无数的网站以及数量庞大的人群每天在网上冲浪的情况下，人们怎样来组织信息并决定点击哪里呢？迎合这种需求而逐渐成长起来的一种商务类型被称为网络媒介。这种中间媒介有助于过滤和组织网上的市场信息，以便顾客能够更加有效地识别和评价备选方案。网络媒介有各种不同的形式：

（1）目录和门户网站。例如，雅虎是把各种各样的网站连接在一起的综合性服务站点。网站评价者通过查看站点，推荐最好的网站来降低消费者的风险，如点对点通信只选择那些排名位于前5%位置的网站。

（2）论坛、发烧友俱乐部以及用户群体提供与产品有关的讨论，来帮助消费者筛选备选项。其他的一些网点通过把用户和能够提供建议的真人指导者在网上连接起来，达到缩小选择范围的目的。这种方式在旅游业中尤其流行，目前有不少网站能够把上网的人和旅行专家连接起来（这些专家通常是志愿者，他们只是想和他人分享自己关于旅游的经验）。

（3）财政中介为购买者和出售者之间的支付过程提供证明。支付系统包括电子支票支付系统和现金支付系统等，以及发送安全电子邮件来证明支付的系统。

（4）智能代理是一种复杂而精细的软件程序，它使用合作过滤技术（collaborative filtering technique）从过去的行为中进行学习，以达到推荐购买的目的。例如，当你让亚马逊推荐一本新书的时候，它会使用一种智能代理来根据你或者与你类似的人过去所买的书进行推荐。这种方法是菲尔弗莱（Firefly）在1995年推出的，在当时是对那些基于品位的产品如音乐、书和电影进行推荐。现在，网上有各种各样起到在线购物代理作用的"购物机器人"。合作过滤系统仍处于它的初级阶段，在不久的将来，有望看到更多基于网络的方法帮助简化消费者的购买决策过程。

（七）沟通更有效，目标更集中

网络推销不再是传统的"一对多"的信息沟通，而是"一对一"的沟通，具有双向交互反馈的功能，顾客可以在网上随意选择感兴趣的信息、产品或服务，企业与顾客之间的沟通更直接、更方便，也更有效；网络推销迎合了当今社会个性化、多样化消费需求的发展趋势，将目标市场分得更为细致，使企业可以深入每个消费家庭去寻找商机，提供更贴心、更合口味的产品与服务；同时，网上的促销活动效果是可以计量的，向广告者收费是以访问其网址的人数为标准的，从而可以了解主要顾客人群的地理分布，这就使企业可以主动为需要服务的人提供服务，具有其他方式所不具备的极强的针对性。

近年来出现了一种专门针对智能型社区的零售模式，就是在零售商和居民小区的物业管理公司或服务中心之间搭起一个高速运作的平台，来面对小区内有效的消费群。这种小区网络采用高速宽带网络，把几家商场提供的商品导入一个销售页面中，顾客订购后，商品即以最快速度送至物业管理公司或服务中心，再由其送至顾客家中。

三、网络消费者的类型及活动方式

（一）网络消费者的类型

1. 简单型

简单型消费者需要的是方便、直接的网上购物。他们每月只花少量时间上网，但所进行的网上交易却占了一半。零售商必须为这一类型的人群提供真正的便利，让他们觉得在网站上购买商品将会节约更多的时间。

2. 冲浪型

冲浪型消费者占网民的 8%，而他们在网上花费的时间却占 32%，所浏览网页的量是其他网民的 4 倍。冲浪型网民对常更新、具有创新设计特征的网站很感兴趣。

3. 接入型

接入型消费者是刚接触网络的新手，他们很少购物，而喜欢在网上聊天和发送免费问候卡。那些有着著名传统品牌的公司应对这类人保持足够的重视，因为网络新手们更愿意信任生活中他们所熟悉的品牌。

4. 议价型

议价型消费者有一种趋向购买便宜商品的本能，他们喜欢讨价还价，并有在交易中获胜的强烈愿望。

5. 定期型和运动型

定期型和运动型消费者通常都是被网络的内容所吸引。定期型消费者常常访问新闻和商务网站，而运动型消费者则喜欢运动和娱乐网站。

案例 12-2

2000 年，著名管理咨询公司麦肯锡通过对 5 万名网络用户行为的研究总结出六种不同类型的互联网用户，这六类行为各异的用户特征如下：

• 贪图方便者。这些人上网是因为喜欢网上交易的简便、迅速和高效。

• 网上冲浪者。这些人上网是为了寻找信息、了解新思想及购物。他们对网络很感兴趣，比其他五类人在网上花的时间长得多。要想吸引网上冲浪者，网站应该提供各种内容，精心设计网页并且不断更新。

• 讨价还价者。这些人上网是为了寻找物美价廉的商品，他们觉得以最低价格买到商品其乐无穷，愿意在多家网站之间反复比价。

• 寻求联系者。这些人上网是为了和别人保持联系，他们是聊天室、即时通、电子贺卡和电子邮件最频繁的使用者。这些人一般是新网民，不像其他五类人那样愿意在网上购物，而是正在主动探索网络能带给他们什么。

• 循规蹈矩者。这些人不断访问同样的网站，他们上网是为了浏览新闻、查看股票行情和其他财务信息。循规蹈矩者喜欢已经熟悉了的用户界面。

• 运动娱乐者。这些人类似循规蹈矩者，只不过把时间花在运动与娱乐网站上，他们把网络看成娱乐工具，喜欢互动性强、设计新颖的网站。

（二）网络消费者的特点

互联网的兴起造就出第三代新媒体，网络媒体的大众化催生出第三代消费者，也被称为网络时代的消费者或“N（net）世代”的消费者，亦称为“E人类”。“N世代”的消费者主要是指20世纪80年代以后出生的一代（在中国则要晚一些）。

在对待产品上，这些“E人类”缺乏品牌忠诚度。“E人类”的特点一般是注重自我，头脑冷静，擅长理性分析，喜好新鲜事物，有强烈的求知欲，好胜，但缺乏耐心。他们永远追求并接受新奇的思想和事物，但因而也缺乏品牌忠诚度。

在商务程序上，“E人类”的特征体现为从单向到互动。全球通信设施赋予每位“E人类”获得世界上的任何一种产品和信息的能力，他们要求主动参与新产品的开发与研究，进入企业和营销部门，成为对企业有帮助的合作者，这也是21世纪消费者最突出的特点。

从需求角度讲，“E人类”支配货架，他们要求产品生产者满足他们的个性需求，要求快捷的服务，每件产品都要根据他们个人爱好和需要定做，否则就不要，还要求获得优先的服务。

在质量方面，由“E人类”而不是由企业确定全球最佳质量。

在价格方面，“E人类”要求全球范围内的最优价格。各类搜索引擎让“E人类”成为掌握信息更加完全的购物者。“E人类”在新的信息丰富的环境下可获得有关品牌的，包括成本、价格、特征和质量方面的完备信息。

（三）消费者在网络信息空间的活动

消费者在网络信息空间的认知和活动可分为以下三种方式：

1. 浏览

浏览是非正式和机会性的，没有特定的目的，完成任务的效率低且较大程度地依赖外部的信息环境，但能较好地掌握整个信息空间结构的概貌。此时，用户在网络信息空间的活动就像随意翻阅一份报纸，能大概了解报纸信息，但能否详细地阅读某一消息，就依赖于信息的版面位置、标题设计等因素了。

2. 搜索

搜索是在一定的领域内找到新信息。通过搜索搜集到的信息都有助于达到发现新信息的最终目的。搜索时，用户要访问众多不同的信息源。搜索活动对路标的依赖性较高。

用户在网络信息空间的搜索就如同根据目录查阅报纸，可以获取某类特定信息。

3. 寻找

寻找是指在大信息量的集合里寻找并定位于特定信息的过程。寻找的目的性较强，活动效率最高。例如，用户根据分类目录定位于旅游信息之后，可以在众多旅游信息中进行比较、挑选等活动。

（四）网络环境下消费者行为的转变

1. 消费个性回归

与卖方市场占主导的短缺经济不同，今天的消费品市场产品越来越丰富，消费者有了极大的选择权，而电子商务的发展更加深了这种变化。今天的消费者有自己的消费准则，他们不仅关注商品的价值和使用价值，还关注商品带来的象征意义、心理效用等。没有两个消费者的消费心理是完全相同的，个性化消费正在成为消费的主流。

2. 消费者主动性增强

消费者对消费风险的感知随着选择的增多而有所增强，他们开始对单向的营销沟通模式感到厌倦和不信任，于是开始在购买高档消费品时，主动获取与商品有关的信息并进行分析、比较，以降低风险或买后可能产生的后悔感，增加对产品的信任和心理上的满足感。

3. 消费者直接参与生产和流通的全过程

与传统的生产和销售过程不同，网络环境为消费者提供了直接参与的机会。消费者能直接与生产者沟通，直接参与企业的营销，在一定程度上减少了市场的不确定性。

4. 消费者选择的理性化

网络营销系统的巨大信息处理能力为消费者挑选商品提供了前所未有的空间，对比商品的价格、品种、规格等变得轻而易举。在信息更充分的情况下，消费者的选择更趋向理性。

5. 价格仍是影响消费的重要因素

尽管经营者都倾向于以各种差异化来减弱消费者对价格的敏感度，避免恶性竞争，但价格始终对消费者的心理产生重要的影响。当价格变动超出消费者的心理预期时，消费者改变既定的消费原则也是可能的。

6. 消费者更加追求消费过程中的方便和享受

今天，消费者的消费过程出现了两种趋势：一部分工作压力较大、紧张程度高的消费者开始以消费的方便为目标，希望尽量节省时间和劳动成本，尤其是那些品牌选择相对稳定的消费者更是如此；另一部分消费者则恰恰相反，由于劳动生产率的提高，可自由支配的时间增多，他们希望通过消费来消耗时光，寻找生活乐趣，保持与社会的联系，因此愿意多花时间和精力消费，前提是这种消费能给他们带来乐趣或满足心理上的需要。

第二节　网络购物过程及影响行为因素分析

一、网络消费者的购买过程

网络消费者的购买过程也就是网络消费者购买行为形成和实现的过程。网络消费者的购买过程可以粗略地分为下面五个阶段：

(一)唤起需求

网络购买过程的起点是唤起需求。消费者的需求是在内外因素的刺激下产生的，只有对市场中出现的某种商品或某种服务产生兴趣后，消费者才可能产生购买欲望。这是消费者做出消费决定过程中不可缺少的基本前提，若不具备这一基本前提，消费者就无从做出购买决定。

对于网络推销来说，唤起需求的动因局限于视觉和听觉，文字的表述、图片的设计、声音的配置是网络推销诱发消费者购买的直接动因。从这方面讲，网络推销对消费者的吸引具有相当的难度。这要求从事网络推销的企业了解与自己产品有关的实际需求和潜在需求，了解这些需求是由哪些刺激因素诱发的，进而巧妙地设计推销手段吸引更多的消费者浏览网页，诱导他们的需求欲望。

(二)收集信息

在购买过程中，收集信息的渠道主要有内外两个渠道。内部渠道是指消费者个人所存储、保留的市场信息，包括购买商品的实际经验、对市场的观察以及个人购买活动的记忆等。外部渠道则是指消费者从外界收集信息的通道，包括商业渠道和公共渠道等。

一般说来，在传统的购买过程中，消费者对于信息的收集大都处于被动进行的状态。而与传统购买时信息的收集不同，网络购买的信息收集带有较大的主动性。在网络购买过程中，商品信息的收集主要是通过互联网进行的。一方面，网络消费者可以根据已经了解的信息，通过互联网跟踪查询；另一方面，网络消费者又不断在网上浏览，寻找新的购买机会。由于消费层次不同，网络消费者大都具有敏锐的购买意识，始终引导着消费潮流。

(三)比较选择

消费者需求的满足是有条件的，这个条件就是实际支付能力。没有实际支付能力的购买欲望只是一种空中楼阁，不可能导致实际的购买。为了使消费需求与自己的购买能力相匹配，比较选择是购买过程中必不可少的环节。所谓比较选择，是指消费者对从各个渠道汇集而来的资料进行比较、分析、研究，了解各种商品的特点和性能，从中选择最为满意的一种。一般说来，消费者的综合评价主要考虑产品的功能、可靠性、性能、样式、价格和售后服务等。

网络购物不直接接触实物，消费者对网上商品的比较依赖于商品的描述，包括文字描述和图片描述。如果网络营销商对自己的产品描述不充分，就不能吸引众多的顾客；而如果对产品的描述过分夸张，甚至带有虚假的成分，则可能永久地失去顾客。

（四）购买决策

网络消费者在完成了对商品的比较选择之后，便进入购买决策阶段。与传统的购买方式相比，网络消费者的购买决策有许多独特的特点。首先，网络消费者理智动机所占比重较大，而感情动机的比重较小；其次，网络购物受外界影响较小，大部分的购买决策是自己做出的或是与家人商量后做出的；最后，网络购物的决策行为较之传统购物的决策行为要快得多。

网络消费者在做购买决策时一般考虑三个条件：第一，对厂商有信任感；第二，对支付有安全感；第三，对产品有好感。所以，树立企业形象，改进货款支付办法和商品邮寄办法，全面提高产品质量，是每一个参与网络营销的厂商都必须重点抓好的三项工作。这三项工作抓好了，才能促使消费者毫不犹豫地做出购买决策。

（五）购后评价

消费者购买商品后，往往通过使用对自己的购买选择进行检验和反省，重新考虑这种购买是否正确、效用是否理想以及服务是否周到等问题。这种购后评价往往决定了消费者今后的购买动向。

为了提高企业的竞争力，最大限度地占领市场，企业必须虚心倾听消费者反馈的意见和建议。互联网为网络推销人员收集消费者购后评价信息提供了得天独厚的优势，方便、快捷、便利的电子邮件紧紧连接着厂商和消费者。厂商可以在订单的后面附上一张意见表，这样消费者在购买商品的同时就可以填写自己对厂商、产品及整个销售过程的评价。厂商从网络上收集到这些评价之后，通过计算机的分析、归纳，可以迅速找出工作中的缺陷和不足，随时改进自己的产品性能和售后服务。

二、影响消费者网络购物行为的因素

（一）产品因素

（1）网络市场不同于传统市场，网络消费者也有着区别于传统消费者的需求特征，因此并不是所有的产品都适合在网上销售和开展网络推销活动。根据网络消费者的特征，网上销售的产品一般要考虑产品的新颖性，即新产品或者时尚产品，比较能吸引人的注意。对许多消费者特别是青年消费者来说，商品的时尚和新颖是重要的购买动机。

（2）考虑产品的购买参与程度。一些产品要求消费者参与的程度比较高，消费者一般需要进行现场购物体验，而且需要很多人提供参考意见，这些产品不太适合在网上销售，但可以采用网络推广来辅助传统营销活动，或者将网络推销与传统推销进行整合。可以通过网络宣传和展示产品，使消费者在充分了解产品的性能后再到相关商场进行选购。

（二）价格因素

从消费者的角度说，价格不是决定其购买的唯一因素，却是肯定要考虑的因素，而且是一个非常重要的因素。对一般商品来讲，价格与需求量之间经常表现为反比关系，同样的商品，价格越低，销售量越大。网上购物之所以具有生命力，重要的原因之一是网上销售的商品价格普遍低廉。

此外，消费者对于互联网有一个免费的价格心理预期，并且即使网上商品是要花钱的，那价格也应该比传统渠道的价格要低。这一方面是因为互联网的起步和发展都依托了免费策略，互联网的免费策略深入人心，而且免费策略也实现了成功的商业运作；另一方面，互联网作为新兴市场，可以减少传统营销的中间费用和一些额外的信息费用，从而大大削减了产品的成本和销售费用，这也是互联网商业应用的巨大潜力所在。

（三）便捷性因素

购物便捷性是消费者选择购物方式时首要考虑的因素之一。一般而言，消费者在选择网络购物时考虑的便捷性，一是时间上的便捷性，可以不受时间的限制并节省时间；二是可以足不出户便在很大的范围内选择商品。

（四）安全可靠性因素

网络购物还有一个必须考虑的因素是安全可靠性问题。在网上购物，消费者一般需要先付款、后送货，这同传统购物一手交钱、一手交货的现场购买方式不一样。网络购物中的时空发生了分离，消费者有失去控制的离心感。为降低网络购物的这种离心感，在网络购物各个环节必须加强安全措施和控制措施，保障消费者购物过程的信息传输安全和个人隐私保护，树立消费者对网站的信心。

案例 12-3

美国网络安全公司 ScanAlert 搜集了 2004 年 6 月到 2005 年 3 月期间来自各大网上知名零售商的销售数据，在此基础上完成了用户网上购物习惯的调查报告——《数字视窗购物行为》。报告建议网上零售商：与其关注购物者为何中途放弃“购物车”，不如分析访问者为什么不买任何东西就离开网站。

ScanAlert 的报告显示，对于搜索和网上冲浪越来越精通的购物者不再冲动地点击网站上的“购物车”按钮，而是花上几天时间浏览各购物网站，进行各种比较。他们常常访问 10 个以上的网站，然后直到数小时或数天后才到某一个网站进行购买，这期间他们很容易地就放弃“购物车”，这让零售商大为疑虑和恼火。

ScanAlert 发现，从一个消费者初次访问某网站到他在该网站进行购买的平均时长超过了 19 个小时，大约 35%的被调查消费者需要超过 12 个小时的时间才能做出一个购买决定，而 21%的人要花 3 天多的时间，14%的人甚至需要 1 周多的时间来决定在哪里购买。对独特商品的购买决策时间最短，而通用商品则要花很长时间才能决定。

ScanAlert 认为，对零售商来说，放弃“购物车”和购物决策时间延长意味着“购物车”不应只被看作一个方便购物的因素来进行优化设计。电子商务网站运营者应该关注整个网站的建设，包括购物体验和网站内容以及可信信息的传递等，而不只是“购物车”设计本身。消费者放弃“购物车”是小事，放弃整个网站，以后也不在该网站购物，才是最致命的问题。

此外，ScanAlert还注意到，诚信和安全经常超越价格，成为消费者进行购买比较的首要价值量度。同时，消费者对网络工具的使用与网站开发该工具的初衷也有所不同。例如，商人们在“购物车”部分特意建立了诚信和安全的条款，但消费者却希望通过网站本身找到诚信和安全的感觉。他们看一个网站的角度跟他们走进实体商店的角度是一致的——不外乎外观、方便性以及服务态度几种。他们对“购物车”的使用也与商人的意图不同，很多消费者将商品选进“购物车”不是要进行购买，而是为了方便他们进行价格比较以及对费用进行统计等。

其他有关网络用户网上购物行为的研究也表明，促使消费者在网上购物的主要原因在于能够对产品进行研究并获得大量相关信息，可以比较价格，并且可以从大量的产品中进行选择。而曾经被普遍认为是最重要因素的方便性并非是促使消费者在网上购物的最重要因素。

可见，随着用户网上购物知识的不断增长，他们的在线购物行为会更加理智和成熟，这就对从事在线销售的电子商务网站提出了更高的要求：不仅要完善网站各项基本的电子商务功能、提供价格优惠的商品，还需要对网站的安全性、可信性等方面给予足够的重视。

三、网络推销策略

信息网络化的浪潮正在席卷全球，企业的生存竞争空间正逐步从传统市场转向网络市场。以互联网为核心支撑的网络推销正在发展成为现代市场推销的主流，企业的推销方式也从传统的市场推销转向网络推销。网络推销的产生使市场推销环境产生了深刻的变化，传统的推销组合也被赋予了新的内容，成为独特的网络推销策略组合。

（一）网站策略

在互联网上设立网站是企业进行网络推销的基础，企业的网站即代表着企业自身的形象。企业要想成功地开展网络推销，应注意以下几点：

（1）抢占优良的网址并加强在网络空间宣传网址。网址是企业最重要的标志，已成为一种企业资源。网址应简单、鲜明、易记，通常为企业的品牌或名称。目前网址注册的规定还不完善，注册时间是主要标准。一旦本应属于自己的域名被别人注册，就会给企业带来不必要的损失，如麦当劳就不得不以800万美元的代价买回自己的域名。

（2）精心策划网站结构，设计应做到结构简单，通过建立较为便捷的路径索引来方便访问者。结构模式应做到内容全面，尽量涵盖用户普遍需求的信息。

（3）企业建立网站是一项长期的工作，不仅包括网站的创意和开通，还包括网站的维护，应及时更新产品目录、价格等适销性较强的信息，以便更好地把握市场行情。网站的维护也能集中反映企业的营销个性和策略，最终都表现为向顾客提供更满意的服务。

提高网站人气应从如下两个方面考虑：

（1）让用户知道并访问你的网站，主要方法如下：

① 口碑。这是最好的方法，即由一个用户告诉另一个用户你的网站好。

② 搜索引擎。经过对多个网站的综合统计，发现搜索引擎通常是用户的重要来源，约占 70%～80%，所以对搜索引擎的关键字进行研究是必要的。

③ 友情链接。与同类型网站进行相互的链接交换，会提高彼此的访问量，也会给用户带来方便。

④ 传统的方式。名片、产品说明、包装、传统媒体等都是推广网站的有效途径。

⑤ 其他。E-mail、QQ、论坛、功能代码外嵌等方式都可以达到推广网站的目的。

（2）让用户回访并依赖你的网站，主要方法如下：

① 内容吸引。网站的关键在于内容，用户只有对内容感兴趣，才能不断地回访网站。

② 功能吸引。如果网站中有一些功能是用户感到实用的、感兴趣的，也会留住用户。

③ 利益。你的网站能带给用户利益，如非常便宜的产品、免费的服务等。

④ 会员服务。通过会员服务，带给用户更多的信息和功能。

（二）产品策略

企业在制定产品策略时，应从网络推销环境出发，满足网上顾客的需求。

（1）企业可以通过分析网络消费者的总体特征来确定最适合在网上销售的产品。据有关方面统计与分析，目前网络上销售较多的是书籍，电脑软件及零配件，CD、VCD、DVD 等音像制品，机票预订等服务。

（2）明确企业产品在网络上销售的费用要远远低于其他渠道的销售费用。如电脑软件等一些产品，在网上销售要比通过其他渠道销售方便得多，花费自然也就低得多。这样无形中就降低了企业成本，提高了企业产品在市场上的竞争力。

（3）产品的市场涵盖面要广，且目标市场的电信业、信息技术要有一定的水平。目前，世界上 180 多个国家和地区开通了互联网，市场涵盖面较为宽广，可以大大提高交易机会，为企业赢得更多的利润。

（4）企业应利用网络上与消费者直接交流的机会，为消费者提供定制化的产品和服务。同时，企业应及时了解消费者对企业产品的评价，以便改进和加快新产品研究与开发。另外，企业在开展网络推销的同时可以降低创新风险，减少开发费用。

（三）价格策略

价格的制定是网络推销中最为复杂和困难的问题之一，因为价格对于企业、消费者乃至中间商来说都是最为敏感的话题。网上销售可以使得单个消费者同时得到某种产品的多个甚至全部厂家的价格，这就决定了网上销售的价格弹性较大。因此，企业在制定网上销售价格时，应充分考虑并检查各个环节的价格构成，以期得出最合理的价格。

（1）由于网上价格随时会受到同行业竞争的冲击，所以企业可以开发一个自动调价系统，根据季节变动、市场供需情况、竞争产品价格变动、促销活动等因素，在计算最大盈利的基础上对实际价格进行调整；同时，还可以开展市场调查，以及时获得有关信息，对价格进行调整。

（2）开发智能型议价系统，与消费者直接在网上协商价格，即两种立场（成本和价格）的价格策略直接对话，以充分体现网络推销的特点。

（3）考虑到网上价格公开化的特点，消费者很容易全面掌握同类产品的不同价格。为了避免盲目的价格竞争，企业可开诚布公地在价格目录上向消费者介绍本企业价格的制定程序，并可将本企业产品的性能价格指数与其他同类产品的性能价格指数在网上进行比较，促使消费者做出购买决策。

（四）促销策略

目前，网络促销的开发较为广泛，尤其是网络广告比较受欢迎。网络促销的出发点是利用网络特征，实现与顾客的沟通。这种沟通方式不是传统营销中“推”的方式，而是“拉”的方式，即“软营销”，这是发掘潜在市场的最佳途径。

（1）网络广告是目前较为普遍的促销方式。网络广告不像传统广告那样大面积地播送（“推”），而是由消费者自己去选择（“拉”）。网络的强大功能几乎囊括了所有媒体广告的优势。企业在做广告策划时，应充分发挥网络的多媒体声光功能、三维动画等特性，诱导消费者做出购买决策，并达到尽可能地开发潜在市场的目的。

（2）利用网络聊天的功能，开展消费者联谊活动、在线产品展销活动以及推广活动。这是一种调动消费者情感因素，促进情感消费的方式。

（3）与非竞争性的厂商结成线上促销联盟，通过线上资料库联网，增加与消费者接触的机会，这样一方面可以减轻本企业产品受到的冲击，另一方面拓宽了产品的消费层面。

（4）将网络文化与产品广告相融合，借助网络文化来吸引消费者。例如，将产品广告融入网络游戏中，使玩家在潜移默化中接受促销活动；组建用户俱乐部，吸引大批网友交流意见，也可以实现网络文化传播的作用。企业可以将其产品和企业形象精确地渗透给每一个对产品真正有兴趣的用户，同时也可以通过网络交流来影响网络文化，从而制定有效的推销策略。

（五）渠道策略

网络将企业和消费者连在一起，为企业提供了一种全新的销售渠道。这种新渠道不仅简化了传统营销中多种渠道的构成，而且集售前、售中、售后服务以及商品与顾客资料查询于一体，因此具有很大的优势。企业在应用过程中应不断完善这种渠道，以吸引更多的消费者。

（1）结合相关产业的公司，共同在网络上设点销售系列产品。采用这种方式可增加消费者的上网意愿和消费动机，同时也为消费者提供了较大的便利，增加了渠道吸引力。例如，计算机生产商同软件商、网络服务商等联合进行促销和销售。

（2）在企业网站上设立虚拟商店，通过三维多媒体设计形成优良的购物环境，并可进行各种新奇的、个性化的，随一定时期、季节、促销活动、消费者类型变化而变化的店面布置，以吸引更多的消费者进入虚拟商店购物。虚拟商店可24小时营业，服务全球顾客，并可设虚拟售货员或网上导购员回答专业问题，这一优势是一般商店所不能比拟的。

（3）消费者在决定购买后，可直接利用电子邮件进行线上购物，通过电汇付款，由企业通过邮局邮寄或送货上门进行货物交割。随着网络技术的日新月异，网上交易必将愈来愈完善。

（六）网络营销的消费者服务

互联网与其他媒体的截然不同之处在于网络的“互动性”，最能发挥这种特性的是网上消费者服务。实施交互式营销策略，提供令人满意的消费者服务，正是许多企业网络营销成功的关键所在。网上消费者服务的主要工具有电子邮件、电子论坛、常见问题解答等。

电子邮件方便、快捷、经济且无时空限制，企业可用它来加强与消费者之间的联系，及时了解并满足消费者需求。为此，企业必须加强对电子邮件的管理，确保邮路畅通，使邮件能够按照不同的类别由专人受理；必须重视消费者来信，并且快速回应。电子论坛是供用户自由发表评论的场所，是企业获得消费者对本企业产品、服务等全方位真实评价的工具。企业的主管人员应经常主动参与讨论，引导消费者对核心业务发表意见和建议，这对企业提高服务水平，获取客户信息和捕捉商机有很大好处。常见问题解答（frequently asked questions，FAQ）是一举两得的服务方式。一方面，消费者遇到相关问题时，无须费时费力地专门写信或发电子邮件咨询，便可直接在网上得到解答；另一方面，企业能够节省大量人力、物力。FAQ 页面的设计要选择合理格式，既要满足消费者的信息需求，又要控制信息的暴露度。

企业可以根据自己的情况，结合实际，具体应用这几种策略的组合。当然，企业开展网络推销的策略远不止这些。企业可以在实践中发现和使用更好的、更有利于自己的网络推销策略，以使自己的推销工作做得更好，更有利于企业的发展。

➢ 练习题 ≺

一、思考题

1. 什么是网络推销？
2. 网络推销有哪些特点？
3. 网络消费者有哪几种类型？
4. 影响消费者网络购物行为的因素有哪些？
5. 网络推销有哪些策略？

二、案例分析题

百事可乐建立了与其公司形象和定位完全统一的中英文网站，以游戏、音乐、活动为主题，背景则是创新的标志和年轻的蓝色。百事可乐的网络推销策略具体体现在以下三个方面：

（1）媒介策略：与雅虎携手。

2000 年 4 月，百事可乐公司首先宣布与雅虎进行全面的网络推广合作；在音乐站点，如 MTV.com 的投放力度加大；同时，还涉足于体育类网站，如 NBA.com、美国棒球联盟等。

网络广告投放活动是长期行为，对此百事可乐公司从2000年1月至今从未间断过。每年三四月份，随着气温的升高，饮料消费高峰期来临，百事可乐公司的网络广告投放高峰期宣告开始，通常会延续至当年11月份。

（2）创意策略：推崇激情。

与可口可乐的传统广告相比较，百事可乐的网络广告较为活泼，无论是画面构图，还是动画运用，都传达着一种“酷”的感觉。仅2000年一年间，便有拉丁王子瑞奇•马丁、“小甜甜”布兰妮和Weezer乐队先后出现在百事可乐的广告中。从NBA到棒球，从奥斯卡到《古墓丽影》游戏和电影，百事可乐的网络广告总能捕捉到青少年的兴趣点和关注点。

2001年北京申奥成功后，百事可乐的网络广告独具匠心，在气势非凡的画面上采用了有动感的水珠，传达出了百事可乐品牌的充沛活力，醒目的文字表达出百事可乐对北京申奥的支持。广告方案利用“渴望无限”和“终于解渴了”的双关语，将中国人对奥运的企盼巧妙地与百事可乐产品联系在一起，并与其他宣传高度一致。

（3）竞争策略：针锋相对。

① 体育角逐。可口可乐成为冬奥会的指定饮料，可以拿冬奥会大做文章。而百事可乐则利用NBA和美国棒球联盟寻找平衡点，在中文网站设有“百事足球世界”“精彩足球”等栏目，策划的活动包括“2001年百事可乐足球联赛”“百事全能挑战球赛”“百事预祝十强赛中国足球超越梦想”等。

② 音乐角逐。这是百事可乐最精彩的策略之一，包含百事音乐的主题活动、巨星、新星、音乐卡片、音乐流行榜等。

③ 活动角逐。这是百事可乐为自己创造品牌注意力的最好机会之一，如在网上发动网民投票评选百事可乐最佳电视广告片等。

问题：（1）百事可乐具体采取了哪些网络推销策略？

（2）百事可乐网络推销的成功给我们什么启示？

第十三章

其他推销

引 例

任何女人如果在离开一家商店时奇怪自己刚才怎么会花掉那么多钱购买化妆品的话，只要看看雅诗兰黛的美容顾问玛菲·费瑞尔女士就会明白了。

在曼哈顿梅西百货公司大型旗舰商店的一层，费瑞尔看到一对母女走了过来。身着无懈可击的藏青色公司制服、头发往后梳着的费瑞尔微笑着问候道："你们好！"

玛丽莲·斯拜科特和她21岁的女儿艾瑞卡看起来似乎真想买点什么。母亲说，她想买粉底。费瑞尔招呼她在摆放着口红架的柜台旁的凳子上就座，为她做了皮肤分析并据此向其推荐了合适的雅诗兰黛粉底。正在把玩着口红试用品的艾瑞卡说，口红涂在她嘴上总是显得太红。"我也有同样的问题，"费瑞尔表示有同感，"你用唇线笔吗？"艾瑞卡答："没有。"

20分钟后，费瑞尔共向母女二人推销出82.27美元的化妆品，其中包括唇线笔。拎着预料之外的一大包东西，艾瑞卡对母亲说："你明知道中了圈套，却觉得这个圈套还挺不错。"

雅诗兰黛公司将推销术发展成了一门艺术。对全球销售额达400亿美元的化妆品业来说，美容顾问就是推销员，是赢取市场份额的关键。"好的美容顾问可以带来不同的效果，"雅诗兰黛公司的总裁丹尼尔·布莱斯托说，"你可以看到，在同一个市场上推销相同的产品，有两家商店做得好，而有一家却做不好，原因就在美容顾问。"在美国经济增长放缓的形势下，如何将浏览者变成购物者？美容顾问在这方面发挥的作用较以往更为重要。

费瑞尔在推销中运用了雅诗兰黛典型的推销技巧。这些推销技巧写在长达150页的基础培训手册中，通过100小时的培训讲座印在了她的心里。30岁的费瑞尔从不将双臂交叉放在胸前，因为这种姿势是冷淡的表示。她还尽量避免使用售货员标准的问候语："我可以帮你吗？"雅诗兰黛认为，这会令购物者本能地拒绝，然后空着手离开商店。相反，公司推荐使用的打招呼语包括"我喜欢你今天穿的这身衣服"以及"外面的天气还那么好吗"。

商店的化妆品区通常会令人产生畏惧感，感到压抑。如何让顾客感觉舒服是美容顾问职责的一部分。为此，雅诗兰黛教导美容顾问将自己假定为聚会的女主人。

根据公司培训手册的介绍，事实上，只是简单地让斯拜科特太太坐下来，费瑞尔售出两三件产品而不是一件产品的机会就已经增加了65%。举例而言，她建议艾瑞卡使用唇线笔是“联系推销”，即向顾客推荐可与其已打算购买的商品搭配使用的其他商品。公司指导销售人员要不停地向顾客发问并提出建议。当艾瑞卡提到口红时，费瑞尔在自己的一只手背上涂上深浅不同的几道灰褐色的口红，而在另一只手背上用褐色唇线笔画出一小块，然后用口红涂色，以便艾瑞卡参照对比。费瑞尔特意在自己的手上展示口红的效果，而不在顾客的手上，目的是不让顾客产生受侵犯的感觉。

最后，艾瑞卡选购了一支烟黄色的口红和一支栗色唇线笔，她的母亲则挑选了黄棕色的口红，但没买唇线笔，因为觉得太贵了。尽管如此，费瑞尔还是将那支唇线笔的颜色整整齐齐地写在一张名片上递给了她。这种做法既不过分热情，保持了雅诗兰黛的形象，同时又增加了顾客最终回头购买产品的可能性。

[问题] 雅诗兰黛公司如何获得顾客的认同？

第一节　会议推销

近些年来，我国的会议推销活动发展得很快，不同类型、不同规模的会议推销接连不断。会议推销可以采用会展的形式，也可以将目标顾客召集在一起，实施一对多的推销方式。

一、会议推销的优势

（一）真实性

会议推销所展出的主要是产品实物，因此传递的信息具有真实性，比其他推销方式更能使顾客信服。

（二）聚集性

会议推销是将不同国家或地区厂商的产品集中在同一场所进行展示，这就有一种展示的聚集效应或规模效应。多个产品集中展示所产生的宣传声势和吸引力要超过各个产品单独展示的总和。

（三）交流的多向性

广告的信息交流是单向的，人员推销的信息交流是双向的，而会议推销的信息交流是多向的，即不仅有参展者与观众之间的交流，还有参展者之间、观众之间的相互交流。信息交流的多向性有利于提高交流的效率和参展者获取更多的市场信息。

（四）参与性

其他推销方式无法让观众参与，而会议推销的一个主要特征就是让观众参与（如操作、演示、咨询、座谈、讨论），可以提高对观众的吸引力。

（五）社会性

会议推销活动一般在举办地会引起较大的社会反响，举办会议推销有利于增强所在城市的国内外形象，因此容易得到当地社会各界和政府的支持。会议推销的这种社会性或"社会功能"，使它比商业性较明显的广告推销更容易见效。

二、会议推销的目的

会议推销的目的是什么呢？下面以展销会为例进行说明。

（一）就地接受订单

也就是利用展销会当场实现交易，这一点实际上也是衡量产品参展效果的一个主要标准。

（二）搜集信息

对初入市场的产品或新产品来说，参展带有市场试销的性质，而市场试销的首要目的应当是获得反馈信息，而非订单。比如，一种新产品参展或试销后虽然未取得订单，但如果能取得有利于新产品改进的市场反馈信息，那么这次参展还是达到了目的。有的产品展览完全是为了交流信息，是非商业性的，参加这类展览的目的就是搜集信息。

（三）扩大企业在国内外市场的影响

参展是传播企业形象、扩大企业影响的良好机会。展销会的聚集性、交流的多向性和社会性等优点可以增大企业形象在国际上传播的力度和传播的范围，加快传播的速度。有些参展人员对参展目的不是很明确，表现为只图生意，而不注意展览会上的自身形象，结果对企业造成了某些负面影响。

（四）拓宽产品流通渠道

展销会可以使国内外中间商（如经销商、代理商）聚集起来，大大方便了参展者寻找和挑选中间商，而且可以多中取优，从而拓宽产品流通渠道。

（五）借机进行市场调查，摸清市场潜力和产品定位的合适程度

大量的商家和消费者（观众）汇集在展销会上，调查者免去了四处奔波拜访的辛苦，展销的环境和气氛也有助于这些被调查者接受调查。另外，在展销会上的调查是面对面的沟通，调查得来的信息也比较真实、可靠。这对于估计各地的市场潜力和了解各地购买者的偏好、习惯，从而正确地对各地市场进行产品定位，是很有帮助的。

目的明确后，首要的任务就是选择合适的参展产品，或者说根据产品选择合适的展销会（交易会或拍卖会），不能盲目地参加所有的展销会。如果选择的产品不合适或选择的

展销会不合适，展销就不能达到目的。此外，参加展销的人员不合适也会令展销活动失败。

三、会议推销成功的关键——合适的人员

推销活动是否成功，不仅仅取决于产品的质量，更多的是由推销人员（组织者、实施者）的素质决定的。

（一）设计人员

选择好合适的产品及合适的形式后，需要由有一定素质的人来完成展台的设计。

1. 要有明确的主题

主题即参展者要向观众传达的关于产品或企业的基本信息。整个展台的布置、造型必须围绕主题来设计，以达到传达信息的目的。有的展台尽管设计得很漂亮，但由于没有明确的主题，观众看过后对展品或参展企业的基本信息并不清楚，因此达不到沟通和营销的目的。

2. 要简洁和清晰

不简洁或不清晰的展台形象容易使观众产生对展品或参展企业的疑惑，而简洁和清晰的设计有利于增强参展者信息的真实感和形象的真诚感，减少观众对展品和参展企业的疑惑，从而达到信息沟通的目的。

3. 要有视觉焦点

国际展销，尤其是大型国际展销的参展者很多，观众在浏览过程中不可能仔细看每一个展台所展示的全部视觉点。因此，参展者应确定本展台的视觉焦点，以便有效地吸引观众的视线。

4. 造型要有个性、有特色、有创意

如美国可口可乐公司在国际展销中的展台造型是一个巨型的“可乐罐”，“可乐罐”的内壁是一圈电视墙，它象征着可口可乐拥有巨大的市场和被“环球”（全球）消费者所接受。

文字、图片、色彩的搭配要合乎视觉心理。比如，文字、图片的大小和位置的高低应适应观众的视觉距离，色彩的选择应考虑到有关国家（或地区）的偏好或禁忌等。

5. 空间的划分要有利于观众的参与

展台除用于放置展品外，应保留足够的服务空间和洽谈空间，以便观众参与。同时，增加观众在展台内的活动空间也有利于避免展台的堵塞，避免出现有效客户因不能进入展台而流失的现象。

（二）服务人员

加强对参展服务人员的培训，不断提高他们的素质，才能保证展销会的服务质量，从而取得展销的成功。在某些展销会中，展销人员的服务质量比展品质量更为重要。如一些生产资料产品，像化工原料、机械设备等，外观的展示很难反映产品质量，此时服务人员的演示、操作和解说十分重要。

1. 展前服务

包括展前的广告、宣传和寄发邀请信等。邀请信的文字要体现诚意和热情，另外可以简略地在邀请信中介绍本展台、本企业的一些情况。邀请信寄发的对象可以是老客户，也可以是新客户或潜在客户。

2. 接待、解说和演示服务

其中的关键是解说服务，接待和演示要与解说结合起来。参加国际展销，解说要使用国际语言（如英语等）或当地语言；参加国内展销，解说必须使用普通话，并力求语言规范、准确、生动、易懂，切忌使用方言和土语。服务人员要注意仪表和举止，力求通过自己的行为形象体现本国优秀的文化传统和本企业良好的行为规范。

3. 咨询和洽谈服务

这样的服务实际上已经不再是展览服务，而是销售服务。咨询和洽谈服务在前面已有论述，这里不再赘述。

第二节 商场推销

商场推销要求推销人员在接待顾客时，认真研究和体察顾客的购买心理，并根据不同类型顾客的特点，采取不同的接待方法。为了成功地接待顾客，有效地进行推销，推销人员在正式接待顾客之前必须首先了解顾客的购买心理过程。

一、顾客的购买心理过程

顾客走进商场，从接触商品到购买商品，按其心理活动过程来分，一般要经历以下七个阶段，即引起注意、产生兴趣、展开联想、产生欲望、比较选择、决定购买、产生购买行为。顾客的购买心理过程有时表现得比较明显，有时也可能某几个阶段融汇到一起，稍纵即逝。推销人员要善于观察、分析，抓住有利时机。

二、接待顾客的步骤

（一）探索、判断顾客需求

探索顾客的需求，一是探索顾客想买什么商品；二是探索顾客买商品的目的，是送礼还是自己用；三是探索顾客想买什么价位的商品；四是探索顾客需要的规格、型号，甚至款式和颜色。

由于顾客的购买目的不同、需求各异，他们在商店所表现出的心态、表情和言行都会有所区别。因此，首先应该对顾客的具体心态、表情和言行进行判断，从而确定真正具有购买动机的"准顾客"。一个有经验的推销人员通过观察顾客的年龄、气质、穿戴、言行举止等，可以判断顾客需要什么样的商品、什么档次的商品，以及商品的款式和颜色，通过观察体形、身高等能判断顾客所需的型号和规格。

（二）主动搭话，积极接近

通过判断确定具有真正购买动机的“准顾客”后，就可以抓住时机主动接近顾客，为顾客提供一些服务。

当顾客突然在柜台前驻足时，当顾客注意某一商品或某一种商品的商标时，当顾客较长时间地拿着某一商品思考时，推销人员应主动接近顾客。

当顾客从商品上抬起头向推销人员这个方向看时，表明顾客想咨询推销人员，此时推销人员应主动热情地接近顾客。这里需要注意以下三点：

第一，当顾客对几种商品进行比较时，推销人员应就这几种商品的特点详细介绍给顾客。接近顾客是商场销售的一个重要步骤，也是一个很有技巧的工作。处理得好，对于了解顾客需求、拉近心理距离和促成销售大有帮助。

“三米原则”就是说在顾客距离自己还有三米远的时候就可以和顾客打招呼、微笑、目光接触。如果没有注意到这一点，而对顾客不理不睬，就会导致每天失去三单生意，若平均每单 300 元，则一年达 32 万多元。

第二，很多推销人员喜欢用“请随便看看”代替“欢迎光临”。殊不知这句“欢迎语”正好给顾客灌输了一种“看看就走”的思想，因为“随便看看”就是没有购买的打算，逛逛就走。

第三，推销人员接近顾客可以根据具体的情形采取不同的方式，但总的来说不外乎以下几种方式：

（1）提问接近法。即当顾客走进柜台时，为了抓住顾客的视线和兴趣，以简单的提问方式打开话局，如“你好，有什么可以帮到您吗？”“这件衣服很适合您，您要不要试穿一下？”“你以前了解过我们的产品吗？这是我们公司最新的产品……”等。

（2）介绍接近法。即推销人员看到顾客对某件产品有兴趣时直接介绍产品，如“这是今天最流行的款式……”“这款空调是我们公司最新的产品，最近卖得不错……”等。运用介绍接近法时要注意的是不要征求顾客的意见，以“需不需要我帮您介绍一下”“能不能耽误您几分钟……”开头，如果对方回答“不需要”或是“不可以”，显然会造成尴尬。当然直接介绍也要注意对方的表情和语言动作，要观察对方是否有兴趣并及时调整策略。

（3）赞美接近法。即通过对顾客的外表、气质等进行赞美来接近顾客。通常来说，如果赞美得当，顾客一般都会表示友好，并乐意与你交流。

需要注意的是，无论采取何种方式接近顾客和介绍产品，一定要注意三点：一是要注意顾客的表情和反应，要给顾客说话和提问的机会，切忌一股脑地介绍，巴不得一口气将产品的所有特点和优点说完。推销人员必须知道，接近顾客并不是要立即展示你的产品和口才，而是要与顾客“搭腔”，让顾客说话，了解他真正的需求。二是提问要谨慎，不能问一些顾客不好回答的问题或是过于复杂的问题。三是接近顾客要从顾客正面或侧面走近，而不能从后面走近顾客，另外还要保持恰当的距离，不宜过近，也不宜过远，正确的距离是两臂左右。

（三）展示介绍商品

展示介绍商品相当于走访推销过程中的推销介绍，在介绍的同时，也需要辅以商品展示与示范，并尽可能让顾客参与。

这里有一个值得注意的问题，即应该先展示什么档次或价格等级的商品。价格是一个敏感的问题，直接问不合适，因为顾客可能拿不准。一个有效的办法就是首先展示价格中等偏上的商品。如果首先展示便宜的商品，可能让顾客认为你瞧不起他，会产生反感；而如果首先拿出高档商品，则会有把顾客吓跑的风险。首先展示中等偏上档次的商品，回旋余地就大了，根据顾客的具体情况，可以相应地向上或向下调整，不得罪想买高档品的顾客，也能使想买便宜商品的顾客比较自在。

（四）解答疑问

在介绍完毕或介绍过程中，顾客难免要提出一些关于产品、维修等方面的疑问。对此，推销人员应该妥善解答，并用证据加以证明。胜任这项工作要求推销人员做出巨大的努力，特别是应熟练掌握有关的产品知识，包括产品的优点、使用方法和注意事项等。

（五）建议推销

利用建议扩大销售是推销人员的常用武器。在一种产品的交易达成后，顾客常常处于兴奋状态，钱容易出手，这时建议他再买其他商品比较容易。这种建议应该出于好意，不能趁着顾客兴奋而进行欺骗。总的来看，建议推销包括以下几个方面：

（1）建议顾客多买一些易保管、不会很快过期的日用必需品，如袜子、牙膏、肥皂等，以备不时之需。另外，购买量较多时，能获得批量折扣。

（2）建议顾客购买关联性商品。许多商品在消费时有连带性，需要同时消费或配套消费，这些商品也常常陈列在一起，如西装与领带、地砖与墙纸等。

（3）建议购买价格较高的商品或新产品。价格较高的商品或新产品常常利润较大，在交易过程中如果觉得顾客有较高的购买力，可以通过介绍高价品或新产品的突出优点吸引顾客购买。

（4）建议顾客购买其他产品。达成交易后，也可建议顾客在店内购买其他产品。商场可能在搞某种产品的展销活动，也可能新进了某种畅销品。从商场的整体利益出发，可建议顾客前去购买，而且这对顾客有利无害。

（5）建议购买替代品。当没有顾客需要的商品时，你可以表示歉意，让顾客到别处看看，但也可以趁机向他推销其他具有同样用途的产品或替代品。这时应很快拿出替代品，首先说明它与顾客所需产品差不多，然后可进一步说明该替代品的优点或特色，以转变顾客的思路。

（6）结束交易与售后服务。零售店的结束交易比较简单，主要是收款和包装，并简短地表示谢意。而随着时代的发展，零售店的售后服务变得日益重要，如送货上门、维修、包退换等。推销人员的任务是向顾客说明可享受哪些售后服务，并向顾客提供售后凭证。有些销售大件商品的优秀推销人员还会让顾客留下电话，适时打电话询问产品的使用情况，并设法及时解决顾客遇到的问题。

三、商场推销人员的服饰与姿态

心理实验和大量事实表明，第一印象在人们心目中有举足轻重的地位，人们的思想行为在很大程度上受第一印象支配。在商场里，影响顾客第一印象的，除了商场的外观、货柜格局和物品陈列之外，推销活动的主体——推销人员的服饰和姿态也是十分重要的。

四、商场推销过程中的体验营销

体验营销就是通过让顾客来试穿、试吃、试用等，刺激顾客的感官，使顾客产生购买兴趣，最终引导顾客产生购买行为的推销方式。以服装为例，有数据表明，68%的顾客试穿后会成交。在服装试穿过程中，注意事项有：主动为顾客解开试穿服饰的扣子、拉链等；引导顾客进入试衣间并在外静候；顾客走出试衣间时为其整理；评价试穿效果要诚恳，可略带夸张和赞美之辞。

五、接待顾客的语言艺术

语言是表达人的情感的工具，对顾客的热情与诚意都会通过语言表现出来。而如果推销人员对顾客没有诚意，无论多优美的语言也会在语调上暴露出来，使顾客听起来不愉快。因此，推销人员接待顾客时必须讲究语言艺术，使用文雅、谦逊、恭敬的语言，表达真挚、诚恳的情感和态度。

（一）接待顾客时的语音、语调

接待顾客时的语音、语调往往体现出推销人员对顾客的情感，在这方面应注意：

（1）发音要清晰，保证顾客能听懂。我国幅员辽阔、语种丰富，各地的语言差异较大，而顾客往往来自不同的地区，因此推销人员在与顾客谈话时应尽量使用普通话。一些优秀的推销人员为了方便顾客，还学习了不少方言，甚至学会了一些常用哑语及英语，因此赢得了众多顾客的信任和喜爱。

（2）把握说话节奏，切忌不耐烦的腔调。说话的节奏往往反映一个人的心情，推销人员说话太快会令顾客产生不耐烦的感觉，而语速太慢又会令顾客觉得推销人员心不在焉，因此要把握好说话的节奏。

（3）语调要平稳，态度要和蔼，切忌与顾客争论。推销人员与顾客谈话效果的好坏与语调的关系很大。语调太高，顾客会觉得你的态度比较生硬或者并不欢迎自己；语调太低，顾客会觉得你不光明正大，容易被顾客看不起。

（4）说话有条理，繁简得当。说话条理不清，顾客不知所云，自然不会满意，并且还会产生怀疑："说都说不清楚，产品又怎值得相信？"另外，说得太多，不仅会让顾客感到啰嗦，而且会产生"想把商品硬塞给我"的感觉。

（二）接待顾客时的语言内容

在接待顾客时说什么、怎么说也是十分重要的。在这方面应注意：

（1）回答顾客的询问应准确。对待顾客就商品提出的询问，推销人员一定要准确回答，模棱两可的语言会使顾客感到不可靠，很难下决心购买。

（2）讲好第一句话。第一句话是接待顾客实质性步骤的开始。第一句话讲得好，会使顾客心情舒畅，感觉这家店来对了。

（3）边出示商品边询问。边出示商品边询问或边进行商品介绍边询问，会使顾客感到受尊重，就会比较坦率地回答推销人员的提问。

（4）从一般问题入手，逐步涉及中心。如果单刀直入、直截了当地提问，会使顾客难以接受，因而开始时要一般地、笼统地提问，随着谈话的进行逐步缩小范围，再转到具体的问题上，以了解顾客的真正需求。

（5）针对不同年龄阶层的特点灵活提问。为了抓住顾客真正的需求和愿望，应当进行巧妙的询问，并应准确地理解他们的回答内容。

（6）为顾客出谋划策。顾客在购买商品的过程中大多会进行一番比较抉择，这时就会向推销人员提出一些与商品有关的问题。对此，推销人员应当以解决问题的专家水准来要求自己，不仅熟悉自己经营的商品，也了解竞争对手的产品及替代品，帮助顾客出谋划策。

（7）不要打听顾客的购买计划。

（8）涉及顾客隐私的问题不要问。

（9）不要预先设想顾客的回答而进行提问，一旦顾客的回答出乎意料，整个谈话设计会全部落空。

➢ 练习题 ➣

一、思考题

1. 会议推销的优势有哪些？
2. 商场推销如何运用体验营销？

二、案例分析题

筱婕和薇薇是同时应聘到A美容院的美容师。上岗培训试用期间，筱婕的技术远比薇薇强，并得到了店长的认可，所以店长几次跟经理强烈要求辞退薇薇另觅新人，但经理却建议将二人放到实践中观察一番后再做决定。没想到，在随后将近半年的时间内，二人的变化让店长瞠目结舌：原本技术一般的薇薇不仅成了每月顾客点名服务最多的美容师，还为美容院签下了好几个金卡客户，而技术过硬的筱婕只维系住了几个老客户，没有开发成功一个新顾客。

店长于是开始仔细观察二人的日常工作。通常，在接待顾客时，二人一开始都会先展开微笑攻势，不分伯仲，但随后跟顾客的对话就大相径庭了。筱婕会为顾客介绍当季美容院最受欢迎的疗程，过一会儿，顾客便开始对其表示出一点反感，等到筱婕开始向顾客推荐最近美容院的促销活动时，顾客已经开始东张西望，眼里透出“不想花钱”的不耐烦神色；薇薇则是跟顾客聊起天来，且话里多是关心之语，顾客却开始主动说起自己的肌肤问题，薇薇听到后只是列举了几个有同样肌肤问题的顾客在A美容院护理的成功案例，并不谈办卡等事宜，而顾客已经开始被薇薇所说的内容深深吸引。最终的结果便是，筱婕的顾客在匆忙之中离开美容院，连头也没回，而薇薇的顾客则主动要求尝试针对其肌肤问题的疗程，还办了张美容卡。

问题：为什么两个技术均合格但又有所差异的美容师会因为推销方式、方法的不同导致了截然不同的结果呢？

三、实训题

几个食品推销员坐在一起交流经验。其中一个说：“最令我感到为难的是，当我意识到我应该问一下顾客是否需要订货时，心里总是犹豫不决，不好意思开口。假如顾客说他不需要订货，那整个业务洽谈不就彻底宣布失败了吗？正因为如此，我总是尽量等顾客自己决定。”他的一个同事回答说：“你那种做法是不正确的。顾客迟早会做出决定，因此还是由你选择决定时间。”第三人补充说：“如果你等待顾客自己决定，那需要等很长时间啊！另外，顾客推迟做出购买决定的事是很平常的。”经过一段时间讨论，他们取得了一致的看法，找到了使业务洽谈圆满结束的最佳方法。尽管他们的方法并不总是正确的，但是这些方法确实能够提高他们的销售量。

关于食品的销售，你有什么好的建议吗？

参考文献

[1] 迈克尔·阿亨,杰拉尔德·L·曼宁. 当代推销学——创造顾客价值. 北京:电子工业出版社,2010.

[2] 张雁白,陈焕明. 现代推销学. 北京:中国人民大学出版社,2011.

[3] 张秋林. 现代推销理论与实务. 南京:南京大学出版社,2008.

[4] 梁敬贤. 推销理论与技巧. 北京:机械工业出版社,2005.

[5] 牛海鹏,屈小伟. 专业销售. 北京:企业管理出版社,1998.

[6] 常文志,杨晓东. 现代推销学. 北京:科学出版社,2004.

[7] 杰拉尔德·L·曼宁,迈克尔·阿亨,巴里·L·里斯. 现代销售学——伙伴关系创造价值. 北京:中国人民大学出版社,2013.

[8] 天宇. 销售寓言:智者桑迪说故事. 北京:中国致公出版社,2003.

[9] 金和. 中国推销员必读全书. 北京:中国纺织出版社,2010.

[10] 蒋先润. 销售攻心术. 北京:新世界出版社,2009.

[11] 史伟. 销售魔鬼训练——打造卓越销售力. 北京:中国经济出版社,2004.

[12] 威廉·L·科恩,托马斯·E·德卡罗. 销售管理. 北京:中国人民大学出版社,2012.

[13] 查尔斯·M·富特雷尔. 销售ABC. 北京:中国人民大学出版社,2013.

[14] 谭一平. 现代推销理论与实务. 北京:高等教育出版社,2012.

[15] 胡善珍,王伟浩. 现代推销——理论、实务、案例、实训. 北京:高等教育出版社,2010.

[16] 刘振溪,于忠章. 推销理论与实务. 北京:中国人民大学出版社,2011.

[17] 王富祥,王学东. 推销理论与实务. 大连:大连理工大学出版社,2010.

[18] 肖军,简彩云,孙虹乔. 推销理论与技巧. 长沙:湖南大学出版社,2009.

[19] 郑锐洪. 推销学. 北京:中国人民大学出版社,2011.

[20] 胡佳武. 推销其实并不难. 销售与市场,1994(2):10-11.

[21] Manning G L, Ahearne M L, Reece B L. Selling Today. Upper Saddle River, NJ: Prentice Hall, 2012.